eXamen.press

eXamen.press ist eine Reihe, die Theorie und Praxis aus allen Bereichen der Informatik für die Hochschulausbildung vermittelt.

Reinhard Wilhelm · Helmut Seidl

Übersetzerbau

Virtuelle Maschinen

Mit 120 Abbildungen

Springer

Reinhard Wilhelm
Universität des Saarlandes
66123 Saarbrücken
wilhelm@cs.uni-sb.de

Helmut Seidl
Technische Universität München
Fakultät für Informatik
Boltzmannstraße 3
85748 Garching
seidl@in.tum.de

Bibliografische Information der Deutschen Nationalbibliothek
Die Deutsche Nationalbibliothek verzeichnet diese Publikation in der Deutschen
Nationalbibliografie; detaillierte bibliografische Daten sind im Internet über
http://dnb.d-nb.de abrufbar.

Das vorliegende Buch ist als Neuauflage aus dem Buch Wilhelm, R.; Maurer, D. *Übersetzerbau:
Theorie, Konstruktion, Generierung* hervorgegangen, das in der 1. Auflage (ISBN 3-540-55704-
0) und der 2. Auflage (ISBN 3-540-61692-6) im Springer-Verlag erschien.

ISSN 1614-5216
ISBN 978-3-540-49596-3   Springer Berlin Heidelberg New York

Springer ist ein Unternehmen von Springer Science+Business Media

springer.de

© Springer-Verlag Berlin Heidelberg 2007

Satz: Druckfertige Daten der Autoren
Herstellung: LE-TEX, Jelonek, Schmidt & Vöckler GbR, Leipzig
Umschlaggestaltung: KünkelLopka Werbeagentur, Heidelberg
Gedruckt auf säurefreiem Papier   33/3100 YL – 5 4 3 2 1 0

Für Margret, Hannah, Eva, Barbara

R.W.

Für Kerstin und Anna

H.S.

Vorwort

Übersetzer für höhere Programmiersprachen sind große komplexe Softwaresysteme. Sie haben aber einige besondere Eigenschaften, die sie vor den meisten anderen Softwaresystemen auszeichnen.

Ihre Funktionalität ist (fast) wohldefiniert. Idealerweise existieren vollständige formale oder zumindest präzise Beschreibungen der Quellsprache und der Zielsprache. Häufig gibt es dazu noch Beschreibungen von Schnittstellen zum Betriebssystem, zum Programmiersystem und zu Programmierumgebungen, zu anderen Übersetzern und zu Programmbibliotheken.

Die Übersetzungsaufgabe lässt sich auf natürliche Weise in Teilaufgaben zerlegen. Diese Zerlegung ergibt eine modulare Struktur, welche übrigens auch eine kanonische Struktur der üblichen Übersetzerbaubücher induziert.

In den fünfziger Jahren wurde bereits erkannt, dass die Implementierung von Anwendungssystemen direkt in der Maschinensprache sowohl mühsam als auch fehleranfällig ist und zu Programmen führt, die genauso schnell veralten wie die Rechner, für die sie entwickelt wurden. Mit der Erfindung höherer maschinenunabhängiger Programmiersprachen ergab sich aber auch sofort die Notwendigkeit, Übersetzer bereitzustellen, die in der Lage sind, Programme dieser höheren Programmiersprachen in Maschinensprache zu übersetzen.

Aufgrund dieser grundlegenden Herausforderung sind deshalb seit den fünfziger Jahren die verschiedenen Teilaufgaben der Übersetzung Gegenstand intensiver Forschung. Für die Teilaufgabe der syntaktischen Analyse von Programmen wurden etwa Konzepte aus dem Bereich der formalen Sprachen wie endliche Automaten und kontextfreie Grammatiken übernommen und im Hinblick auf die gegebene Anwendung weiterentwickelt. Die theoretische Durchdringung der Problemstellung war dabei so erfolgreich, dass die Realisierung der für syntaktische Analyse benötigten Komponenten (fast) vollständig automatisiert werden konnte: anstatt „zu Fuß" implementiert zu werden, werden diese Komponenten heute weitgehend aus Spezifikationen, in diesem Fall kontextfreie Grammatiken, generiert. Solche Generierungsverfahren werden auch für andere Komponenten eines Übersetzers angestrebt und sind zum Teil bereits realisiert.

Das vorliegende Buch strebt nicht an, ein Kochbuch für Übersetzer zu sein. Man wird hier darum keine Rezepte finden der Art: „Um einen Übersetzer von der Quellsprache X in die Maschinensprache Y zu konstruieren, nehme man ... ." Unsere Darstellung reflektiert dagegen die oben aufgezählten Besonderheiten des Übersetzerbaus, insbesondere das Vorhandensein präziser Aufgabenstellungen und das Bestreben, diese genau zu verstehen und angemessene theoretische Konzepte zu ihrer systematischen Behandlung bereitzustellen. Idealerweise können solche Konzepte die Grundlage automatischer Generierungsverfahren bilden.

Dieses Buch ist für Studierende der Informatik bestimmt. Die Kenntnis zumindest einer imperativen Programmiersprache wird vorausgesetzt. Für die Kapitel zur Übersetzung funktionaler und logischer Programmiersprachen ist es sicher nützlich, eine moderne funktionale Sprache und Prolog zumindest in den Grundzügen zu kennen. Andererseits können diese Kapitel auch zu einem vertieften Verständnis dieser Programmiersprachen beitragen.

Aufbau des Buches

Für die neue Auflage des Buchs, Wilhelm/Maurer: *Übersetzerbau*, entschieden wir uns, den Inhalt auf mehrere Bände zu verteilen. Dieser erste Band beschreibt, *was* ein Übersetzer tut, also welche Korrespondenz zwischen einem Quellprogramm und einem Zielprogramm er herstellt. Dazu wird für eine imperative, eine funktionale, eine logische und eine objektorientierte Programmiersprache je eine geeignete *virtuelle* Maschine (in den früheren Auflagen *abstrakte* Maschine genannt) angegeben und die Übersetzung von Programmen der jeweiligen Quellsprache in die Sprache der zugehörigen virtuellen Maschine genau beschrieben.

Die virtuellen Maschinen der vorherigen Ausgabe wurden vollständig überarbeitet und modernisiert mit dem Ziel, die Übersetzungsschemata zu vereinfachen und gegebenenfalls zu vervollständigen. In viel größerem Umfang als vorher wurden die verschiedenen gewählten Architekturen und Befehlssätze aneinander angeglichen, um die Gemeinsamkeiten, aber auch Unterschiedlichkeiten der Sprachkonzepte klarer herauszuarbeiten. Als vielleicht augenfälligstes, wenn auch nicht unbedingt wichtigstes Merkmal wachsen jetzt, wie ein Leser früherer Auflagen sofort erkennen wird, die Keller der virtuellen Maschinen (wie manche Träume) in den Himmel, also nicht mehr „von oben nach unten".

Bei allen Beispiel-Programmiersprachen wurden nun Fragmente realer Programmiersprachen verwendet. Als imperative Quellsprache wurde anstelle von Pascal die Programmiersprache C gewählt – eine Entscheidung für mehr Realitätsnähe und gegen die Ästhetik, wie man beim Vergleich der entsprechenden Kapitel in dieser und früheren Auflagen feststellen kann. Als objektorientierte Sprache dient wieder eine Teilmenge von C++. Gegenüber der Darstellung der zweiten Auflage wurde jedoch auf eine detaillierte Diskussion der Mehrfachbeerbung verzichtet.

Ausgangspunkt der in diesem Buch angegebenen Übersetzungen von imperativen, funktionalen, logischen und objektorientierten Programmen ist stets eine strukturierte Interndarstellung des Quellprogramms, für welches bereits einfache Zusatzinformationen wie etwa Gültigkeitsbereiche von Variablen oder Typinformationen berechnet wurden. Ein solches analysiertes Quellprogramm werden wir später als *dekorierte abstrakte Syntax* des Quellprogramms bezeichnen.

Im zweiten Band wird dann das *Wie* der Übersetzung beschrieben. Wir werden die Frage behandeln, wie man den Übersetzungsprozess in einzelne Phasen unterteilt, welche Aufgaben dabei die einzelnen Phasen erledigen sollen, welche Techniken man in ihnen benutzt, wie man formal beschreiben kann, was sie tun, und wie eventuell aus einer solchen Beschreibung automatisch ein Übersetzermodul erzeugt werden kann.

Danksagung

Neben den Mitstreitern der früheren Auflagen möchten wir den Studierenden danken, die immer wieder verschiedene Versionen der virtuellen Maschinen geduldig anhörten und uns wertvolle Rückmeldungen gaben. Nicht wenig zum Verständnis trug auch die Visualisierung der virtuellen Maschinen durch Peter Ziewer bei. Für subtile Einsichten in die Semantiken von C++ und Java danken wir Thomas Gawlitza und Michael Petter. Unser besonderer Dank gebührt jedoch Jörg Herter, der mehrere Versionen des Buchs sorgfältig auf Inkonsistenzen durchsah und uns auf vielerlei Fehler und Merkwürdigkeiten aufmerksam machte.

Einstweilen wünschen wir aber der geneigten Leserin und dem geneigten Leser viel Vergnügen mit dem vorliegenden Band und hoffen, dass das Buch Appetit machen möge, für die Lieblings-Programmiersprache blitzschnell einen eigenen Übersetzer zu basteln.

Saarbrücken und München, Januar 2007   Reinhard Wilhelm, Helmut Seidl

Weitere Materialien zu diesem Buch finden Sie auf der Internet-Seite:

    http://www2.informatik.tu-muenchen.de/~seidl/compilers/

Inhaltsverzeichnis

1

Einleitung

1.1 Höhere Programmiersprachen

Programme werden heute zumeist in sogenannten problemorientierten, höheren Programmiersprachen geschrieben. Diese Programmiersprachen abstrahieren (in verschiedenem Maße) von der Struktur und den Details der Rechner, auf denen die geschriebenen Programme ausgeführt werden sollen. Die vier wichtigsten Klassen von universell einsetzbaren Programmiersprachen sind

- die Klasse der *imperativen Sprachen* wie etwa Algol 60, Algol 68, Fortran, Cobol, Pascal, Ada, Modula-2 und C. Sie orientieren sich eng an der Struktur des sogenannten von-Neumann-Rechners, die fast allen kommerziell erwerbbaren Rechnern zugrunde liegt und aus (aktiver) Zentraleinheit (CPU), (passivem) Speicher und einem Bus für den Verkehr zwischen Zentraleinheit und Speicher besteht.
- die Klasse der *funktionalen Sprachen* wie etwa pure Lisp, SML, OCaml und Haskell. Charakteristisch für diese Klasse ist es,
  - dass es keine Trennung zwischen der Welt der Anweisungen und der Ausdrücke gibt,
  - dass Namen nur als Bezeichner für Ausdrücke und Funktionen aber nicht für Speicherzellen dienen und
  - dass Funktionen als Argumente und Ergebnisse von Funktionen auftreten dürfen.

  Das Ausführungsprinzip ist *Reduktion*; d.h. ein funktionales Programm wird ausgewertet, indem in einzelnen Schritten so lange jeweils ein (Teil-) Ausdruck durch einen äquivalenten, einfacheren ersetzt wird, bis dieser Prozess mit Erreichen der Normalform endet.
- die Klasse der *logischen Programmiersprachen* wie Prolog und seine verschiedenen Dialekte. Diese Sprachen basieren auf einer operationellen Sicht der Prädikatenlogik. Der Ausführungsmechanismus ist *Resolution*, ein Verfahren, das für das Beweisen von Implikationen in der Prädikatenlogik der ersten Stufe entwickelt wurde.

- die Klasse der *objektorientierten Programmiersprachen* wie etwa Smalltalk, C++ oder Java. Ihre Vertreter sind im Kern imperativ, verfügen gegebenenfalls über Typsysteme, die Datenabstraktion unterstützen und eine „evolutionäre" Art der Softwareentwicklung ermöglichen.

Neben diesen Klassen gibt es noch viele Sprachen für spezielle Anwendungen:

- Hardware-Beschreibungssprachen wie etwa VHDL. Sie dienen zur Spezifikation von Rechnern und Rechnerkomponenten. Solche Spezifikationen können das funktionale Verhalten, den hierarchischen Aufbau und die geometrische Plazierung von Komponenten beschreiben.
- Kommandosprachen von Betriebssystemen. Sie besitzen als primitive Konstrukte u.a. die Aktivierung von Systemfunktionen und Benutzerprogrammen und die Möglichkeit, mehrere solcher Programme und Systemfunktionen koordiniert zusammenwirken zu lassen, Prozesse zu erzeugen und zu beenden, Ausnahmesituationen zu entdecken und zu behandeln.
- Spezifikationssprachen für Druckseiten, Graphikobjekte oder Animationen. Ein Beispiel ist hier etwa die Programmiersprache Postscript von Adobe, die im Drucker das Erscheinungsbild der jeweiligen Seiten berechnet. Im Falle von Animationen müssen nicht nur die geometrischen Dimensionen der darzustellenden Objekte beschrieben werden, sondern auch zeitliche Abläufe und möglicherweise vorgesehene Reaktionen auf Ereignisse.
- Sprachen zur Bearbeitung strukturierter Dokumente. In den letzten Jahren hat sich XML als Standardformat zur Repräsentation strukturierter Daten durchgesetzt. Die Fülle der Anwendungen und die Weite der Verbreitung im Internet führte zu einer Vielzahl weiterer Standards, angefangen von XSchema zur sehr genauen Beschreibung von Dokumenten über die XML-Transformationssprache XSLT und die XML-Anfragesprache XQuery bis hin zu Formalismen im Zusammenhang mit Web Services oder Business Processes.

1.2 Die Implementierung von Programmiersprachen

Damit Programme einer bestimmten Programmiersprache L auf einem Rechner ausgeführt werden können, muss diese Programmiersprache auf diesem Rechnertyp verfügbar gemacht, man sagt, *implementiert* werden. Dies kann auf verschiedene Weise geschehen. Man teilt die Implementierungen in interpretierende und übersetzende Verfahren ein.

1.2.1 Interpreter

Wir betrachten eine Programmiersprache L. Ein Interpreter I_L bekommt als Eingabe ein Programm p_L aus L und eine Eingabefolge e und berechnet daraus eine Ausgabefolge a. Eventuell führt die Interpretation von p_L auch zu einem Fehler. Also hat I_L die Funktionalität

$$I_L : L \times D^* \to D^* \times \{error\},$$

wenn sowohl Eingabe- wie Ausgabedaten aus einem Bereich D stammen. Die oben geschilderte Ausführung des Programms p_L mit Eingabefolge e und Ergebnisfolge a ist dann durch die Gleichung

$$I_L(p_L, e) = a$$

beschrieben.

Was ist kennzeichnend für die Arbeitsweise eines Interpreters? Er bearbeitet das Programm p_L und die Eingabe e zur gleichen Zeit. Jedem Konstrukt steht er – auch bei erneuter Ausführung – unvorbereitet gegenüber. Er nutzt keine von den Eingabedaten unabhängige Informationen aus, die er durch Inspektion des Programmtextes gewinnen könnte, etwa die Zahl der deklarierten Variablen in einem Block, einer Funktion oder einer Klausel. Diese Information könnte er für eine Speicherzuteilung mit effizientem Zugriff auf die Variablenwerte benutzen.

1.2.2 Übersetzer

Es gilt die mit der Interpretation verbundenen Ineffizienzen zu vermeiden. Dazu benutzt man ein in der Informatik häufig nützliches Prinzip, meist *Vorberechnung*, manchmal auch *partielle Auswertung* (Partial Evaluation) oder *gemischte Berechnung* (Mixed Computation) genannt.

Während der Interpreter I seine beiden Argumente, das Programm p_L und die Eingabefolge e, zur gleichen Zeit bekommt und verarbeitet, wird jetzt die Verarbeitung des Programms und der Eingabefolge auf zwei verschiedene Zeiten aufgeteilt. Erst wird das Programm p_L „vorverarbeitet", d.h. unabhängig von Eingabedaten analysiert und in eine Form überführt, welche die effizientere Ausführung des Programms mit beliebigen Eingabefolgen erlaubt. Man nimmt dabei an, dass sich der zusätzliche Aufwand für die Vorverarbeitung des Progamms bei der Ausführung auf einer oder mehreren Eingabefolgen amortisiert.

Wie sieht die Vorverarbeitung von Programmen aus? Meist besteht sie in der Übersetzung des Programms p_L der Sprache L, ab jetzt *Quellsprache* genannt, in die Maschinen- oder Assemblersprache M eines konkreten oder virtuellen Rechners. Die Zeit, zu der diese Übersetzung geschieht, heißt folglich *Übersetzungszeit*, das sich ergebende Programm p_M *Zielprogramm* zu p_L.

Bei der Übersetzung von Quellprogrammen in Zielprogramme werden insbesondere die beiden oben aufgeführten Quellen von Ineffizienz bei der Interpretation beseitigt. Jedes Programm wird einmal zur Übersetzungszeit analysiert; das erzeugte Zielprogramm – nehmen wir an, es sei ein Programm in der Maschinensprache eines realen Rechners – erfährt an Analyse nur die Decodierung des Befehlscodes durch die Befehlseinheit des Rechners. Der effiziente, teilweise direkte Zugriff auf Variablenwerte bzw. Zellen wird durch ein Speicherverwaltungsschema ermöglicht, das allen Variablen des Programms feste (Relativ-) Adressen zuordnet. Diese Adressen stehen dann auch im erzeugten Zielprogramm.

Das erzeugte Zielprogramm p_M wird zu einer auf die Übersetzungszeit folgenden Zeit, genannt *Laufzeit*, mit der Eingabefolge e ausgeführt. Natürlich verlangen wir von der Übersetzung, dass das Zielprogramm p_M bei der Ausführung mit Eingabe e nach Möglichkeit genau die Ergebnisfolge produziert, die der Interpreter auf p_L und e liefert.

Eine Mindestanforderung für die Übersetzung ist darum die folgende: Sei p_L ein Programm, welches syntaktisch korrekt ist und außerdem den Kontextbedingungen von L genügt. Der Übersetzer erzeuge für p_L das Zielprogramm p_M. Stößt I_L bei der Ausführung von p_L mit e auf keinen Fehler und produziert die Ausgabe a, so stößt auch p_M bei der Ausführung mit Eingabefolge e auf keinen Fehler, und die Interpretation und die Ausführung von p_M auf e liefern das gleiche Ergebnis.

Fassen wir die Maschine M als einen Interpreter I_M für ihre Maschinensprache auf, so muss für solche Kombinationen (p_L, e) also gelten:

$$I_L(p_L, e) = a \quad \Longrightarrow \quad I_M(p_M, e) = a$$

Dazu gibt es mehrere Fehlersituationen. Einmal kann p_L syntaktische Fehler oder Verletzungen der Kontextbedingungen in Programmteilen enthalten, die der Interpreter bei der Ausführung mit e gar nicht berührt. Dann könnte die Interpretation erfolgreich ablaufen, während der Übersetzer, der das ganze Programm analysiert, die Übersetzung in ein Zielprogramm wegen entdeckter Fehler ablehnt. Zum anderen kann I_L, obwohl p_L syntaktisch und gemäß der Kontextbedingungen korrekt ist, bei der Ausführung mit Eingabe e auf einen (Laufzeit-) Fehler stoßen. Wenn wir I_L als die Definition der Semantik von L betrachten, muss dann auch das erzeugte Zielprogramm p_M bei der Ausführung mit e auf einen Fehler stoßen.

1.2.3 Reale und virtuelle Maschinen

In der Regel wird dem Programmierer ein als *real* bezeichneter Rechner zur Verfügung stehen; reale Rechner sind in großer Vielfalt käuflich zu erwerben und zwar in Form von Hardware, d.h. Platinen bestückt mit irgendeinem Prozessor, Speicherchips, und was sonst noch erforderlich ist. Die Zielsprache der Übersetzung ist in diesem Fall durch den verwendeten Prozessortyp definiert.

Will man für eine höhere Programmiersprache Code erzeugen, wird man jedoch schnell feststellen, dass man bei der Übersetzung gerne Befehle verwenden würde, die so von einer gegebenen realen Maschine nicht bereit gestellt werden. Andererseits ändern sich die Instruktionssätze moderner Rechner so schnell, dass es nicht sinnvoll erscheint, den Compiler zu sehr auf zufälligerweise bereitgestellte Operationen festzulegen. Eine solche Festlegung könte nämlich bedeuten, dass man nach wenigen Jahren den Compiler für die nächste Generation von Rechnern neu schreiben müsste.

Bereits bei der Implementierung des ersten Pascal-Übersetzers kam man darum auf die Idee, zuerst Code für eine leicht idealisierte *virtuelle* Maschine zu erzeugen, deren Befehle dann jeweils nur noch auf den verschiedenen konkreten Zielrechnern zu implementieren waren. Auch die Übersetzung moderner Programmiersprachen wie Prolog, Haskell oder Java basieren auf diesem Prinzip. Einerseits erleichtert dieses Vorgehen die Portierbarkeit des Übersetzers. Andererseits vereinfacht dies die

Übersetzung selbst, da man den Befehlssatz entsprechend der jeweiligen zu übersetzenden Programmiersprache geeignet wählen kann.

Neue Anwendungen im Bereich des Internet haben die Idee virtueller Maschinen seit einiger Zeit zusätzlich attraktiv gemacht. Die Portierbarkeit, die man durch eine Implementierung einer Programmiersprache auf einer virtuellen Maschine gewinnt, kann man ausnutzen, um Systeme *plattformunabhängig* zu realisieren, d.h. so, dass sie unter verschiedenen Betriebssystemen lauffähig sind. Noch etwas weiter gedacht, kann Code so sogar *mobil* gemacht und über das Internet verbreitet werden. Das ist unter anderem die Idee hinter der Programmiersprache Java.

Mit der Ausführung fremden Codes auf dem eigenen Rechner handelt man sich jedoch nicht nur Vergnügen ein, sondern setzt sich auch den Angriffen böswilliger Angreifer aus. Hier bietet eine virtuelle Maschine ebenfalls eine Lösung: da der Code nicht direkt auf der eigenen Hardware ausgeführt wird, kann man das Verhalten des auszuführenden Codes genau beobachten bzw. seine Zugriffsrechte auf die Resourcen des Rechners entsprechend einschränken. Diese Idee nennt man auch das *Sandkasten-Prinzip* (Sand Boxing).

In diesem Buch stellen wir virtuellen Maschinen für imperative, funktionale, logische und objektorientierte Programmiersprachen vor. Insbesondere sind wir dabei natürlich an den Übersetzungsschemata interessiert, wie man für die jeweiligen konkreten Programmkonstrukte der Programmiersprache die zugehörigen Befehlsfolgen der virtuellen Maschinen konstruiert.

1.2.4 Kombinationen von Übersetzung und Interpretation

Verschiedene Kombinationen von Übersetzung und Interpretation sind möglich. Werden Quellprogramme in die Maschinensprache einer virtuellen Maschine übersetzt, so wird diese meist durch einen Interpreter, einem Stück Software interpretiert. Allerdings kann man auch die Sprache der virtuellen Maschine weiter übersetzen, z.B. in die Sprache eines realen Rechners, heute *nativer Code* genannt. Interessante Unterschiede ergeben sich, je nachdem zu welcher Zeit und auf welcher Maschine dieser zweite Übersetzungsschritt erfolgt. Er kann nämlich auch zur Ausführungszeit erfolgen und wird dann *just-in-time Übersetzung (JIT)* genannt. Meist werden die beiden Schritte auf zwei verschiedenen Rechnern ausgeführt. Der erste Schritt passiert auf dem Rechner des Programmierers. Hier wird ein portabler Zwischencode in der Sprache einer virtuelle Maschine erzeugt. Dieser wird eventuell auf einen anderen Rechner heruntergeladen. Der zweite Übersetzungsschritt wird auf diesem Rechner durchgeführt und erzeugt möglichst effizienten nativen Code für diesen Rechner. Es werden also Übersetzungszeit und Ausführungszeit kombiniert; der JIT-Übersetzer wird zur Ausführungszeit für ein Stück des Programms, z.B. eine Funktion aufgerufen, meist zu dem Zeitpunkt, wenn diese Funktion gebraucht wird.

Das Ziel der JIT-Übersetzung ist die Kombination von Effizienz und Portierbarkeit. Der erste Übersetzungsschritt, der im Allgemeinen sehr aufwendig ist, wird nur einmal gemacht. Der zweite Schritt, die Übersetzung des Zwischencodes, ist einfacher. Der erzeugte native Code ist (hoffentlich) effizient. Er wird in einem Speicher, meist Cache genannt, aufgesammelt, so dass jede Funktion nur einmal übersetzt werden muss.

1.3 Allgemeine Literaturhinweise

Eine Übersicht über die Geschichte der Programmiersprachen und verschiedene Programmiersprachenkonzepte bieten u.a. [Seb05, Sco05, TN06]. Den Einsatz der Hardwarebeschreibungssprache VHDL beschreibt [Ped04]. Die Seitenbeschreibungssprache Postcript findet man in [Inc99]. Eine Übersicht über ActionScript zur Realisierung von Flash-Animationen enthält etwa [Hau06]. Die XML-Transformationssprache XSLT-2.0 wird ausführlich in [Kay04] erläutert. Für die XML-Anfragesprache XQuery kann man [KCD⁺03, Bru04] konsultieren. Einen Einstieg in gängige W3C-Standards rund um Web Services und Business Processes findet man etwa über [ACKM03]. Unterschiedliche Anwendungen für virtuelle Maschinen insbesondere im Bereich von Betriebssystemen behandelt [SN05].

Die Übersetzung imperativer Programmiersprachen

Wir beginnen unsere Darstellung mit der Übersetzung einer imperativen Programmiersprache. Als Beispiel wählen wir dafür einen Ausschnitt aus der Programmiersprache C. Als Zielsprache der Übersetzung wählen wir die Maschinensprache einer geeigneten virtuellen Maschine, die wir für diesen Zweck zusammen mit der Übersetzung entwerfen. Diese virtuelle Maschine nennen wir *C-Maschine* oder kurz: *CMa*.

2.1 Sprachkonzepte und ihre Übersetzung

Imperative Programmiersprachen besitzen u.a. die folgenden Konstrukte und Konzepte, die auf Konstrukte, Konzepte und Befehlsfolgen virtueller oder realer Rechner abgebildet werden müssen:

Variablen. Das sind Behälter für Datenobjekte, die ihren Inhalt (Wert) im Laufe der Programmausführung ändern können. Die Wertänderungen erfolgen durch die Ausführung von *Anweisungen* wie etwa Wertzuweisungen (assignments). Mehrere Variablen können in Aggregaten, Feldern (arrays) und Verbunden (records bzw. structs) zusammengefasst werden. Die aktuellen Werte der Variablen zu irgendeinem Zeitpunkt machen einen Teil des *Zustands* des Programms zu diesem Zeitpunkt aus. Variablen werden in Programmen mit *Namen* bezeichnet. Da auch Konstanten, Funktionen usw. mit Namen bezeichnet werden, sprechen wir von Variablenbezeichnungen, Konstantenbezeichnungen usw., wenn wir diese speziellen Arten von Namen unterscheiden wollen. Variablenbezeichnungen müssen Speicherzellen von Maschinen zugeordnet werden, die ihre jeweils aktuellen Werte enthalten. Enthält die Programmiersprache rekursive Funktionen mit lokalen Namen, so entstehen durch den Aufruf von Funktionen neue *Inkarnationen* der lokalen Variablenbezeichnungen; ihnen müssen dann jeweils neue Speicherzellen zugeordnet werden. Bei Verlassen der Prozedur werden die Zellen für diese Inkarnationen wieder freigegeben. Deshalb werden solche Sprachen mit Hilfe einer kellerartigen Speicherverwaltung implementiert.

Ausdrücke. Das sind aus Konstanten, Namen und Operatoren zusammengesetzte Terme, die, wenn man ihren Wert braucht, *ausgewertet* werden. Ihr Wert ist i.A. zustandsabhängig, da bei jeder Auswertung die aktuellen Werte der im Ausdruck enthaltenen Variablen zur Auswertung benutzt werden.

Explizite Angabe des Kontrollflusses. Der in den meisten imperativen Programmiersprachen existierende Sprungbefehl, **goto**, kann direkt in den unbedingten Sprungbefehl der Zielmaschine übersetzt werden. Höhere Kontrollkonstrukte wie bedingte (*if*) oder iterative (*while, do-while, for*) Anweisungen werden mit Hilfe bedingter Sprünge übersetzt. Ein bedingter Sprung folgt auf eine Befehlsfolge zur Auswertung einer Bedingung. Fallunterscheidungen (*case* bzw. *switch*) lassen sich auf manchen Zielmaschinen durch *indizierte* Sprünge effizient realisieren. Dabei wird die im Befehl angegebene Sprungadresse mit einem vorher berechneten Wert modifiziert.

Funktionen. Funktionen bzw. Prozeduren dienen der *funktionalen Abstraktion*, die aus einer evtl. komplexen Anweisung oder Anweisungsfolge eine neue Anweisung machen. Ein *Aufruf* dieser neu definierten Anweisung an einer Programmstelle aktiviert die in der Definition angegebene Folge von Anweisungen. Nach ihrer Abarbeitung wird an die Aufrufstelle zurückgekehrt. Hat die Funktion *formale Parameter*, so können durch die Angabe von *aktuellen Parametern* verschiedene *Inkarnationen* der Funktion aufgerufen werden. Zur Implementierung von Funktionen muss der Befehlssatz der Maschine einen Sprungbefehl bereitstellen, der seine Herkunft nicht vergisst, damit die Kontrolle an die Ausrufstelle zurückkehren kann. Der Rumpf der Funktion muss bei jeder Aktivierung (Aufruf) mit den aktuellen Parametern versorgt werden. Dies, zusammen mit der Erzeugung von Inkarnationen lokaler Namen, erfordert die oben erwähnte kellerartige Speicherorganisation, die häufig durch spezielle Maschineninstruktionen unterstützt wird.

2.2 Die Architektur der C-Maschine

Jede virtuelle Maschine stellt einen Satz *Instruktionen* zur Verfügung, die auf einer virtuellen Hardware ausgeführt werden. Diese virtuelle Hardware wird meist in Software *emuliert*. Der Ausführungszustand wird dabei in einer Menge von Datenstrukturen gespeichert, auf die die Instruktionen zugreifen und die vom *Laufzeitsystem* verwaltet werden.

Der Übersichtlichkeit halber werden wir die Architektur und die Instruktionen der C-Maschine schrittweise einführen, so wie wir sie für die Übersetzung der jeweils behandelten Konzepte in der Quellsprache brauchen. Zunächst wollen wir nur die benötigten Speichersegmente, einige Register und den *Hauptausführungszyklus* (Main Cycle) der C-Maschine einführen.

Die C-Maschine hat einen *Datenspeicher S* der Länge $maxS + 1$. An seinem unteren Ende, d.h. ab Adresse 0, liegt ein pulsierender *Keller* (engl. Stack). Das Register *SP* (Stack Pointer oder Kellerzeiger) zeigt jeweils auf die oberste belegte Zelle. Für alle Instruktionen der virtuellen Maschine vereinbaren wir die Konvention,

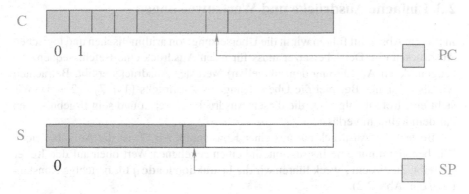

Abb. 2.1. Die Speicher der C-Maschine und die Register *PC* und *SP*

dass sie ihre Operanden oben auf dem Keller erwarten und ihre Ergebnisse auch dort hinterlassen. Zur Vereinfachung nehmen wir an, dass Werte der skalaren Typen in eine Speicherzelle des Datenspeichers passen. Als skalare Typen betrachten wir hier nur **int** und Zeigertypen, d.h. Adressen.

Der *Programmspeicher* der C-Maschine enthält das auszuführende Programm. Er hat die Länge $maxC + 1$. Jeweils ein Befehl der C-Maschine wird zur Ausführung in einer Zelle des Programmspeichers abgelegt. Der *Befehlszähler*, das Register *PC*, enthält jeweils die Adresse des nächsten auszuführenden Befehls. Dieser wird in ein *Instruktionsregister IR* geladen und anschließend ausgeführt. Vor der Ausführung wird der Inhalt des Befehlszählers *PC* um 1 erhöht, was bei sequentieller Ausführung *PC* auf den nächsten auszuführenden Befehl zeigen lässt. Ist der aktuelle Befehl ein Sprung, so überschreibt er den Inhalt des Befehlszählers *PC* mit seiner Zieladresse.

Also sieht der Hauptzyklus der C-Maschine folgendermaßen aus:

$$\text{while (true) \{}$$
$$IR \leftarrow C[PC]; PC{+}{+};$$
$$execute\ (IR);$$
$$\}$$

Am Anfang der Programmausführung enthält das Register *PC* den Wert 0. Die Programmausführung startet deshalb mit der Ausführung des Befehls $C[0]$. Die C-Maschine hält an, indem sie den Befehl **halt** ausführt. Die Ausführung dieses Befehls beendet den Ausführungszyklus und gibt die Kontrolle an das Betriebssystem zurück. Als Rückgabewert des Programms meldet sie dabei den Inhalt einer speziellen Speicherzelle zurück. Weil der Zugriff auf die Speicherzelle $S[0]$ verboten ist, nehmen wir hier an, dies sei die Zelle mit Adresse 1.

2.3 Einfache Ausdrücke und Wertzuweisungen

In diesem Abschnitt führen wir in die Übersetzung von arithmetischen und logischen Ausdrücken ein. Der Übersetzer muss für jeden Ausdruck eine Befehlssequenz erzeugen, deren Ausführung den (aktuellen) Wert des Ausdrucks ergibt. Betrachten wir als einfaches Beispiel die Übersetzung des Ausdrucks $(1 + 7) \cdot (2 + 5)$. Wie sieht eine Befehlsfolge aus, die diesen Ausdruck auswertet und sein Ergebnis oben auf dem Keller hinterlässt?

Besteht der Ausdruck nur aus einer Konstanten, z.B. 7, ist die Aufgabe leicht. Wir benötigen nur eine Instruktion, die einen gegebenen Wert oben auf den Keller schreibt. Zu diesem Zweck führen wir die Instruktion **loadc** q für beliebige Konstanten q ein (Abb. 2.2).

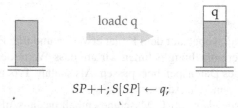

$$SP{+}{+}; S[SP] \leftarrow q;$$

Abb. 2.2. Die Instruktion **loadc** q.

Die Instruktion **loadc** q benötigt keine weiteren Argumente. Sie legt als Wert die Konstante q oben auf dem Keller ab.

Für zusammengesetzte Ausdrücke besteht die Idee darin, zuerst die Werte der Unterausdrücke, hier $(1 + 7)$ und $(2 + 5)$, zu berechnen und ihre Werte jeweils in den oberen Kellerzellen zu hinterlassen, um dann den äußeren Operator, hier „$\cdot$", auf diese Werte anzuwenden. Die Anwendung des Operators sollte die Zwischenergebnisse auf dem Keller konsumieren und das Ergebnis des gesamten Ausdrucks wiederum oben auf dem Keller hinterlassen.

Ein solches rekursive Vorgehen gemäß der Struktur eines Programmfragments (hier: von Ausdrücken) werden wir immer wieder vorfinden. Dieses Vorgehen wird von unserer Entwurfsentscheidung unterstützt, dass insbesondere die arithmetischen, logischen und Vergleichsbefehle ihre Operanden jeweils oben auf dem Keller erwarten und durch die Ergebnisse des Befehls ersetzen. Wir demonstrieren dies in Abb. 2.3 anhand der *mul*-Instruktion, welche zwei ganzzahlige Operanden miteinander multipliziert.

Die Instruktion **mul** erwartet zwei Argumente oben auf dem Keller, multipliziert sie miteinander, konsumiert sie dabei und legt das Ergebnis oben auf dem Keller ab. Analog arbeiten auch die übrigen binären arithmetischen und logischen Instruktionen **add**, **sub**, **div**, **mod**, **and**, **or** wie auch die Vergleiche **eq**, **neq**, **le**, **leq**, **gr** und **geq**.

Vergleichsoperatoren erwarten ebenfalls zwei Operanden oben auf dem Keller, vergleichen sie und hinterlassen das Ergebnis des Vergleichs in der neuen obersten

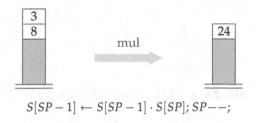

$$S[SP-1] \leftarrow S[SP-1] \cdot S[SP]; SP--;$$

Abb. 2.3. Die Instruktion **mul**.

Kellerzelle. Das Ergebnis sollte ein logischer Wert sein, also *true* oder *false* repräsentieren. Im Falle von C werden diese jedoch als ganzzahlige Werte dargestellt: 0
steht für *false*, alle anderen Werte für *true*. Abb. 2.4 zeigt, wie der **leq**-Befehl zwei
ganze Zahlen vergleicht.

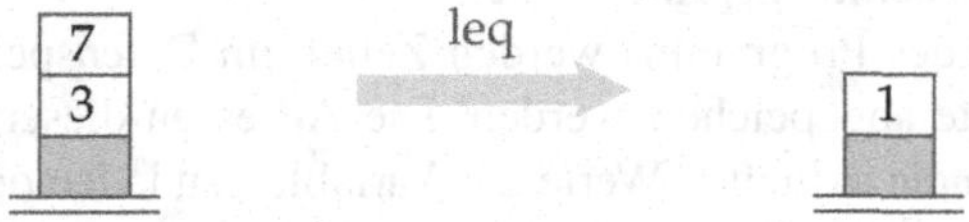

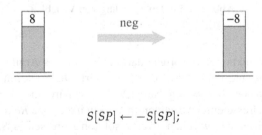

$$S[SP-1] \leftarrow S[SP-1] \leq S[SP]; SP--;$$

Abb. 2.4. Die Instruktion **leq**.

Unäre Befehle wie **neg** und **not** konsumieren dagegen nur einen Operanden. Da
sie auch einen Wert als Ergebnis liefern, ersetzen sie somit den Wert in der obersten
Kellerzelle. Als Beispiel zeigen wir den **neg**-Befehl, welcher das Vorzeichen einer
Zahl umdreht (Abb. 2.5).

$$S[SP] \leftarrow -S[SP];$$

Abb. 2.5. Der Negationsbefehl **neg**.

Wir erzeugen für den Ausdruck $1 + 7$ die Befehlsfolge:

loadc 1;   **loadc** 7;   **add**

Abb. 2.6 zeigt, wie diese Befehlsfolge zur Laufzeit abgearbeitet wird.

Abb. 2.6. Abarbeitung der Befehlsfolge für $1 + 7$.

Welche Befehlsfolgen für eine Anweisung oder einen Ausdruck erzeugt werden, wird durch die Angabe von code-Funktionen spezifiziert. Diese Funktionen bekommen als Argument ein entsprechendes Programmfragment. Sie zerlegen dieses Argument rekursiv und setzen die für die Komponenten jeweils erzeugten Befehlsfolgen zur gesamten Befehlsfolge zusammen. Wir kümmern uns hier nicht um das Problem, wie ein C-Programm syntaktisch analysiert wird, d.h. wie seine syntaktische Struktur entdeckt wird. Ebenfalls verlassen wir uns darauf, dass die Typkorrektheit des Eingabeprogramms bereits geprüft wurde.

Den Variablen des Programms werden Zellen im Datenspeicher S zugeordnet, in denen ihre Werte abgepeichert werden. Die Adressen dieser Zellen benutzt der erzeugte Code, um die aktuellen Werte der Variablen zu laden oder neue Werte dort abzuspeichern (siehe Abb. 2.7).

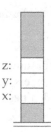

Abb. 2.7. Implementierung von Variablen.

Übersetzungsfunktionen benötigen darum als weiteres Argument eine Funktion ρ, die für jede Variable x die Adresse von x liefert. Die Funktion ρ heißt *Speicherbelegungsfunktion* oder *Adressumgebung* (Address Environment). Später werden wir sehen, dass die Adresse einer Variablen in Wirklichkeit eine *Relativadresse* ist, d.h. eine konstante Differenz zwischen zwei absoluten Adressen in S, nämlich der tatsächlichen Adresse der Zelle für diese Variable und der Anfangsadresse eines ganzen Speicherbereichs für alle Variablen, Parameter usw. der Funktion, in der die Variable deklariert ist. Für den Augenblick können wir $\rho(x)$ als die Adresse von x relativ zum Anfang von S auffassen.

In imperativen Sprachen können Variablen auf zwei Weisen verwendet werden. Betrachten wir z.B. die Zuweisung $x \leftarrow y + 1$. Von der Variablen y benötigen wir offenbar ihren Inhalt, um den Wert des Ausdrucks $y + 1$ ermitteln zu können. Von der

Variablen x dagegen interessiert der Inhalt nicht. Hier benötigen wir stattdessen die Adresse der zugehörigen Speicherzelle, um dort den neu berechneten Wert ablegen zu können. Wir schließen daraus, dass bei der Übersetzung von Wertzuweisungen eine Variablenbezeichnung, die auf der linken Seite einer Wertzuweisung steht, anders übersetzt werden muss als eine Variablenbezeichnung, die auf der rechten Seite steht. Von der Variablenbezeichnung links benötigt man die Adresse der ihr zugeordneten Zelle, ihren sogenannten *Linkswert* (L-Wert), um deren Inhalt zu überschreiben. Von der Variablenbezeichnung rechts braucht man ihren Wert, genauer: den *Rechtswert* (R-Wert). Wir indizieren deshalb die code-Funktionen mit L bzw. R; entsprechend erzeugt $code_L$ Befehle zur Berechnung des L-Wertes und $code_R$ Befehle zur Berechnung des R-Wertes. Die Funktion code (ohne Index) übersetzt Anweisungen. Beachten Sie jedoch schon jetzt, dass zwar jeder Ausdruck über einen R-Wert, nicht aber jeder Ausdruck auch über einen L-Wert verfügt. Ein einfaches Beispiel ist etwa der Ausdruck $y + 1$. Den Wert dieses Ausdrucks stellen wir uns als nur temporär auf dem Keller vorhanden und deshalb nicht adressierbar vor.

Die Abbildung 2.8 enthält einen Ausschnitt aus der Definition der Übersetzungsfunktionen $code_R$ und $code_L$ für einige Ausdrücke. Den L-Wert einer Variablen x

$$
\begin{aligned}
code_R\ (e_1 + e_2)\ \rho &= code_R\ e_1\ \rho \\
&\quad\ \ code_R\ e_2\ \rho \\
&\quad\ \ \mathbf{add} \\
&\quad\ \ // \quad \text{analog für die anderen binären Operatoren} \\[4pt]
code_R\ (-e)\ \rho &= code_R\ e\ \rho \\
&\quad\ \ \mathbf{neg} \\
&\quad\ \ // \quad \text{analog für andere unäre Operatoren} \\[4pt]
code_R\ q\ \rho &= \mathbf{loadc}\ q \\[2pt]
code_L\ x\ \rho &= \mathbf{loadc}\ \rho(x) \\[2pt]
code_R\ x\ \rho &= code_L\ x\ \rho \\
&\quad\ \ \mathbf{load}
\end{aligned}
$$

Abb. 2.8. Ein Ausschnitt der Definition von $code_R$ und $code_L$.

können wir direkt aus der Adressumgebung ablesen. Um den R-Wert von x zu ermitteln, benötigen wir jedoch einen neuen Befehl, der uns erlaubt, den Inhalt einer Speicherzelle, deren Adresse oben auf dem Keller liegt, auf den Keller zu laden. Dazu dient die neue Instruktion **load** (Abb. 2.9).

In der Programmiersprache C sind Zuweisungen wie $x \leftarrow y + 1$ ebenfalls *Ausdrücke*. Der Wert dieses Ausdrucks ist dabei der Wert der rechten Seite der Zuweisung. Der R-Wert der linken Seite der Zuweisung ändert sich dabei mithilfe eines *Seiteneffekts* der Auswertung des Ausdrucks. Zur Implementierung der Zuweisung benötigen wir eine Instruktion **store** (Abb. 2.10). Die Instruktion **store** erwartet zwei

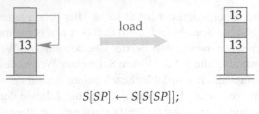

$$S[SP] \leftarrow S[S[SP]];$$

Abb. 2.9. Die Instruktion **load**.

Argumente auf dem Keller: einen Wert w und darüber eine Adresse a. Den Wert w schreibt sie an der Adresse a in den Speicher und liefert ihn gleichzeitig als Wert auf dem Keller zurück. In einer Adressumgebung $\rho = \{x \mapsto 4, y \mapsto 7\}$ berechnet die

$$S[S[SP]] \leftarrow S[SP - 1]; SP--;$$

Abb. 2.10. Die Instruktion **store**.

folgende Folge von Instruktionen den R-Wert von $x \leftarrow y + 1$:

loadc 7; **load**; **loadc** 1; **add**; **loadc** 4; **store**

Zuerst wird der Wert der rechten Seite ermittelt. Dann folgt eine Instruktionsfolge zur Berechnung des L-Werts der linken Seite, in unserem Fall **loadc** 4. Die Zuweisung selbst wird schließlich von der Instruktion **store** ausgeführt. Allgemein können wir also eine Zuweisung wie folgt übersetzen:

$$\mathsf{code_R}\ (x \leftarrow e)\ \rho = \mathsf{code_R}\ e\ \rho$$
$$\mathsf{code_L}\ x\ \rho$$
$$\mathbf{store}$$

Beispiel 2.3.1 Sei ein Programm mit den drei **int**-Variablen a, b, c gegeben. Die Speicherbelegungsfunktion ρ bilde a, b, c auf die Adressen 5, 6 bzw. 7 ab. Die Übersetzung der Wertzuweisung $a \leftarrow (b + (b \cdot c))$ geschieht folgendermaßen:

code $(a \leftarrow (b + (b \cdot c)))\ \rho$

$= \text{code}_R\ (b + (b \cdot c))\ \rho;\ \text{code}_L\ a\ \rho;\ \textbf{store}$

$= \text{code}_R\ b\ \rho;\ \text{code}_R\ (b \cdot c)\ \rho;\ \textbf{add};\ \text{code}_L\ a\ \rho;\ \textbf{store}$

$= \textbf{loadc}\ 6;\ \textbf{load};\ \text{code}_R\ (b \cdot c)\ \rho;\ \textbf{add};\ \text{code}_L\ a\ \rho;\ \textbf{store}$

$= \textbf{loadc}\ 6;\ \textbf{load};\ \text{code}_R\ b\ \rho;\ \text{code}_R\ c\ \rho;\ \textbf{mul};\ \textbf{add};\ \text{code}_L\ a\ \rho;\ \textbf{store}$

$= \textbf{loadc}\ 6;\ \textbf{load};\ \textbf{loadc}\ 6;\ \textbf{load};\ \text{code}_R\ c\ \rho;\ \textbf{mul};\ \textbf{add};\ \text{code}_L\ a\ \rho;\ \textbf{store}$

$= \textbf{loadc}\ 6;\ \textbf{load};\ \textbf{loadc}\ 6;\ \textbf{load};\ \textbf{loadc}\ 7;\ \textbf{load};\ \textbf{mul};\ \textbf{add};\ \textbf{loadc}\ 5;\ \textbf{store}$

$\square$

An unseren Beispielen fällt auf, dass bestimmte Routineaufgaben sich wiederholen und damit zu immer ähnlichen Befehlsfolgen führen. So muss die Übersetzung oft Instruktionsfolgen erzeugen, die von einer konstanten (d.h. zur Übersetzungszeit bekannten) Adresse einen Wert laden bzw. an diese Adresse einen Wert schreiben. Als Optimierung könnten wir deshalb für diese Aufgaben Spezialbefehle einführen:

$$\textbf{loada}\ q\quad =\quad \textbf{loadc}\ q$$
$$\textbf{load}$$
$$\textbf{storea}\ q\quad =\quad \textbf{loadc}\ q$$
$$\textbf{store}$$

Beachten Sie, dass solche Spezialbefehle tatsächlich zu einer Effizienzverbesserung führen: einerseits wird natürlich der erzeugte Code kürzer; andererseits kann eine Implementierung etwa des Befehls **loada** 7 effizienter vorgehen, als erst die Konstante 7 zu erzeugen, auf den Keller zu laden, um dann die 7 durch den Wert der Speicherzelle mit Adresse 7 zu überschreiben.

2.4 Anweisungen und Anweisungsfolgen

In C gilt: ist e ein Ausdruck, dann ist e; eine *Anweisung* (Statement). Anweisungen liefern keinen Wert zurück. Folglich muss der Wert des Kellerzeigers *SP* vor und nach der Ausführung der erzeugten Befehlsfolge gleich sein. Deshalb übersetzen wir:

$$\text{code}\ (e;)\ \rho = \text{code}_R\ e\ \rho$$
$$\textbf{pop}$$

Dabei ist **pop** eine Instruktion, die das oberste Element vom Keller entfernt (Abb. 2.11).

Sind wir erst einmal in der Lage, Code für eine einzelne Anweisung zu generieren, ist es leicht, auch Code für Folgen von Anweisungen zu generieren. Wir konkatenieren die Codesequenzen für die einzelnen Anweisungen in der Folge:

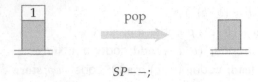

$$SP--;$$

Abb. 2.11. Die Instruktion **pop**.

code $(s\,ss)\ \rho$ = code $s\ \rho$

            code $ss\ \rho$

            // s eine Anweisung, ss eine Folge von Anweisungen

code $\varepsilon\ \rho$ =   //   eine leere Folge von Befehlen

2.5 Bedingte und iterative Anweisungen

Als nächstes wagen wir uns an die Übersetzung von bedingten und iterativen Anweisungen (Schleifen). Wir geben Übersetzungsschemata an für einseitige und zweiseitige *if*-Anweisungen:

$$\textbf{if}\ (e)\ s$$
$$\textbf{if}\ (e)\ s_1\ \textbf{else}\ s_2$$

und für *while*- und *for*-Schleifen:

$$\textbf{while}\ (e)\ s$$
$$\textbf{for}\ (e_1;e_2;e_3)\ s$$

wobei e, e_i jeweils Ausdrücke und s, s_i jeweils einzelne Anweisungen bzw. zu einem Block zusammengefasste Anweisungsfolgen sind.

    Um von der linearen Ausführungsreihenfolge abzuweichen, benötigen wir geeignete Sprungbefehle. *Unbedingte* Strünge setzen stets die Programmausführung an einer anderen Stelle fort. *Bedingte* Sprünge führen nur zu einer Abweichung von der sequentiellen Programmausführung, wenn eine bestimmte Bedingung zutrifft. In unserem Fall besteht diese Bedingung in einem Vergleich des obersten Elements im Keller mit 0 (Abb. 2.12). Statt absoluter Codeadressen könnte man alternativ auch *relative* Adressen als Sprungziele benutzen, d.h. in den Sprungbefehlen die Sprungziele stets relativ zum aktuellen *PC* angeben. Dies hätte den Vorteil, dass typischerweise kleinere Adressen ausreichen. Auch wird der Code leichter *relokierbar*, d.h. er kann an beliebiger Stelle im Speicher stehen.

    In den Übersetzungsschemata für bedingte Anweisungen und Schleifen benötigen wir ein neues Hilfsmittel. Wir markieren Befehle oder auch das Ende des Schemas durch symbolische Marken, die wir in Sprungbefehlen als Sprungziele verwenden. Ein Vorkommen einer solchen Marke steht für die Adresse, welche der Befehl erhält bzw. schon erhalten hat, der diese Marke trägt. In einem zweiten Durchlauf

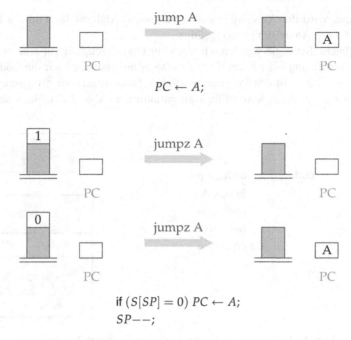

$$PC \leftarrow A;$$

$$\text{if } (S[SP] = 0)\ PC \leftarrow A;$$
$$SP--;$$

Abb. 2.12. Die Sprungbefehle **jump** und **jumpz** A

folgend auf die Codeerzeugung können die Marken dann durch absolute Codeadressen ersetzt werden.

Betrachten wir zuerst eine einseitige bedingte Anweisung s der Form **if** (e) s'. Bei der Codeerzeugung gehen wir so vor, dass wir zuerst den Code zur Auswertung von e und s' hintereinander in den Programmspeicher legen und dabei Sprungbefehle so einfügen, dass ein korrekter Kontrollfluss gewährleistet ist (Abb. 2.13). In diesem Fall heißt das, dass wir nach der Bedingung einen bedingten Sprung *hinter* die gesamte Anweisung einfügen müssen: wird die Bedingung e zur Laufzeit zu 0

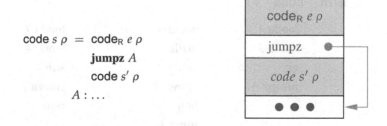

$$\begin{aligned}
\text{code } s\ \rho\ &=\ \text{code}_R\ e\ \rho \\
&\quad\ \textbf{jumpz } A \\
&\quad\ \text{code } s'\ \rho \\
&\ A:\ldots
\end{aligned}$$

Abb. 2.13. Codeerzeugung für einseitige bedingte Anweisungen.

ausgewertet, wird die Anweisung sofort verlassen. Andernfalls wird die Instruktionsfolge für die Anweisung s' ausgeführt.

Die gleiche Strategie wenden wir auch zur Codeerzeugung für eine zweiseitige bedingte Anweisung s der Form **if** (e) s_1 **else** s_2 an: erst legen wir die Codesequenzen für e, s_1 und s_2 in den Programmspeicher. Dann fügen wir geeignete Sprünge ein, um einen korrekten Kontrollfluss zu garantieren (Abb. 2.14). Nach der Bedin-

$$
\begin{aligned}
\text{code } s\,\rho = \quad &\text{code}_R\ e\ \rho \\
&\textbf{jumpz } A \\
&\text{code } s_1\ \rho \\
&\textbf{jump } B \\
A : &\text{code } s_2\ \rho \\
B : &\dots
\end{aligned}
$$

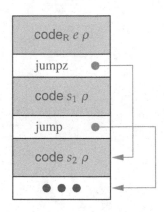

Abb. 2.14. Codeerzeugung für zweiseitige bedingte Anweisungen.

gung fügen wir einen bedingten Sprung an den Anfang des *else*-Teils s_2 ein. Damit bei Auswertung der Bedingung e zu einem Wert ungleich 0 nicht nach Ausführung des Codes für s_1 auch noch der Code für s_2 ausgeführt wird, müssen wir hinter den Code für s_1 einen unbedingten Sprung hinter die gesamte Anweisung einfügen.

Beispiel 2.5.1 Sei $\rho = \{x \mapsto 4, y \mapsto 7\}$ und die bedingte Anweisung s von der Form:

$$
\begin{aligned}
&\textbf{if } (x > y) \\
&\quad x \leftarrow x - y; \\
&\textbf{else } y \leftarrow y - x;
\end{aligned}
$$

Dann liefert   code $s\,\rho$:

loada 4	**loada** 4	A:	**loada** 7
loada 7	**loada** 7		**loada** 4
gr	**sub**		**sub**
jumpz A	**storea** 4		**storea** 7
	pop		**pop**
	jump B	B:	…

□

Betrachten wir eine *while*-Schleife s der Form **while** (e) s'. Die für s generierte Instruktionsfolge zeigt Abb. 2.15. Hinter den Code für die Bedingung fügen wir

code $s\ \rho = A :$ code$_R\ e\ \rho$
        jumpz B
        code $s'\ \rho$
        jump A
    $B : \ldots$

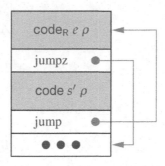

Abb. 2.15. Die Übersetzung einer *while*-Schleife.

einen bedingten Sprung aus der Schleife heraus ein, während am Ende des Codes für den Rumpf ein unbedingter Sprung zurück an den Anfang des Bedingungscodes der Schleife eingefügt wird.

Beispiel 2.5.2 Sei $\rho = \{a \mapsto 7, b \mapsto 8, c \mapsto 9\}$ eine Adressumgebung und s die Anweisung:

$$\textbf{while } (a > 0)\ \{c \leftarrow c + 1;\ a \leftarrow a - b;\}$$

Dann liefert   code $s\ \rho$ die Folge:

$A:$	**loada** 7	**loada** 9	**loada** 7	$B:$	$\ldots$
	loadc 0	**loadc** 1	**loada** 8		
	gr	**add**	**sub**		
	jumpz B	**storea** 9	**storea** 7		
		pop	**pop**		
			jump A		

$\Box$

Eine Komplikation bei der Codeerzeugung tritt auf, wenn der Rumpf der Schleife *break*- oder *continue*-Anweisungen enthält. Ein **break** muss aufgefasst werden als ein unbedingter Sprung aus der Schleife heraus. Ein **continue** dagegen springt nur an das Ende des Rumpfs. Für eine korrekte Codeerzeugung muss deshalb die Übersetzungsfunktion code zusätzlich die aktuellen Sprungziele für **break** oder **continue** mitverwalten. Für Details verweisen wir auf Aufgabe 6.

Eine *for*-Schleife s der Form **for** $(e_1; e_2; e_3)$ s' ist äquivalent zu der Anweisungsfolge:

$$e_1;\ \textbf{while } (e_2)\ \{s'\ e_3;\}$$

– sofern s' keine *continue*-Anweisung enthält. In diesem Fall übersetzen wir:

$$\text{code } s \ \rho \ = \ \text{code}_R \ e_1$$
$$\textbf{pop}$$
$$A : \text{code}_R \ e_2 \ \rho$$
$$\textbf{jumpz } B$$
$$\text{code } s' \ \rho$$
$$\text{code}_R \ e_3 \ \rho$$
$$\textbf{pop}$$
$$\textbf{jump } A$$
$$B : \ldots$$

In Anwesenheit von *continue*-Anweisungen im Rumpf s' der Schleife können wir bei der Übersetzung im Prinzip genauso vorgehen. Wir müssen nur darauf achten, dass wir jedes in s' vorkommende **continue** als unbedingten Sprung an das Ende von s' interpretieren, d.h. vor die Instruktionsfolge für e_3.

Betrachten wir nun die *switch*-Anweisung der Programmiersprache C. Die Idee dieser Anweisung ist, eine Mehrfachverzweigung abhängig vom Wert eines Selektorausdrucks effizient zu unterstützen. Zur Vereinfachung nehmen wir an, dass in der Anweisung nur zwischen den Fällen 0 bis $k-1$ für eine Konstante k ausgewählt wird. Alle anderen Werte des Selektionsausdrucks sollen die *default*-Alternative auswählen. Zur weiteren Vereinfachung nehmen wir an, dass die Fälle in aufsteigender Reihenfolge angeordnet sind und jeder Fall mit einem **break** abgeschlossen wird. Unsere *switch*-Anweisung s hat also das Aussehen:

> **switch** (e) {
>   **case** 0: ss_0 **break**;
>   **case** 1: ss_1 **break**;
> $\vdots$
>   **case** $k-1$: ss_{k-1} **break**;
>   **default:** ss_k
> }

wobei die ss_i Folgen von Anweisungen sind. Eine Möglichkeit, *switch*-Anweisungen zu übersetzen, benutzt *indizierte Sprünge*. Ein indizierter Sprung ist ein Sprung, bei dem die angegebene Zieladresse um einen unmittelbar vorher berechneten Wert erhöht wird. Wir benutzen dazu den Befehl **jumpi** (Abb. 2.16). Dann ergibt sich für die *switch*-Anweisung s die Instruktionsfolge:

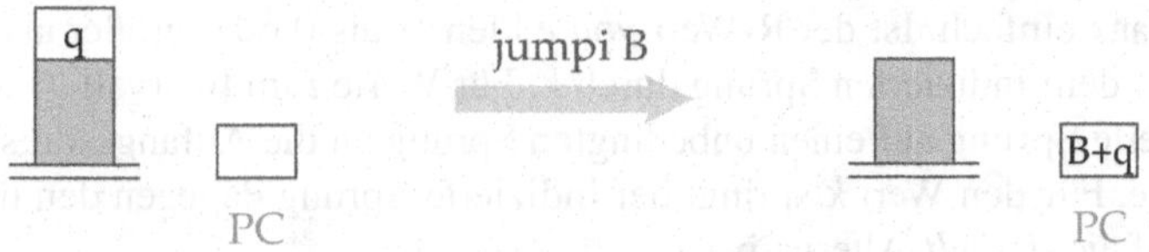

$$PC \leftarrow B + S[SP];$$
$$SP--;$$

Abb. 2.16. Der indizierte Sprung **jumpi**.

code $s\,\rho$	=	code$_R$ $e\,\rho$	C_0:	code $ss_0\,\rho$	B:	**jump** C_0
		check $0\,k\,B$		**jump** D		...
				...		**jump** C_k
			C_k:	code $ss_k\,\rho$	D:	...
				jump D		

Das *Makro* check $0\ k\ B$ überprüft, ob der R-Wert von e im Intervall $[0, k]$ liegt, und führt einen indizierten Sprung in die Tabelle durch, die ab Adresse B im Programmspeicher C angelegt ist. Die Sprungtabelle enthält direkte Sprünge zu den jeweiligen Alternativen. Am Ende jeder Alternative steht ein Sprung hinter die *switch*-Anweisung. Eine Implementierung des Makros check könnte etwa so aussehen:

check $0\ k\ B$	=	**dup**	**dup**		**jumpi** B
		loadc 0	**loadc** k	$A:$	**pop**
		geq	**leq**		**loadc** k
		jumpz A	**jumpz** A		**jumpi** B

Der ganzzahlige Wert oben auf dem Keller, den wir zur Fallunterscheidung benutzen, wird in zwei Vergleichen benötigt, um zu überprüfen, dass er tatsächlich innerhalb des Intervalls $[0, k - 1]$ liegt. Erst wenn wir dies überprüft haben, können wir ihn zur Indizierung der Sprungtabelle benutzen. Weil jedoch bei unserer Maschine jeder Vergleich den Wert konsumiert, müssen wir ihn vor jedem Vergleich zuerst *duplizieren*. Dazu dient der Befehl **dup** (Abb. 2.17). Die Idee zur Implementierung des Makro

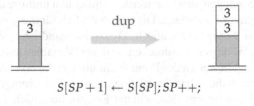

$$S[SP + 1] \leftarrow S[SP]; SP++;$$

Abb. 2.17. Die Instruktion **dup**.

ist dann ganz einfach. Ist der R-Wert von e kleiner als 0 oder größer als k, ersetzen wir ihn vor dem indizierten Sprung durch k. Für Werte i im Intervall $[0, k - 1]$ führt der indizierte Sprung auf einen unbedingten Sprung an die Anfangsadresse der i-ten Alternative. Für den Wert k springt der indizierte Sprung dagegen den unbedingten Sprung auf die *default*-Alternative an.

In unserem Übersetzungsschema haben wir die Sprungtabelle ganz ans Ende der Instruktionsfolge für die *switch*-Anweisung gestellt. Alternativ hätten wir sie natürlich auch direkt hinter dem Makro check platzieren können. Dadurch hätten wir ein paar unbedingte Sprünge einsparen können. Eventuell hätte die Codeerzeugung die Anweisung aber zweimal durchlaufen müssen, um die benötigten Anfangsadressen der verschiedenen Alternativen zu sammeln.

Die Idee unserer Behandlung der sehr vereinfachten *switch*-Anweisung lässt sich verallgemeinern. Ist der kleinste vorkommende Wert etwa u (anstatt 0), vermindern wir den R-Wert von e um u, bevor wir ihn als Index benutzen. Auch ist eine strikt aufsteigende Anordnung der einzelnen Selektorwerte nicht wirklich erforderlich. Selbstverständlich dürfen auch Lücken im Intervall der möglichen Selektorwerte auftreten. Die entsprechenden Einträge der Sprungtabelle füllen wir dann mit unbedingten Sprüngen auf die *default*-Alternative. Probleme treten auf, wenn das Intervall der möglichen Selektorwerte sehr groß ist und gleichzeitig nur sehr wenig Werte daraus wirklich auftreten. In Aufg. 8 können Sie Lösungsansätze für diesen Spezialfall entwickeln.

2.6 Speicherbelegung für Variablen einfachen Typs

In diesem Abschnitt führen wir einige sehr wichtige Begriffe des Übersetzerbaus ein, nämlich die Begriffe *Übersetzungszeit* und *Laufzeit*, *statisch* und *dynamisch*. Zur *Übersetzungszeit* wird ein vorgelegtes C-Programm in ein CMa-Programm übersetzt. Zur *Laufzeit* wird dieses erzeugte C-Programm mit Eingabedaten ausgeführt. *Statisch* sind alle Informationen über ein C-Programm, die zur Übersetzungszeit allein aus diesem Programm ersichtlich sind oder aus ersichtlicher Information berechnet oder erzeugt werden können. *Dynamisch* sind all die Informationen, die erst zur Laufzeit durch das Ausführen des erzeugten CMa-Programms mit Eingabedaten verfügbar werden.

Wir haben schon einige Beispiele für statische und für dynamische Informationen über C-Programme kennengelernt. Statisch etwa sind die Zieladressen von bedingten oder unbedingten Sprüngen, denn sie werden schließlich mithilfe der code-Funktion aus dem Quellprogramm berechnet. Dies gilt natürlich für das ganze erzeugte CMa-Programm. Also ist dieses auch statisch. Dynamisch sind i.A. die Werte von Variablen, also auch die Werte von Ausdrücken, in denen Variablen auftreten. Diese Werte hängen i.A. von Eingabewerten des Programms ab, welche erst zur Laufzeit zur Verfügung stehen. Da also die Werte der Bedingungen in Anweisungen dynamisch sind, ist es auch dynamische Information, wie der Kontrollfluss nach der Auswertung der Bedingung aussieht.

Um die Zuordnung von im Quellprogramm deklarierten Variablen zu Speicherzellen vorzunehmen, müssen wir an unsere Annahme über die Größe der Speicherzellen und unsere (Speicher-) Spendierfreudigkeit erinnern. Jeder Variablen der einfachen Typen **int** (oder auch **float**, **char**, sowie vom Aufzählungs- oder Mengentyp, sofern wir sie hier behandeln) und Zeigervariablen ordnen wir eine Speicherzelle zur Aufnahme ihrer Werte zu. Wir versuchen also nicht, wie es in realen Übersetzern geschieht, „kleine Werte" zu mehreren in ein Wort zu packen. Wir können also augenblicklich nur Programme übersetzen, in denen die Genauigkeit durch die Wortlänge der C-Maschine beschränkt ist. Diese Wortlänge ist dabei auch nicht festgelegt. Sie muss nur in der Lage sein, int-Werte und Adressen aufzunehmen. Dann ergibt sich ein recht einfaches Schema zur Speicherbelegung. Den Variablen im Deklarationsteil des Programms – wir betrachten im Augenblick noch Programme ohne Blöcke und Funktionen – ordnen wir in der Reihenfolge ihres Auftretens konsekutive Adressen am Anfang des Kellerspeichers zu. Die erste zugeteilte Adresse ist aus später ersichtlichen Gründen nicht 0 sondern 1. Die zugeteilten Adressen nennen wir aus Gründen, die ebenfalls klar werden, wenn wir Funktionen und Blöcke betrachten, *relative Adressen*. Die (eigentlich) absolute Adresse 1 fassen wir also auf als die Adresse 1 relativ zur Basis 0.

Betrachten wir den Variablendeklarationsteil eines C-Programms, wobei die vorkommenden Typen alle einfach seien. Er hat dann die Form:

$$t_1 \, x_1; \ldots; t_k \, x_k;$$

Die oben geschilderte Speicherbelegungsstrategie würde dann die Funktion ρ, die die Zuordnung von Variablen zu Relativadressen festhält, folgendermaßen definieren:

$$\rho(x_i) = i \text{ für } 1 \leq i \leq k.$$

Man sieht leicht, dass die so zugeteilten relativen Adressen statische Größen sind; denn sie ergeben sich (auf sehr einfache Weise) aus dem Quellprogramm, nämlich aus den Positionen im Variablendeklarationsteil.

Diese Adressen liegen natürlich in dem Bereich des Speichers, den wir für den Keller der C-Maschine reserviert haben. Wenn Funktionen und Prozeduren behandelt werden, wird klar, dass wir eigentlich von zwei ineinander enthaltenen Kellern reden, nämlich einem „großen", der aus den Datenbereichen aller jeweils aktiven Prozeduren besteht und somit wächst bzw. schrumpft, wenn eine Funktion betreten bzw. verlassen wird, und einem „kleinen" zu jeder aktiven Funktion, der die während der Verarbeitung der Anweisungen des Rumpfes anfallenden Zwischenergebnisse aufnimmt. Nur mit diesem zweiten haben wir bisher Bekanntschaft gemacht, etwa bei der Verarbeitung von Wertzuweisungen. Die Zuteilung von Speicherzellen bzw. Adressen an deklarierte Variablen legt den Aufbau des Datenbereichs fest.

2.7 Speicherbelegung für Felder und Strukturen

Die Programmiersprache C stellt nur *statische Felder* zur Verfügung. Betrachten wir die folgende Deklaration eines Feldes a:

$$\textbf{int}\, a\, [11];$$

Wieviele Speicherzellen wird das Feld a belegen? Offensichtlich besteht a aus den 11 Komponenten:

$$a[0],\ a[1],\ a[2],\ a[3],\ a[4],\ a[5],\ a[6],\ a[7],\ a[8],\ a[9],\ a[10]$$

von denen jede nach unserer obigen Annahme eine Zelle belegt. Damit benötigt das Feld also elf Speicherzellen für seine Komponenten. Diese Elemente legen wir konsekutiv in den Keller, wobei wir die Anfangsadresse, d.h. diejenige der Komponente $a[0]$ in der Speicherbelegungsfunktion für a vermerken.

Im Allgemeinen müssen natürlich die Komponenten keineswegs stets von einem einfachen Typ sein, sondern können selbst wieder zusammengesetzt sein. Deshalb benötigen wir zur Konstruktion der Speicherbelegung für mehrere Variablen eine Hilfsfunktion, die uns für jeden Typ t die Anzahl der benötigten Speicherzellen berechnet:

$$|t| = \begin{cases} 1 & \text{falls } t \text{ einfach} \\ k \cdot |t'| & \text{falls } t \equiv t'\, [k] \end{cases}$$

Diese Funktion wird von der Programmiersprache C als Hilfsfunktion sizeof zur Verfügung gestellt.

Auch in Anwesenheit von komplexeren Typen wollen wir die deklarierten Variablen konsekutiv im Speicher ablegen. Dann ergibt sich für eine Folge d von Deklarationen der Form $t_1\, x_1; \ldots; t_k\, x_k;$ eine Speicherbelegungsfunktion ρ mit:

$$\rho(x_1) = 1$$
$$\rho(x_i) = \rho(x_{i-1}) + |t_{i-1}| \qquad \text{für } i > 1$$

Machen Sie sich an dieser Stelle klar, dass diese Speicherbelegungsfunktion tatsächlich zur Übersetzungszeit, d.h. aus dem gegebenen Deklarationsteil des C-Programms berechnet werden kann. Entsprechend könnten wir zum Abspeichern, sagen wir des Wertes 42, in die Komponente $a[0]$ des obigen Feldes a die folgende Befehlsfolge benutzen:

$$\textbf{loadc } 42; \ \textbf{loadc } \rho(a); \ \textbf{store}; \ \textbf{pop}$$

wobei die Adresse $\rho(a)$ statisch bekannt ist.

Interessant wird es, wenn wir die Wertzuweisung $a[i] \leftarrow 42;$ übersetzen sollen, worin i eine int-Variable ist. Die Variable i erhält ihren Wert erst zur Ausführungszeit des übersetzten Programms. Darum müssen nun Befehle erzeugt werden, welche zuerst den aktuellen Wert von i ermitteln. Dann kann die richtige Komponente des Felds selektiert werden, indem der notwendige Betrag zu der Anfangsadresse $\rho(a)$ addiert wird:

$$\textbf{loadc } 42; \ \textbf{loadc } \rho(a); \ \textbf{loadc } \rho(i); \ \textbf{load}; \ \textbf{add}; \ \textbf{store}; \ \textbf{pop}$$

Allgemeiner sei a ein Ausdruck, der ein Feld von Komponenten des Typs t repräsentiert. Um die Anfangsadresse der Komponente $a[e]$ zu bestimmen, muss erst die

Anfangsadresse des Felds a ermittelt werden. Dann wird die Nummer der selektierten Komponente bestimmt, indem der R-Wert von e berechnet wird. Dieser Index muss mit dem Platzbedarf für jede einzelne Komponente skaliert werden, bevor er zur Anfangsadresse des Feldes addiert wird, um die gewünschte Anfangsadresse des Ausdrucks $a[e]$ zu erhalten. Insgesamt muss also der Wert des Ausdrucks

$$(L\text{-}Wert\ von\ a) + |t| * (R\text{-}Wert\ von\ e)$$

berechnet werden. Deshalb erweitern wir die Übersetzungsfunktion $code_L$ auf indizierte Feldausdrücke durch:

$$
\begin{aligned}
code_L\ a[e]\ \rho\quad =\quad & code_L\ a\ \rho \\
& code_R\ e\ \rho \\
& \textbf{loadc}\ |t| \\
& \textbf{mul} \\
& \textbf{add}
\end{aligned}
$$

Ist der L-Wert eines indizierten Feldausdrucks $a[e]$ bekannt, so kann leicht auch der zugehörige R-Wert bestimmt werden, indem der Inhalt der adressierten Speicherzelle geladen wird. Dies funktioniert jedoch nur, wenn die Komponenten des indizierten Felds genau in eine Speicherzelle passen. Wie zusammengesetzte R-Werte behandelt werden können, werden wir gleich betrachten.

Zuvor betrachten wir aber das Problem der Speicherbelegung und Adressierung von *Verbunden* oder *Strukturen*. Sei etwa die Verbundvariable x deklariert durch:

struct t **{int** a; **int** b; **}** x;

Dann ordnen wir wie bisher der Variablen x die Adresse der ersten freien Speicherzelle zu. Für die Komponenten von x vergeben wir Adressen *relativ* zum Anfang der Struktur, hier $a \mapsto 0$, $b \mapsto 1$. Diese Relativadressen hängen nur von dem Typ t ab. Wir sammeln sie deshalb in der Funktion offsets, die Paaren (t, c) von Verbundtypen und ihren Komponenten die zugehörigen Relativadressen zuordnet.

Sei allgemein t ein Verbundtyp von der Form **struct** $\{t_1\ c_1; \ldots t_k\ c_k; \}$. Dann definieren wir:

$$
\begin{aligned}
\text{offsets}(t, c_1) &= 0 \quad \text{und} \\
\text{offsets}(t, c_i) &= \text{offsets}(t, c_{i-1}) + |t_{i-1}| \quad \text{für } i > 1
\end{aligned}
$$

Dabei ergibt sich die Größe des Verbundtyps t als Summe der Größen seiner Komponenten:

$$|t| = \sum_{i=1}^{k} |t_i|$$

Die Adressierung von Verbundkomponenten geschieht analog der Adressierung von Feldkomponenten in den folgenden Schritten:

1. Laden der Anfangsadresse des Verbundes;
2. Erhöhung der Adresse um die Relativadresse der Komponente.

Damit hat man die Adresse, also einen verwendbaren L-Wert. Allgemein sei e ein Ausdruck von dem Verbundtyp t, welcher eine Komponente c hat. Dann wird zur Berechnung des L-Werts von $e.c$ der folgende Code erzeugt:

$$\text{code}_L \ (e.c) \ \rho \quad = \quad \text{code}_L \ e \ \rho$$
$$\textbf{loadc} \ m$$
$$\textbf{add}$$

wobei $m = \text{offsets}(t, c)$. Wie kann der R-Wert einer Komponente ermittelt werden? Für Komponenten, deren Typ zusammengesetzt ist, reicht das Laden des Inhalts der adressierten Zelle offenbar nicht aus. Stattdessen muss ein ganzer Block oben auf den Keller geladen werden. Um mit dieser Situation zurecht zu kommen, verallgemeinern wir die Instruktion **load** zu Instruktionen **load** m für beliebige nicht-negative Werte m. Diese legen den Inhalt von m aufeinanderfolgenden Zellen ab der Adresse, die oben auf dem Keller liegt, oben auf den Keller (Abb. 2.18). Insbesondere ist

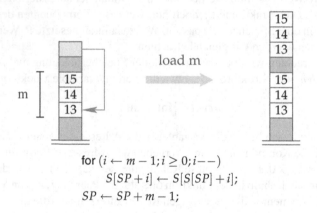

$$\textbf{for} \ (i \leftarrow m - 1; i \geq 0; i{-}{-})$$
$$S[SP + i] \leftarrow S[S[SP] + i];$$
$$SP \leftarrow SP + m - 1;$$

Abb. 2.18. Die Instruktion **load** m.

natürlich die Instruktion **load** 1 äquivalent zu unserer bisherigen Instruktion **load**. Damit erhalten wir als Übersetzungsschema zur Berechnung des R-Werts eines Ausdrucks e vom Verbundtyp der Größe m:

$$\text{code}_R \ (e) \ \rho \quad = \quad \text{code}_L \ e \ \rho$$
$$\textbf{load} \ m$$

Mit Bedacht haben wir die Anwendbarkeit dieses Übersetzungsschemas auf Ausdrücke vom Verbundtyp beschränkt. Felder sind natürlich i.A. ebenfalls zusammengesetzt. Aus historischen Gründen ist der R-Wert eines Felds a in C jedoch *nicht* die

Folge der R-Werte der Komponenten von *a*, sondern die *Anfangsadresse* von *a*. Dies liegt daran, dass entsprechend der C-Philosophie, der R-Wert des Felds *a* aufgefasst wird als *Zeiger* auf den Speicherbereich, in dem die Komponenten von *a* liegen. Der R-Wert des Felds *a* ist deshalb vom Typ *t* ∗, falls *t* der Typ der Komponenten von *a* ist. Ist also *e* ein Ausdruck, der ein Feld repräsentiert, gilt:

$$\mathsf{code}_\mathsf{R}\; e\; \rho \quad = \quad \mathsf{code}_\mathsf{L}\; e\; \rho$$

Analog zum Laden zusammengesetzter Strukturen benötigen wir auch die Möglichkeit, Strukturen abzuspeichern. Dazu verallgemeinern wir die Instruktion **store** zu Instruktionen **store** *m* für nicht-negative *m* (Abb. 2.19). Die allgemeine Form einer

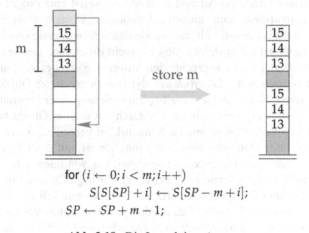

$$\text{for } (i \leftarrow 0; i < m; i{+}{+})$$
$$S[S[SP]+i] \leftarrow S[SP-m+i];$$
$$SP \leftarrow SP+m-1;$$

Abb. 2.19. Die Instruktion **store** *m*.

Zuweisung eines Werts vom Verbundtyp *t* ergibt sich deshalb zu:

$$\mathsf{code}_\mathsf{R}\; (e_1 \leftarrow e_2)\; \rho \quad = \quad \mathsf{code}_\mathsf{R}\; e_2\; \rho$$
$$\mathsf{code}_\mathsf{L}\; e_1\; \rho$$
$$\mathbf{store}\; |t|$$

Natürlich erlauben wir uns gegebenenfalls auch die Abkürzungen:

$$\mathbf{loada}\; q\; m \quad = \quad \mathbf{loadc}\; q$$
$$\mathbf{load}\; m$$

$$\mathbf{storea}\; q\; m \quad = \quad \mathbf{loadc}\; q$$
$$\mathbf{store}\; m$$

Da wir nun auch nicht mehr davon ausgehen können, dass ein Ausdruck stets einen R-Wert der Größe 1 hat, müssen wir natürlich auch dafür sorgen, dass bei einer Anweisung *e*; alle *m* Zellen vom Keller entfernt, die zum Wert von *e* gehören. Statt einer einzelnen Instruktion **pop** könnten wir einfach m solche Instruktionen einfügen – oder als Optimierung uns auch eine neue Instruktion **pop** m spendieren. Die Implementierung dieser Instruktion überlassen wir dem Leser.

2.8 Zeiger und dynamische Speicherbelegung

Zeiger und dynamische Speicherbelegung für anonyme Objekte sind zwei eng verwandte Konzepte in imperativen Programmiersprachen. Bisher haben wir nur die Speicherbelegung für Objekte betrachtet, die durch eine Deklaration eingeführt werden. In der Deklaration wird ein Name für das Objekt angegeben, und diesem Namen wird eine statische (Relativ-) Adresse zugeordnet. Kennt eine Programmiersprache Zeiger, so kann man diese benutzen, um auf namenlose Objekte zuzugreifen; mithilfe von Zeigern kann man dynamisch wachsende und schrumpfende verkettete Strukturen realisieren, wobei die einzelnen Objekte nicht durch eine Deklaration, sondern durch die Ausführung einer entsprechenden Anweisung erzeugt werden. Die Semantik von C ist bezüglich der *Lebensdauer* dynamisch erzeugter Objekte nicht sehr präzise spezifiziert. Natürlich kann die Implementierung einer Programmiersprache schon vor dem Ende der Lebensdauer den durch ein solches Objekt belegten Speicher wieder freigeben, ohne gegen die Semantik zu verstoßen, wenn sichergestellt ist, daß es dem laufenden Programm nicht möglich ist, auf das Objekt noch zuzugreifen. Den Prozess der Freigabe von Speicher, der von unerreichbaren Objekten belegt ist, nennt man *Speicherbereinigung* (engl. Garbage Collection).

Wie in Abschnitt 2.1 kurz skizziert, wird im unteren Teil des Datenspeichers bei Funktionseintritt ein Datenbereich für den gesamten lokalen Speicherbedarf der Funktion (und für organisatorische Zwecke) angelegt und bei Verlassen der Funktion wieder freigegeben. Diese kellerartige Speicherbelegung und Freigabe passt nicht zu der Lebensdauer dynamisch erzeugter Objekte; auch eine Speicherbereinigung wird i.A. Speicher nicht kellerartig und nicht synchronisiert mit Funktionsaustritten wieder freigeben. Deshalb werden dynamisch erzeugte Objekte in einem Speicherbereich, genannt *Halde* (engl. Heap) am anderen Ende des Speichers untergebracht. Die Halde wächst bei dynamischer Anlage eines Objekts in Richtung auf den Keller zu (Abb. 2.20). Auf die unterste belegte Zelle der Halde zeigt ein neues Register

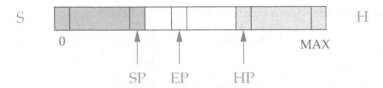

Abb. 2.20. Die Halde der C-Maschine.

der C-Maschine, der *Haldenzeiger HP* (Heap Pointer). Die Erzeugung eines neuen

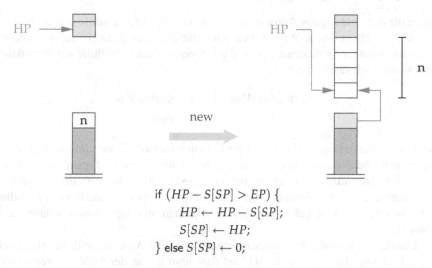

if $(HP - S[SP] > EP)$ {

  $HP \leftarrow HP - S[SP]$;

  $S[SP] \leftarrow HP$;

} else $S[SP] \leftarrow 0$;

Abb. 2.21. Die Instruktion **new**.

Objekts auf der Halde geschieht mithilfe der Instruktion **new** (Abb. 2.21). Die Instruktion **new** erwartet oben auf dem Keller die Größe des zu erzeugenden Objekts und liefert die Anfangsadresse des für das Objekt zur Verfügung gestellten Speicherbereichs zurück. Vorher muss überprüft werden, ob noch genügend Speicherplatz für das neu anzulegende Objekt zur Verfügung steht. Ist nicht mehr genügend Platz vorhanden, liefert die Instruktion **new** den Wert 0 zurück.

Für die Überprüfung, ob Keller und Halde kollidieren, könnten wir einfach die Register *HP* und *SP* vergleichen. Dann müssten wir jedoch auch bei jeder Änderung der Kellerhöhe einen solchen Vergleich einfügen. Um diese (zahlreichen) Vergleiche einzusparen, verfügt unsere C-Maschine zusätzlich über das Register *EP* (Extreme Pointer) (Abb. 2.20). Dieses Register der C-Maschine soll dabei jeweils auf die oberste Kellerzelle zeigen, auf die *SP* bei der Auswertung von Ausdrücken im Anweisungsteil des aktuellen Funktionsaufrufs jemals zeigen kann. Deshalb bezeichnen wir *EP* auch als *Schrankenzeiger*. Wie in Übung 11 zu zeigen, lässt sich für jeden Ausdruck die maximale Anzahl der zu seiner Auswertung benötigten Kellerzellen zur Übersetzungszeit vorberechnen. Deshalb kann man den neuen Wert für *EP* bei Betreten einer Funktion aus dem *SP* ermitteln. Ein zu erwartender *Kellerüberlauf* (engl. Stack Overflow) wird damit bereits bei Betreten oder (wie wir später sehen werden) bei Verlassen eines Funktionsaufrufs festgestellt.

Mit Zeiger (-Werten) rechnen, heißt in der Lage zu sein,

- Zeiger zu *erzeugen*, d.h. Zeiger auf Speicherzellen zu setzen; sowie
- Zeiger zu *dereferenzieren*, d.h. durch Zeiger auf die Werte von Speicherzellen zuzugreifen.

Technisch ist ein Zeiger nichts anderes als eine Speicheradresse. In C gibt es zwei Arten, Zeiger zu erzeugen: durch einen Aufruf der Bibliotheksfunktion **malloc** oder durch die Anwendung des Adressoperators &. Ein Aufruf **malloc**(e) für einen Ausdruck e berechnet den R-Wert m von e und liefert einen Verweis auf die unterste Zelle eines neuen Speicherabschnitts der Größe m zurück. Mithilfe der Instruktion **new** können wir übersetzen:

$$\mathsf{code_R}(\mathbf{malloc}\,(e))\ \rho = \mathsf{code_R}\ e\ \rho$$
$$\mathbf{new}$$

Beachten Sie, dass damit ein Aufruf der Funktion **malloc** niemals fehl schlägt. Auch wenn nicht mehr genügend Platz für das neue Objekt zur Verfügung steht, liefert der Aufruf eine Adresse zurück: im Fehlerfall jedoch die Adresse 0. Eine sorgfältige Programmiererin wird deshalb stets den Rückgabewert eines Aufrufs von **malloc** auf 0 testen, um diese Fehlersituation zu erkennen und angemessen behandeln zu können.

Die Anwendung &e des Adressoperators auf einen Ausdruck e liefert einen Zeiger auf das Speicherobjekt von e, d.h. auf dasjenige, das an der Anfangsadresse von e beginnt und den Typ von e besitzt. Folglich ist der R-Wert des Ausdrucks &e gerade der L-Wert des Ausdrucks e:

$$\mathsf{code_R}\ (\&e)\ \rho = \mathsf{code_L}\ e\ \rho$$

Sei e nun ein Ausdruck, der sich zu einem Zeigerwert p auswertet. Dieser Zeigerwert ist dann die Adresse des Objekts, auf das der Zeiger zeigt. Dieses Objekt erhalten wir, wenn wir den Zeiger p *dereferenzieren*, d.h. den Präfix-Operator $*$ anwenden. Folglich stellt der R-Wert von e den L-Wert von $*e$ dar. Das heißt, wir definieren:

$$\mathsf{code_L}\ (*e)\ \rho = \mathsf{code_R}\ e\ \rho$$

Eine Besonderheit der Programmiersprache C ist, dass sie *Zeigerarithmetik* unterstützt. Das bedeutet, dass man zu einem Zeigerwert p einen *int*-Wert a addieren oder von p den *int*-Wert a subtrahieren kann. Dieses Konzept soll unterstützen, mit einem Zeiger durch eine Folge gleichartiger Speicherobjekte zu wandern. Zeigt der Zeiger p auf einen Wert vom Typ t, dann bezeichnet der Ausdruck $p + a$ einen Zeiger auf das a-nächste Speicherobjekt. Für die Übersetzung heißt das, dass in einer Summe $e_1 + e_2$, in der e_1 vom Typ $t *$ und e_2 vom Typ **int** ist, der R-Wert von e_2 erst mit $|t|$ skaliert werden muss, bevor er zum R-Wert von e_1 addiert werden kann. Eine analoge Skalierung erfolgt ebenfalls bei der Subtraktion. Deshalb definieren wir in diesem Fall:

$$\text{code}_R\ (e_1 + e_2)\ \rho = \text{code}_R\ e_1\ \rho$$
$$\text{code}_R\ e_2\ \rho$$
$$\textbf{loadc}\ |t|$$
$$\textbf{mul}$$
$$\textbf{add}$$

$$\text{code}_R\ (e_1 - e_2)\ \rho = \text{code}_R\ e_1\ \rho$$
$$\text{code}_R\ e_2\ \rho$$
$$\textbf{loadc}\ |t|$$
$$\textbf{mul}$$
$$\textbf{sub}$$

Zur Übung leiten wir für einen Ausdruck e_1 vom Typ $t\ *$ und einen *int*-Ausdruck e_2 ein Übersetzungsschema für den Ausdruck $e_1[e_2]$ ab. Die Indizierung des Zeigerausdrucks ist eine Abkürzung für den Ausdruck $*(e_1 + e_2)$. Deshalb ergibt sich:

$$\text{code}_L\ e_1[e_2]\ \rho = \text{code}_L\ (*(e_1 + e_2))\ \rho$$
$$= \text{code}_R\ (e_1 + e_2)\ \rho$$
$$= \text{code}_R\ e_1\ \rho$$
$$\text{code}_R\ e_2\ \rho$$
$$\textbf{loadc}\ |t|$$
$$\textbf{mul}$$
$$\textbf{add}$$

Interessanterweise entspricht dieses Schema unserem Schema für Feld-Indizierung. Bezeichnet der Ausdruck e_1 ein Feld, hatten wir zwar den L-Wert von e_1 benutzt und nicht den R-Wert wie im Falle von Verweisen. Für Felder stimmt der L-Wert jedoch mit dem R-Wert überein. Deshalb können wir das Übersetzungsschema für indizierte Zugriffe sowohl für Verweise wie Felder verwenden.

Zum Abschluss dieses Abschnitts betrachten wir ein etwas größeres Beispiel, an dem wir das Zusammenwirken der verschiedenen Übersetzungsschemata verfolgen können.

Beispiel 2.8.1 Für eine Deklaration:

struct t { **int** $a[7]$; **struct** t $*b$; };
int i, j;
struct t $*pt$;

wollen wir den Ausdruck $e \equiv ((pt \rightarrow b) \rightarrow a)[i + 1]$ übersetzen. Dabei ist der Operator $\rightarrow$ eine Abkürzung für eine Dereferenzierung, gefolgt von einer Selektion. Das bedeutet:

$$e \rightarrow c \quad \equiv \quad (*e).c$$

Falls e den Typ $t *$ hat für eine Struktur t mit einer Komponente c, ergibt sich deshalb mit $m = \mathsf{offsets}(t, c)$:

$$\mathsf{code_L}\ (e \to c)\ \rho = \mathsf{code_L}\ ((*e).c)\ \rho$$

$$= \mathsf{code_L}\ (*e)\ \rho$$
$$\mathbf{loadc}\ m$$
$$\mathbf{add}$$

$$= \mathsf{code_R}\ e\ \rho$$
$$\mathbf{loadc}\ m$$
$$\mathbf{add}$$

In unserem Beispiel gilt $\mathsf{offsets}(t, a) = 0$, und $\mathsf{offsets}(t, b) = 7$. Nehmen wir an, wir hätten eine Speicherbelegungsfunktion ρ gegeben durch:

$$\rho = \{i \mapsto 1, j \mapsto 2, pt \mapsto 3\}$$

Dann ergibt sich für unseren Beispielausdruck e:

$\mathsf{code_L}\ e\ \rho$	=	$\mathsf{code_L}\ ((pt \to b) \to a)\ \rho$	=	$\mathsf{code_L}\ ((pt \to b) \to a)\ \rho$
		$\mathsf{code_R}\ (i+1)\ \rho$		$\mathbf{loada}\ 1$
		$\mathbf{loadc}\ 1$		$\mathbf{loadc}\ 1$
		$\mathbf{mul}$		$\mathbf{add}$
		$\mathbf{add}$		$\mathbf{loadc}\ 1$
				$\mathbf{mul}$
				$\mathbf{add}$

Dabei ist:

$\mathsf{code_L}\ ((pt \to b) \to a)\ \rho$	=	$\mathsf{code_R}\ (pt \to b)\ \rho$	=	$\mathbf{loada}\ 3$
		$\mathbf{loadc}\ 0$		$\mathbf{loadc}\ 7$
		$\mathbf{add}$		$\mathbf{add}$
				$\mathbf{load}$
				$\mathbf{loadc}\ 0$
				$\mathbf{add}$

Insgesamt erhalten wir deshalb die Folge:

$\mathbf{loada}\ 3$	$\mathbf{load}$	$\mathbf{loada}\ 1$	$\mathbf{loadc}\ 1$
$\mathbf{loadc}\ 7$	$\mathbf{loadc}\ 0$	$\mathbf{loadc}\ 1$	$\mathbf{mul}$
$\mathbf{add}$	$\mathbf{add}$	$\mathbf{add}$	$\mathbf{add}$

Betrachten wir diese Instruktionsfolge, fällt uns zweierlei auf. Zum einen wären wir ohne unsere systematische Ableitung kaum so leicht auf diese Folge gekommen. Zum anderen erkennen wir aber auch, dass sie Raum für diverse Optimierungsmöglichkeiten bietet. So können wir die Addition von 0 einsparen, genauso wie natürlich die Multiplikation mit 1. Diese Ineffizienzen hätten wir direkt bei der Codeerzeugung vermeiden können, indem wir dort für die entsprechenden Sonderfälle eigene Übersetzungsschemata eingeführt hätten. Der Übersichtlichkeit halber haben wir auf diese Möglichkeit verzichtet und vertrauen stattdessen auf einen Postpass-Optimierer, der solche lokalen Codeverbesserungen gesondert durchführt.   □

Damit ist die Behandlung von Zeigern abgeschlossen. Bleibt nur noch die Frage, wie wir mit der eventuellen expliziten *Freigabe* von Speicherbereichen umgehen wollen. Die Freigabe des Speicherblocks, auf den ein Zeiger zeigt, ist jedoch nicht unproblematisch, weil es eventuell noch weitere Zeiger in diesen Speicherbereich gibt, sogenannte *hängende Zeiger* (engl. Dangling References).

Selbst wenn wir annehmen, dass die Programmiererin stets weiß, was sie tut, könnte nach einigen Freigaben die Halde so fragmentiert aussehen wie in Abb. 2.22. Die freien Speicherabschnitte können nach einiger Zeit sehr unregelmäßig über die

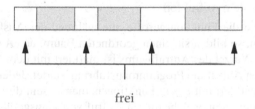

frei

Abb. 2.22. Die Halde nach Freigabe einiger Blocks.

Halde verstreut sein. Sicherlich fallen Ihnen sofort eine Reihe von Techniken ein, wie Sie diese Abschnitte wieder einem Gebrauch durch das Programm zuführen könnten. In jedem Fall benötigt dazu Ihr Laufzeit-System weitere Datenstrukturen, deren Verwaltung Aufrufe der Funktionen **malloc** oder **free** verteuert.

In unserem minimalen Compiler verfolgen wir deshalb eine andere Strategie: bei einer Speicherfreigabe tun wir – nichts! Das ist sicherlich eine korrekte Implementierungsstrategie. Wenn sie auch nicht unbedingt speicheroptimal ist, so ist sie doch zumindest sehr einfach. Wir übersetzen also:

$$\text{code } (\textbf{free } (e);) \; \rho \quad = \quad \text{code}_R \; e \; \rho$$
$$\textbf{pop}$$

2.9 Funktionen

Zur Vorbereitung der Übersetzung von Funktionen wollen wir die zugehörigen Konzepte, Begriffe und Probleme kurz aufbereiten. So besteht die *Deklaration* einer Funktion aus:

- einem Namen, unter dem sie aufrufbar ist,
- der Spezifikation des Typs des Rückgabewerts,
- der Spezifikation der formalen Parameter, welche zusammen mit dem Rückgabewert die Ein-/Ausgabeschnittstelle bilden,
- einem *Rumpf*, welcher wiederum aus einer Folge von (lokalen) Deklarationen und Anweisungen besteht.

Falls die Funktion keinen Rückgabewert liefert, d.h. eine *Prozedur* ist, geben wir den Rückgabetyp als **void** an.

Funktionen werden *aufgerufen*, d.h. aktiviert, wenn ein Vorkommen ihres Namens im Anweisungsteil einer Funktion abgearbeitet wird. Eine aufgerufene Funktion kann ihrerseits wieder eine andere Funktion oder auch sich selbst aufrufen. Hat eine aufgerufene Funktion ihren Anweisungsteil vollständig abgearbeitet, so wird sie *verlassen* und ihr Aufrufer, d.h. die Funktion, die sie aktiviert hat, fährt in der Ausführung hinter dem Aufruf fort.

Betrachtet man die Funktionsaufrufe, die während der Ausführung eines Programms entstehen, so bilden sie einen geordneten Baum, den *Aufrufbaum* des Programmlaufs. Die Wurzel des Aufrufbaums ist markiert mit dem Namen der Funktion *main*, mit deren Aufruf die Programmausführung startet. Jeder innere Knoten im Aufrufbaum ist markiert mit einem Funktionsnamen f, sein direkter Vorgänger mit dem Namen der Funktion, welche diesen Aufruf von f ausgeführt hat; seine direkten Nachfolger bilden eine Liste von Funktionen, geordnet in der Reihenfolge ihrer Aufrufe durch f. Die Markierung f kann mehrfach im Aufrufbaum auftreten; genauer gesagt, tritt sie so oft auf, wie f im Laufe der Programmabarbeitung aufgerufen wird. Jedes Auftreten von f nennen wir eine *Inkarnation* von f. Eine Inkarnation ist charakterisiert durch den Weg von der Wurzel des Baums bis zu diesem Knoten. Diesen Weg nennen wir den *Inkarnationsweg* dieser Inkarnation von f.

Betrachten wir den Zustand der Programmausführung, wenn eine bestimmte Inkarnation von f aktiv ist. Nach dem oben Gesagten sind alle Vorfahren dieser Inkarnation, also alle Knoten auf dem Inkarnationsweg, bereits aufgerufen, aber noch nicht verlassen worden. Wir sagen, alle diese Inkarnationen sind zu diesem Zeitpunkt *lebendig*.

Beispiel 2.9.1 Betrachten wir das folgende C-Programm:

```
int n;

int fac (int n) {
   if (n ≤ 0) return 1;
   else return n * fac(n − 1);
}
```

```
int main() {
   int r;
   n ← 2;
   r ← fac(n) + fac(n − 1);
   return r;
}
```

Abbildung 2.23 zeigt den Aufrufbaum für dieses Programm. Der Pfeil zeigt auf den

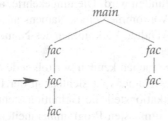

Abb. 2.23. Der Aufrufbaum für das Beispielprogramm.

zweiten rekursiven Aufruf der Funktion *fac*. Zu diesem Zeitpunkt sind offenbar die Hauptfunktion *main* und zwei rekursive Aufrufe von *fac* lebendig.   □

Machen Sie sich an dieser Stelle klar,

- dass es zu einem Programm mehr als einen Aufrufbaum geben kann, und
- dass es auch unendliche Aufrufbäume gibt.

In einem Programm kann ein Name mehrmals vorkommen. Wir unterscheiden zwischen *definierenden Vorkommen* (Binding Occurrence) eines Namens, das sind diejenigen Vorkommen, bei denen ein Name in einer Deklaration definiert oder in einer formalen Parameterliste spezifiziert wird, und den andern, den sogenannten *angewandten Vorkommen* (Applied Occurrence).

Betrachten wir die in Funktionen auftretenden Namen. Die als formale Parameter oder durch lokale Deklarationen eingeführten Namen nennen wir *lokale Namen*. Im Abschnitt über funktionale Programmiersprachen werden sie uns als *gebundene* Namen wiederbegegnen. Wird eine Funktion aufgerufen, so werden für alle lokalen Namen neue *Inkarnationen* erzeugt. Dazu wird – entsprechend der Spezifikation bzw. Deklaration – Platz für die einfachen Variablen, Felder oder Verbunde bereitgestellt und (gegebenenfalls) mit einem Anfangswert belegt. Dies ist insbesondere für die formalen Parameter der Fall, die gemäß den aktuellen Parametern besetzt werden. Die *Lebensdauer* der erzeugten Inkarnationen ist gleich der Lebensdauer der Funktionsinkarnation. Der durch sie belegte Platz kann deshalb bei Verlassen der Funktion wieder freigegeben werden[1]. Dies kann mit einer kellerartigen Speicherverwaltung realisiert werden. Derselbe Speicherbereich, der bei Betreten der Funktion für die formalen Parameter, die lokal deklarierten Variablen und für anfallende Zwischenergebnisse (siehe Abb. 2.24) bereitgestellt wurde, wird bei Verlassen der Funktion auch wieder freigegeben.

Nicht ganz so einfach ist die Behandlung von angewandt auftretenden Namen, die nicht lokal sind. Wir bezeichnen diese Namen als *global* zur betrachteten Funktion. In funktionalen Programmen heißen entsprechende Vorkommen von Namen

---

[1] Wir ignorieren in dieser Einführung lokale Variablen, die gemäß einer Zusatzspezifikation (**own** in Algol60, **static** in PL/I oder C) ihre Funktionsinkarnationen überleben.

auch *frei*. Die *Sichtbarkeits-* und/oder *Gültigkeitsregeln* der Programmiersprache legen fest, wie das zu einem angewandten Auftreten eines Namens korrespondierende definierende Auftreten gefunden wird. Die umgekehrte, aber äquivalente Sicht geht von einem definierenden Vorkommen eines Namens aus und legt fest, in welchem Programmstück alle angewandten Vorkommen des Namens sich auf dieses definierende Vorkommen beziehen.

Aus Algol-ähnlichen Sprachen kennen wir folgende Sichtbarkeitsregel: Ein definierendes Auftreten eines Namens ist sichtbar in der Programmeinheit, in deren Deklarations- oder Spezifikationsteil die Definition steht, abzüglich aller von dieser Programmeinheit echt umfassten Programmeinheiten, die eine neue Definition des Namens enthalten. Dabei steht „Programmeinheit" für eine Funktion oder einen *Block*. Blöcke werden in Aufgabe 12 näher betrachtet.

Ausgehend von dieser gegebenen Sichtbarkeitsregel wollen wir die beiden obigen Sichten noch einmal aufgreifen. Suchen wir zu einem angewandten Vorkommen das zugehörige definierende Vorkommen, so finden wir es, indem wir die Suche in dem Deklarationsteil der Programmeinheit beginnen, in der das angewandte Vorkommen steht. Ist keine solche vorhanden, dann setzen wir die Suche in der direkt umfassenden Programmeinheit fort usw. Findet sich in allen umfassenden Programmeinheiten einschließlich des gesamten Programms kein definierendes Vorkommen, so liegt ein Programmierfehler vor.

Die andere Sicht – ausgehend von einem definierenden Vorkommen – überstreicht gewissermaßen die enthaltende Programmeinheit und ordnet alle angetroffenen angewandten Vorkommen des Namens diesem definierenden Vorkommen zu. An den Grenzen von Programmeinheiten, die eine Neudefinition des gleichen Namens enthalten, wird der überstreichende Strahl abgeblockt.

Beispiel 2.9.2 Betrachten wir etwa das Programm aus Beispiel 2.9.1. Die Variable *n* ist außerhalb aller Funktionen definiert und damit insbesondere global zu der Funktion *main*. Da der formale Parameter der Funktion *fac* ebenfalls *n* heißt, ist diese globale Variable innerhalb des Rumpfs nicht sichtbar. Die angewandten Vorkommen von *n* innerhalb des Rumpfs beziehen sich damit stets auf den formalen Parameter der Funktion *fac*.   □

Durch die so beschriebene Sichtbarkeitsregel erhält man die sogenannte *statische Bindung*, d.h. angewandt auftretende Namen, die global zu einer Programmeinheit sind, werden definierenden Vorkommen in textlich umgebenden Programmeinheiten zugeordnet. Diese Zuordnung ist statisch, da sie nur auf dem Programmtext und nicht auf der (dynamischen) Ausführung des Programms beruht. Jede Benutzung des globalen Namens zur Ausführungszeit betrifft eine Inkarnation des statisch zugeordneten definierenden Vorkommens.

Im Gegensatz dazu besteht die *dynamische* Bindung darin, dass ein Zugriff auf einen globalen Namen auf die zuletzt angelegte Inkarnation dieses Namens trifft – unabhängig davon, in welcher Funktion er definierend auftrat. Statische Bindung wird von allen Algol-ähnlichen Sprachen vorgeschrieben, aber auch in modernen funktionalen Sprachen wie Haskell oder OCaml, während einige ältere Lisp-Dialekte dynamische Bindung benutzen.

Beispiel 2.9.3 Betrachten Sie das folgende Programm:

```
int x ← 1;                    int main() {
void q() {                        int x ← 2;
    printf ("%d", x);            q();
}                             }
```

Bei statischer Bindung bezieht sich das angewandte Vorkommen der Variablen x in der Funktion q auf die globale Variable x und liefert deshalb den Wert 1. Das dynamisch zuletzt angelegte Vorkommen einer Variablen x vor dem Aufruf der Funktion q in der Funktion *main* ist dagegen die zu *main* lokale Variable x. Bei dynamischer Bindung sollte das angewandte Vorkommen von x in q deshalb den Wert 2 liefern. □

Im Gegensatz zu Pascal erlaubt die Programmiersprache ANSI-C keine geschachtelten Funktionsdefinitionen. Diese Design-Entscheidung vereinfacht die Verwaltung der Sichtbarkeitsbereiche beträchtlich. Für ANSI-C genügt es, zwischen zwei Arten von Variablen zu unterscheiden: einerseits *globalen* Variablen, die außerhalb der Funktionsdefinitionen deklariert sind, und andererseits *lokalen* oder (im C-Jargon) *automatischen* Variablen, die lokal zu einzelnen Funktionen definiert sind.

2.9.1 Die Speicherorganisation der C-Maschine

Die im folgenden vorgestellte Speicherorganisation, der *Laufzeitkeller*, enthält zu jedem Zeitpunkt eine Folge von Speicherbereichen für die Menge der lebenden Inkarnationen, und zwar in der gleichen Reihenfolge, in der diese auf dem Inkarnationsweg auftreten. Um das Verlassen von Funktionen effizient zu realisieren, sind die Inkarnationen so miteinander verkettet, dass jede auf die Inkarnation zeigt, von der sie durch einen Aufruf angelegt wurde. Diese nennt man ihren *dynamischen Vorgänger*. Zu der Zelle für diesen Verweis kommen noch weitere organisatorische Zellen hinzu.

Im Speicher der C-Maschine wird für eine aufgerufene Funktion, d.h. die Inkarnation einer Funktion, ein *Kellerrahmen* (engl. Stack Frame) angelegt, dessen Organisation in Abb. 2.24 dargestellt ist. Insbesondere spendieren wir uns ein weiteres Register, den *Rahmenzeiger FP* oder *Frame Pointer*, der jeweils auf eine wohldefinierte Stelle des aktuellen Kellerrahmens zeigt. Im Kellerrahmen sehen wir Platz für die Register vor, deren Inhalt bei Betreten einer Funktion gerettet und bei Verlassen restauriert werden müssen. In der C-Maschine sind dies die Register *PC*, *FP* und *EP*. Der gerettete Inhalt des *PC* ist die *Rücksprungadresse*, an der die Berechnung nach Beendigung des Funktionsaufrufs fortfahren soll. Der gerettete Inhalt des *FP* ist der Verweis auf den Kellerrahmen der aufrufenden Funktion, d.h. den *dynamischen Vorgänger* des aktuellen Funktionsaufrufs. Dies ist der Anfang des aktuellen Inkarnationsweges im Aufrufbaum, auf dem alle lebenden Inkarnationen liegen. Der Inhalt des *EP* schließlich muss gerettet werden, weil er jeweils nur für den aktuellen Aufruf Gültigkeit besitzt.

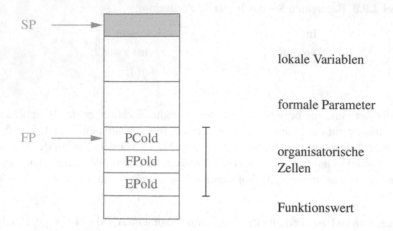

Abb. 2.24. Der Kellerrahmen der C-Maschine.

Die drei Zellen für die zu rettenden Register nennen wir auch die *organisatorischen Zellen*, weil mit ihrer Hilfe die Funktionsanfangs- und -endorganisation korrekt und effizient ablaufen.

Oberhalb der organisatorischen Zellen beginnt der Datenbereich der aktuellen Funktionsinkarnation. Hier legen wir konsekutiv die lokalen Variablen der aktuellen Funktion an. Das erlaubt uns, auf diese Variablen relativ zum Rahmenzeiger *FP* mit *festen Relativadressen* zuzugreifen. Zeigt der Rahmenzeiger auf die oberste organisatorische Zelle (d.h. den geretteten *PC*), können für die lokalen Variablen positive Relativadressen, angefangen mit 1 vergeben werden.

Oberhalb des Datenbereichs legen wir den *lokalen Keller*, das ist der Keller, der uns in Abschnitt 2.2 bei der Auswertung von Ausdrücken begegnet ist. Wie man sich überlegen kann, ist auch seine maximale Länge statisch bestimmbar (siehe Aufgabe 11).

Konzeptuell bleiben noch zwei Dinge, die im Kellerrahmen untergebracht werden sollten: das sind einerseits die aktuellen Parameter und andererseits der Rückgabewert der Funktion. Mit den aktuellen Parametern haben wir tatsächlich ein Problem: die Programmiersprache C erlaubt die Definition von Funktionen mit *variablen* Parameterlisten, wie etwa die Funktion *printf*, bei der der erste Parameter obligatorisch ist, aber die Anzahl der weiteren aktuellen Parameter erst aus dem Aufruf ersichtlich wird. Innerhalb einer solchen Funktion selbst kann also nur das Vorhandensein des Anfangsstücks der obligatorischen Parameter garantiert werden. Um für diese ebenfalls feste Relativadressen vergeben zu können, benutzen wir deshalb einen Trick: die aktuellen Parameter werden *unterhalb* der organisatorischen Zellen und in *umgekehrter Reihenfolge* auf den Keller gelegt! Das heißt, dass der erste Parameter oberhalb des zweiten zu liegen kommt usw. Als Relativadressen stehen nun die *negativen Zahlen* ab -3 zur Verfügung. Hat der Typ des ersten Parameters z.B. die Größe m, bekommt er die Relativadresse $-(m-2)$.

Liefert die Funktion einen Rückgabewert zurück, sollten wir für diesen einen kanonischen Platz vorsehen, auf den sich relativ zum FP mit einer festen Relativadresse zugreifen lässt. Wir könnten dazu etwa einen gesonderten Abschnitt unterhalb der organisatorischen Zellen wählen. Da aber bei Rückkehr aus einem Funktionsaufruf der Platz für die aktuellen Parameter mit Sicherheit nicht mehr benötigt wird, werden wir diesen Bereich zum Ablegen des Rückgabewerts wiederverwenden.

2.9.2 Der Umgang mit lokalen Variablen

In den Abschnitten 2.6 und 2.7 wurde beschrieben, wie man den in einem Deklarationsteil definierten Namen Speicherzellen bzw. Adressen zuordnen kann. Da wir dort nur Programme mit einem Deklarations- und einem Anweisungsteil, also ohne Funktionen betrachteten, gab es das Problem der Unterscheidung zwischen globalen und lokalen Variablen noch nicht. Tatsächlich verwendeten wir für die Variablenzugriffe *absolute Adressierung*, d.h. wir griffen auf Variablen relativ zur Anfangsadresse des Speichers zu. Die Adressumgebung ordnete dementsprechend den Namen ihre (Relativ-)Adressen zu.

Für ein richtiges C-Programm müssen wir uns einerseits vergegenwärtigen, dass ein Name auch eine Funktion bezeichnen kann. Auch diesen wollen wir Adressen zuordnen, nämlich die Anfangsadresse ihres Codes im Programmspeicher C.

Bei formalen Parametern und lokalen Variablen dagegen wollen wir auf deren Instanzen im aktuellen Funktionsaufruf zugreifen. Die Adressierung erfolgt hier deshalb relativ zum Rahmenzeiger FP. Um diese Unterscheidung bei der Codeerzeugung berücksichtigen zu können, erweitern wir die Adressumgebung ρ so, dass ρ zu jedem definierenden Vorkommen eines Namens außer einer Relativadresse auch noch die Information verwaltet, ob der Name globale oder lokale Gültigkeit besitzt. Die Adressumgebung ρ hat deshalb jetzt die Funktionalität:

$$\rho : Names \longrightarrow \{G, L\} \times \mathbb{Z}$$

wobei die Etiketten (engl. Tags) G und L jeweils globale bzw. lokale Gültigkeit bezeichnen. Um Zugriffe relativ zum FP auf lokale Variablen oder formale Parameter zu ermöglichen, reicht es, die Übersetzungsfunktion $code_L$ für Namen zu verallgemeinern. Für $\rho(x) = (tag, j)$ definieren wir jetzt:

$$code_L \; x \; \rho = \begin{cases} \textbf{loadc}\, j & \text{für das Etikett } G \\ \textbf{loadrc}\, j & \text{für das Etikett } L \end{cases}$$

Dabei laden die neuen Befehle **loadrc** j den Wert $FP + j$ oben auf den Keller (Abb. 2.25). Selbstverständlich gestatten wir uns wieder als Optimierungen geeignete Spezialbefehle für häufig vorkommende Instruktionsfolgen:

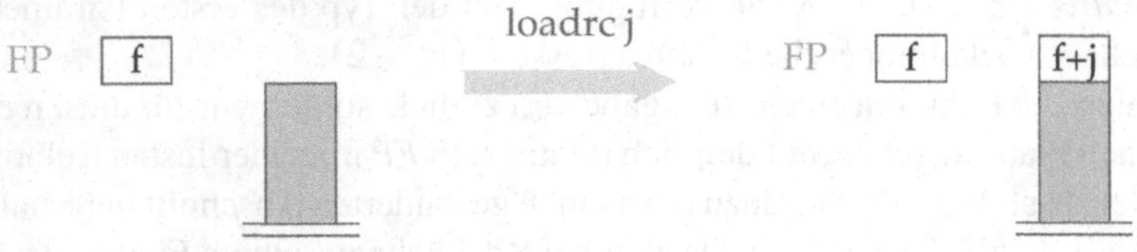

$$SP{+}{+};\ S[SP] \leftarrow FP + j;$$

Abb. 2.25. Die Instruktion **loadrc** j.

$$\textbf{loadr } j\ m\ =\ \textbf{loadrc}\ j$$
$$\textbf{load } m$$
$$\textbf{storer } j\ m\ =\ \textbf{loadrc}\ j$$
$$\textbf{store } m$$

wobei wir auch **loadr** j und **storer** j für **loadr** j 1 bzw. **storer** j 1 schreiben.

Mit dieser Änderung können wir die Codeerzeugung, wie wir sie in den letzten Abschnitten Schritt für Schritt entwickelten, auch auf die Rümpfe von Funktionen anwenden.

Was wir aber zusätzlich benötigen, ist eine systematische Berechnungsmethode für die jeweils zu benutzende Adressumgebung ρ. Diese Berechnungsmethode muss dafür sorgen, dass an jeder Anwendungsstelle die Adressumgebung genau die dort sichtbaren Namen mit der jeweils aktuellen Information versieht.

Zur Bearbeitung einer globalen Variablendeklaration $t\ x$; definieren wir uns eine Funktion: elab_global, die für ein Paar (ρ, n) aus einer Adressumgebung ρ und einer ersten freien Relativadresse n sowie der Deklaration $d \equiv t\ x$ eine erweiterte Adressumgebung zusammen mit der nächsten freien Relativadresse liefert. Das heißt, wir definieren:

$$\text{elab\_global}\ (\rho, n)\ (d)\ =\ (\rho \oplus \{x \mapsto (G, n)\}, n + |t|)$$

Der Ausdruck $\rho \oplus \{x \mapsto a\}$ bezeichnet dabei die (partielle) Funktion, die man aus ρ erhält, indem man für das Argument x den Eintrag a hinzu fügt — bzw., falls ρ für x bereits definiert war, den alten Eintrag in ρ für x mit dem neuen Wert a überschreibt.

Analog benötigen wir Funktionen elab_formal und elab_local zur Bearbeitung von Deklarationen formaler Parameter bzw. lokaler Variablen x:

$$\text{elab\_formal}\ (\rho, z)\ (t\ x) = (\rho \oplus \{x \mapsto (L, z - |t|)\}, z - |t|)$$
$$\text{elab\_local}\ (\rho, n)\ (t\ x)\ \ = (\rho \oplus \{x \mapsto (L, n)\}, n + |t|)$$

Die Funktion elab_local ist dabei völlig analog zur Funktion elab_global zur Behandlung der Deklaration einer globalen Variablen definiert – mit dem einen Unterschied, dass nun nicht das Etikett G, sondern das Etikett L vergeben wird. Bei der Definition der Funktion elab_formal müssen wir dagegen aufpassen, dass jeder weitere Parameter eine *kleinere* Adresse erhält. Anstelle der ersten freien Relativadresse übergeben wir hier neben der Adressumgebung ρ die unterste bisher belegte Adresse z im Kellerrahmen.

Durch wiederholte Anwendung dieser Funktionen können wir ganze Listen von globalen Variablen, formalen Parametern bzw. lokalen Variablen abarbeiten:

$$
\begin{aligned}
\text{elab\_globals}(\rho, n)\ () &= (\rho, n) \\
\text{elab\_globals}(\rho, n)\ (t\,x; ll) &= \text{elab\_globals (elab\_global}\ (\rho, n)\ (t\,x))\ (ll) \\
\text{elab\_formals}\ (\rho, z)\ () &= (\rho, z) \\
\text{elab\_formals}\ (\rho, z)\ (t\,x, dd) &= \text{elab\_formals (elab\_formal}\ (\rho, z)\ (t\,x))\ (dd) \\[4pt]
\text{elab\_locals}(\rho, n)\ () &= (\rho, n) \\
\text{elab\_locals}(\rho, n)\ (t\,x; ll) &= \text{elab\_locals (elab\_local}\ (\rho, n)\ (t\,x))\ (ll)
\end{aligned}
$$

Nehmen wir an, wir hätten eine Funktion f ohne Rückgabewert mit einer Deklaration dd formaler Parameter und einer Deklaration ll lokaler Parameter. Aus einer Adressumgebung ρ für globale Namen erhalten wir damit als Adressumgebung ρ_f für die Funktion f:

$$
\begin{aligned}
\rho_f = \quad &\text{let } \rho = \rho \oplus \{f \mapsto (G, \_f)\} \\
&\text{in let } (\rho, \_) = \text{elab\_formals}\ (\rho, -2)\ dd \\
&\text{in let } (\rho, \_) = \text{elab\_locals}\ (\rho, 1)\ ll \\
&\text{in} \quad \rho
\end{aligned}
$$

wobei $\_f$ die Anfangsadresse des Codes von f bezeichne.

Besitzt die Funktion f einen Rückgabewert, verwalten wir die Relativadresse, an der der Rückgabewert im Kellerrahmen abgelegt wird, ebenfalls in der Adressumgebung für f. Dazu führen wir eine lokale Hilfsvariable **ret** ein. Sei t der Typ des Rückgabewerts und m der Platzbedarf der obligatorischen formalen Parameter.

- Ist $|t| \leq m$, können wir den Rückgabetyp am unteren Rand des Blocks für die formalen Parameter ablegen, d.h. ab Relativadresse $-(m+2)$. Dann erweitern wir unsere Definition von ρ_f um die Bindung **ret** $\mapsto (L, -(m+2))$.
- Ist $|t| > m$, benötigen wir eventuell einen größeren Block zur Rückgabe als wir für die Parameter benötigen. Dann legen wir den Rückgabewert ab Adresse $-(|t|+2)$ ab. Deshalb fügen wir dann zu ρ_f die Bindung **ret** $\mapsto (L, -(|t|+2))$ hinzu.

Beispiel 2.9.4 Betrachten wir erneut das C-Programm aus Beispiel 2.9.1. Als globale Namen haben wir n für eine globale Variable und *fac* und *main* für die Funktionen. Dann ist

$$
\rho_0 = \{n \mapsto (G, 1)\}
$$

die Adressumgebung der vor der Deklaration der Funktion *fac* bekannten globalen Namen. Aus dieser Adressumgebung erhalten wir die Adressumgebung ρ_{fac} innerhalb von *fac*, indem wir zuerst die Bindung *fac* $\mapsto (G, \_fac)$ zu ρ_0 hinzu fügen. Dann müssen wir die Bindung $n \mapsto (L, 3)$ für den formalen Parameter n vermerken, welche die entsprechende Bindung für die globale Variable verdeckt. Schließlich finden wir, dass die Relativadresse des Rückgabewerts -3 ist. Wir erhalten also:

$$\rho_{fac} = \{n \mapsto (L, 3), \mathsf{ret} \mapsto (L, -3), fac \mapsto (G, \_fac)\}$$

Vor der Definition der Funktion *main* ist der Name der Funktion *fac* bereits bekannt. Sei deshalb

$$\rho_1 = \{n \mapsto (G, 1), fac \mapsto (G, \_fac)\}$$

Dann ergibt sich die Adressumgebung ρ_{main} innerhalb der Funktion *main* als:

$$\rho_{main} = \{n \mapsto (G, 1), r \mapsto (L, 1), \mathsf{ret} \mapsto (L, -3),$$
$$fac \mapsto (G, \_fac), main \mapsto (G, \_main)\}$$

Die Funktion *main* hat zwar keine formalen Parameter, dafür aber einen Rückgabewert der Größe 1. Deshalb erhält dieser wie bei der Funktion *fac* die Relativadresse -3. Im Gegensatz zur Funktion *fac* wird innerhalb der Funktion *main* die globale Variable n nicht von einem gleichnamigen formalen Parameter verdeckt. Stattdessen enthält ρ_{main} eine Bindung für die zusätzliche lokale Variable r sowie eine Bindung für den globalen Funktionsnamen *main*. $\square$

2.9.3 Betreten und Verlassen von Funktionen

Betrachten wir die beiden entscheidenden Aufgaben bei der Implementierung von C-Funktionen, den Aufruf und damit den Eintritt in die Abarbeitung der Funktion und das Verlassen der Funktion nach Abarbeitung ihres Rumpfes.

Zunächst betrachten wir den Aufruf einer Funktion. Sei f die gegenwärtig aktive Funktion. Ihr Kellerrahmen ist damit der oberste auf dem Keller. Jetzt rufe die Funktion f eine Funktion g auf. Unser Ziel ist, für den Aufruf von g eine Instruktionsfolge zu generieren, die den Aufruf auswertet und den Rückgabewert oben auf dem Keller hinterlässt. Beachten Sie, dass unsere Instruktionsfolge damit einen R-Wert berechnet (sofern die Funktion nicht **void** zurückliefert). Insbesondere hat dieser Rückgabewert keinen (sinnvollen) L-Wert. Gemäß unseren Übersetzungsschemata heißt das, dass wir auf dem Rückgabewert einer Funktion nicht direkt eine Selektion ausführen können. Eine einfache Lösung dieses Problems besteht darin, vor der Codeerzeugung eine Programmtransformation anzuwenden, um die Rückgabewerte aller solcher problematischen Funktionsaufrufe in Hilfsvariablen abzulegen. Zum Beispiel würde eine Zuweisung $x \leftarrow f(y + 2).a$; von dieser Transformation übergeführt werden in den Block:

$$\{ \mathbf{struct}\ t\ tmp \leftarrow f(y + 2); x \leftarrow tmp.a; \}$$

für eine neue Variable *tmp*, wobei t der Rückgabetyp der Funktion f ist.

Die folgende Liste von Aktionen muss ausgeführt werden, um für einen Aufruf der Funktion g die Abarbeitung von g zu starten:

1. Die Werte der aktuellen Parameter müssen ermittelt und auf dem Keller hinterlassen werden.
2. Der alte Wert der Register *EP* und *FP* muss auf den Keller gerettet werden.
3. Die Anfangsadresse der Funktion *g* muss berechnet werden.
4. Die Rücksprungadresse muss ermittelt und in der entsprechenden organisatorischen Zelle vermerkt werden.
5. Das Register *FP* muss auf den aktuellen Kellerrahmen gesetzt werden.
6. Die Anfangsadresse von *g* muss angesprungen werden.
7. Das Register *EP* muss für den neuen Aufruf auf den aktuellen Wert gesetzt werden.
8. Für die lokalen Variablen von *g* muss auf dem Keller Platz reserviert werden.

Dann kann mit der Ausführung der Anweisungen des Rumpfs der Funktion *g* begonnen werden. Die Codeerzeugung muss diese Aktionen nun entsprechend dem jeweils vorhandenen Kenntnisstand auf den Aufrufer (engl. Caller) *f* und den Aufgerufenen (engl. Callee) *g* verteilen. So kann z.B. nur *f* die Werte der aktuellen Parameter ermitteln, und nur die Funktion *g* kennt den Platzbedarf für ihre lokalen Variablen. In unserer Liste verläuft die Grenze zwischen dem Code der aufrufenden und dem Code der aufgerufenen Funktion hinter dem Punkt (6). Für das Retten der Register *EP* und *FP* in Punkt (2) benutzen wir den neuen Befehl **mark** (Abb. 2.26). Dieser legt den Inhalt der beiden Register konsekutiv auf den Keller. Für das Anspringen der aufge-

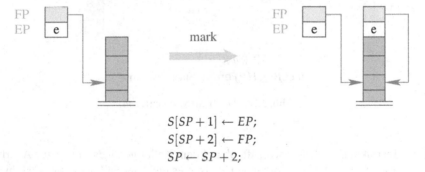

$$S[SP+1] \leftarrow EP;$$
$$S[SP+2] \leftarrow FP;$$
$$SP \leftarrow SP+2;$$

Abb. 2.26. Die Instruktion **mark**.

rufenen Funktion in Punkt (6) benötigen wir den ebenfalls neuen Befehl **call** (Abb. 2.27). Er steht als letzter Befehl des Aufrufs von *g* im Aufrufer *f*. Bei Ausführung dieser Instruktion enthält das Register *PC* damit gerade die Rückkehradresse! Das kommt uns sehr gelegen, weil wir so die Aufgabe (5) von der Instruktion **call** miterledigen lassen können, indem diese einfach die Zieladresse ihres indirekten Sprungs oben auf dem Keller durch den aktuellen *PC* ersetzt. Der Einfachheit halber ordnen wir diesem Befehl auch noch die Aufgabe (4) zu, das Register *FP* auf den aktuellen Wert zu setzen, d.h. auf die oberste belegte Kellerzelle.

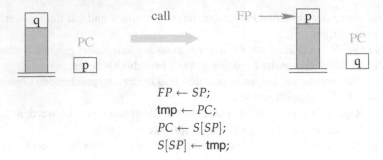

$$FP \leftarrow SP;$$
$$\text{tmp} \leftarrow PC;$$
$$PC \leftarrow S[SP];$$
$$S[SP] \leftarrow \text{tmp};$$

Abb. 2.27. Die Instruktion **call**.

Damit verbleiben noch die Aufgaben (7) und (8). Den neuen *EP* setzen wir relativ zum aktuellen *SP* mithilfe eines Befehls **enter** m, wobei m die Gesamtanzahl der innerhalb der aufgerufenen Funktion benötigten Kellerzellen ist (Abb. 2.28). Es ist

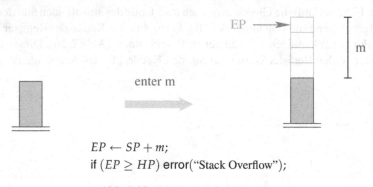

$$EP \leftarrow SP + m;$$
$$\text{if } (EP \geq HP) \text{ error}(\text{"Stack Overflow"});$$

Abb. 2.28. Die Instruktion **enter** m.

diese Instruktion, welche überprüft, ob auf dem Keller genügend Platz zur Abarbeitung des aktuellen Aufrufs vorhanden ist. Ist dies nicht der Fall, wird die Ausführung des Programms mit einer Fehlermeldung abgebrochen.

Zur Allokation von m Speicherzellen für die lokalen Variablen genügt es schließlich, das Register *SP* um m zu inkrementieren. Dafür führen wir die Befehle **alloc** m ein (Abb. 2.29). Dabei hat **alloc** 0 natürlich keinen Effekt.

Die *alloc*-Befehle können wir auch einsetzen, um auf dem Keller Platz für den Rückgabewert der Funktion zu allokieren, falls der Platz für die aktuellen Parameter nicht ausreicht. Damit können wir bereits ein Übersetzungsschema für einen Funktionsaufruf e der Form $g(e_1, \ldots, e_n)$ geben. Sei t der Rückgabetyp von g, m der Platzbedarf für die formalen Parameter und $m' \geq m$ der Platzbedarf für die aktuellen Parameter. Dann haben wir:

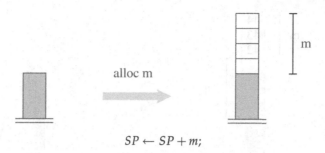

$$SP \leftarrow SP + m;$$

Abb. 2.29. Die Instruktion **alloc** m.

code$_R$ e ρ = **alloc** q
    code$_R$ e_n ρ
    ...
    code$_R$ e_1 ρ
    mark
    code$_R$ g ρ
    slide q' $|t|$ where
    q = max $(|t| - m', 0)$
    q' = if $(|t| \leq m)$ $m' - m$
           else max $(m' - |t|, 0)$

Zuerst allokieren wir genügend Platz, um unterhalb der organisatorischen Zellen den Rückgabewert unterbringen zu können. Liegt der Rückgabewert dabei nicht am unteren Rand des Kellerrahmens, müssen wir ihn um entsprechend viele Zellen nach unten verschieben. Dazu dienen die Befehle **slide** q m (Abb. 2.30).

Überzeugen Sie sich, dass gemäß unseres Übersetzungsschemas das erste Argument des zweiten *slide*-Befehls immer dann 0 ist, wenn die Funktion keine optionalen Parameter besitzt. Weiterhin sollten Sie überprüfen, dass niemals gleichzeitig eine Verschiebung des Ergebnisses nach dem Aufruf und ein Allokieren von zusätzlichem Speicher vor dem eigentlichen Aufruf erforderlich ist.

Sie sollten ebenfalls bemerkt haben, dass unser Schema für jeden der aktuellen Parameter e_i jeweils Code erzeugt, der den R-Wert von e_i in der Adressumgebung ρ berechnet. Dies entspricht einer Parameterübergabe an die Funktion *by value*. Andere imperative Programmiersprachen wie Pascal oder C++ unterstützen auch Parameterübergabe *by reference*. In diesem Fall sollte die Adresse, also der L-Wert des aktuellen Parameters an der entsprechenden Relativadresse des zugehörigen formalen Parameters x abgelegt werden. Jeder Zugriff auf den formalen Parameter x im Rumpf der Funktion erfordert dann eine *Indirektion* durch seine Relativadresse. Im Falle eines Referenzparameters x modifizieren wir deshalb die Berechnung des L-Werts von x zu:

$$\text{code}_L \; x \; \rho \; = \; \textbf{loadr} \; \rho(x)$$

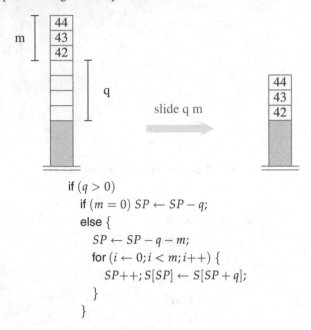

```
if (q > 0)
    if (m = 0) SP ← SP − q;
    else {
        SP ← SP − q − m;
        for (i ← 0; i < m; i++) {
            SP++; S[SP] ← S[SP + q];
        }
    }
```

Abb. 2.30. Die Instruktion **slide** q m.

Nach dieser knappen Diskussion der Parameterübergabe möchten wir weiterhin darauf hinweisen, dass für den Ausdruck g, der die Anfangsadresse der aufzurufenden Funktion liefern soll, ebenfalls Code zur Berechnung des R-Werts erzeugt wird. Dies erlaubt insbesondere den Aufruf einer Funktion mithilfe eines Funktionszeigers. Einfache Funktionsnamen dagegen werden in C analog zu Feldern als *Referenzen* aufgefasst, deren R-Wert gleich dem L-Wert ist:

$$\text{code}_R \, f \, \rho = \text{code}_L \, f \, \rho = \textbf{loadc} \, \rho(f)$$

Beispiel 2.9.5 Betrachten wir den rekursiven Funktionsaufruf *fac* $(n-1)$ in dem Programm aus Beispiel 2.9.1. Dann liefert unser Übersetzungsschema die Instruktionsfolge:

alloc 0; **loadr** -3; **loadc** 1; **sub**; **mark**; **loadc** _*fac*; **call**; **slide** 0 1;

□

Nachdem wir eingehend die Aufgaben bei Betreten einer Funktion untersucht haben, wenden wir uns nun den Aufgaben zu, die bei Verlassen einer Funktion auszuführen sind. Diese sind:

1. (eventuell) Abspeichern des Rückgabewerts,
2. Rücksetzen der Register *EP* und *FP*,
3. Aufräumen des Kellers und Rücksprung in den Code des Aufrufers.

Diese Aufgaben können offenbar sämtlich von der aufgerufenen Funktion ausgeführt werden. Da wir die Anfangsadresse des Rückgabewert – so es einen solchen gibt – in der Adressumgebung verwalten, kann die erste Aufgabe wie eine Zuweisung behandelt werden. Die andern beiden Aufgaben fassen wir in der Instruktion **return** q zusammen (Abb. 2.31). Die Konstante q gibt dabei an, wie viele Zellen oberhalb des

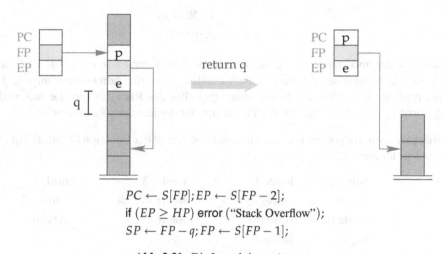

$$PC \leftarrow S[FP]; EP \leftarrow S[FP-2];$$
$$\text{if } (EP \geq HP) \text{ error (``Stack Overflow'');}$$
$$SP \leftarrow FP - q; FP \leftarrow S[FP-1];$$

Abb. 2.31. Die Instruktion **return** q.

Rückgabewerts beseitigt werden sollen.

Beachten Sie, dass bei der Restauration des EP auf die Kollision von Keller und Halde getestet werden muss, da sich zwischenzeitlich der Haldenzeiger erniedrigt haben könnte. Ist der Wert des restaurierten EP nicht kleiner als der HP, bricht die Programmausführung mit einer Fehlermeldung ab.

Damit übersetzen wir die C-Anweisungen **return**; bzw. **return** e; für einen Ausdruck e vom Typ t wie folgt:

$$\text{code } (\textbf{return; }) \, \rho = \textbf{return} \, (m+3)$$
$$\text{code } (\textbf{return } e;) \, \rho = \text{code}_R \, e \, \rho$$
$$\textbf{storer} \, \rho(\text{ret}) \, |t|$$
$$\textbf{return} \, q \qquad \text{wobei}$$
$$q = 3 + \max\{m - |t|, 0\}$$

wobei m der Platzbedarf der Funktion für ihre formalen Parameter ist. Insgesamt übersetzen wir damit die Definition d einer Funktion f der Form:

$$t \, f \, (\textit{params}) \, \{\textit{locals ss} \, \}$$

mit Rückgabetyp t, Deklaration formaler Parameter *params*, Deklaration lokaler Variablen *locals* und Anweisungsfolge *ss* wie folgt:

$$\text{code } d \; \rho = \textbf{enter } k$$
$$\textbf{alloc } l$$
$$\textbf{code } ss \; \rho_f$$
$$\textbf{return } q$$

wobei k der maximale Platzbedarf bei einem Aufruf der Funktion f ist; l ist die Anzahl Speicherzellen für die lokalen Variablen, ρ_f ist die Adressumgebung für f, die man aus ρ, *params* und *locals* sowie der Größe des Rückgabetyps t erhält, und $q = \max\{m - |t|, 0\}$, falls m der Platzbedarf für die formalen Parameter ist.

Beispiel 2.9.6 Insgesamt können wir damit den Rumpf der Funktion *fac* aus Beispiel 2.9.1 so übersetzen:

_fac:	**enter** q	**loadc** 1	A:	**loadr** -3		**mul**
	loadr -3	**storer** -3		**loadr** -3		**storer** -3
	loadc 0	**return** 3		**loadc** 1		**return** 3
	leq	**jump** B		**sub**		
	jumpz A			**mark**	B:	**return** 3
				loadc _fac		
				call		

Dabei haben wir die Instruktionen **alloc** 0 und **slide** 0 1 weggelassen. Auch beobachten wir, dass der Sprung mit Adresse B nicht erreichbar ist und damit ebenfalls wegoptimiert werden kann. □

2.10 Übersetzung ganzer Programme

Als letztes beschreiben wir, wie ein gesamtes C-Programm p übersetzt wird. Dabei gehen wir davon aus, dass der Haldenzeiger *HP* vor der Programmausführung als Wert die größte Speicheradresse $+1$ hat und alle anderen Register den Wert 0 haben. Insbesondere heißt das, dass die Ausführung des CMa-Programms mit dem Befehl in $C[0]$ beginnt und *SP* den Wert 0 enthält.

Das Programm p ist eine Folge von Deklarationen von globalen Variablen und Funktionen, von denen eine die Funktion **int** *main*() definiert. Beachten Sie, dass wir hier zur Vereinfachung keine Kommandozeilenparameter bei der Funktion main erlauben. Der Code für das Programm p enthält damit:

- Code zum Anlegen der globalen Variablen;
- Code für die Funktionsdefinitionen;
- Code für den Aufruf von der Funktion *main*;

- die Instruktion **halt**, um die Programmausführung zu beenden.

Der Einfachheit halber nehmen wir an, dass die Variablendeklarationen in p vor den Funktionsdeklarationen stehen. Das Programm p is also von der Form:

$$dd\ df_1 \ldots df_n$$

wobei dd eine Folge von Variablendeklarationen ist und $df_1, \ldots, df_n$ jeweils die Deklarationen der Funktionen $f_1, \ldots, f_n$ sind mit $f_n \equiv main$. Bezeichne $\emptyset$ die leere Adressumgebung. Dann ist

$$(\rho_0, k) = \mathsf{elab\_globals}\ (1, \emptyset)\ dd$$

das Paar aus der Variablenbelegung für die globalen Variablen von p und der ersten freien Relativadresse. Ist $\_f_i$ die Anfangsadresse der Funktion f_i, dann ist die Adressumgebung vor Abarbeitung der i-ten Funktionsdefinition gegeben durch:

$$\rho_i = \rho_{i-1} \oplus \{f_i \mapsto \_f_i\} \qquad (i = 1, \ldots, n)$$

Dann erhalten wir als Übersetzungsschema für p:

code p	$=$	**enter** $(k+3)$
		alloc k
		mark
		loadc $\_f_n$
		call
		slide $(k-1)\ 1$
		halt
$\_f_1$:		code $df_1\ \rho_1$
		$\vdots$
$\_f_n$:		code $df_n\ \rho_n$

Vor dem Aufruf der Hauptfunktion f_n allokieren wir oberhalb der Speicherzelle mit Adresse 0 insgesamt $(k-1)$ Speicherzellen für globale Variablen sowie eine Zelle für den Rückgabewert von f_n. Da der SP vor der Ausführung den Wert 0 hat, müssen wir ihn um k erhöhen. Bis zur Ausführung der ersten Instruktion **call** werden insgesamt drei weitere Zellen auf den Keller gelegt. Deshalb muss am Anfang der *enter*-Befehl mit dem Argument $k+3$ ausgestattet werden. Nach Abarbeitung des ersten Aufrufs liegt der Rückgabewert in der Speicherzelle mit Adresse k. Die Instruktion **halt**, die ihn an das Betriebssystem zurückliefern soll, erwartet ihn aber in der Speicherzelle 1. Deshalb müssen wir ihn nach dem Aufruf um $k-1$ Zellen nach unten verschieben. Das leistet der Befehl **slide** $(k-1)\ 1$.

Warnungen

In diesem jetzt abzuschließenden Kapitel wurde um der Verständlichkeit willen stark vereinfacht. Einige harte Realitäten wurden ignoriert. Insbesondere ist die Begrenzung durch die festzulegende Wortgröße problematisch.

Greifen wir etwa die Behandlung von Konstanten heraus. Wir haben Konstanten immer als Operanden in CMa-Befehlen untergebracht, in einigen Befehlen sogar zwei auf einmal.

Die zu unserer C-Maschine verwandte P-Maschine für Pascal differenziert etwa zwischen den Fällen, in denen die konstanten Operanden in den Befehl hineinpassen, und solchen, in denen das nicht der Fall ist. Dann werden die großen Konstanten in einer am oberen Speicherende, oberhalb der Halde liegenden Konstantentabelle abgelegt. In den Instruktionen stehen dann nur Verweise in diese Tabelle. Es gibt dann verschiedene Instruktionen für eine Operation, die sich darin unterscheiden, ob sie ihre Operanden im Befehl oder in der Konstantentabelle erwarten. Im letzteren Fall stehen Adressen im Befehl selbst. Der Übersetzer, bzw. im Falle des Züricher P4-Übersetzers ein nachgeschalteter Assembler, generiert dann abhängig von der Größe der Konstanten unterschiedliche Befehle und legt entsprechend die Konstanten in den Befehlen oder der Konstantentabelle ab.

Offene Fragen und Vorwärtsverweise

In diesem Kapitel wurde intuitiv erklärt, *was* die Übersetzung einer C-ähnlichen Sprache in die Sprache einer geeigneten virtuellen Maschine ist. Bei der geneigten Leserin und dem geneigten Leser sollte jetzt vielleicht der Wunsch entstanden sein, zu erfahren, *wie* die angegebenen Übersetzungsschemata realisiert werden.

- Die Schemata sind definiert über die syntaktische Struktur von Programmen. Sie setzen diese syntaktische Struktur bereits als bekannt voraus. Prinzipiell ist es zwar möglich, die Schemata als rekursive Funktionen aufzufassen, die die Struktur von Programmen erkennen und diese anschließend übersetzen. Allerdings wäre dies kein effizientes Verfahren; denn die Schablonen für die Ausdrücke oder auch die beiden bedingten Anweisungen wüssten lokal nicht immer, welches das richtige als nächstes anzuwendende Schema wäre. Sie müssten deshalb ausprobieren und eine falsche Auswahl später rückgängig machen. Deshalb werden im nachfolgenden Band in den Kapiteln über lexikalische und syntaktische Analyse effiziente Methoden zur Erkennung der Struktur von Programmen vorgestellt.
- Bei der Übersetzung von Wertzuweisungen und Ausdrücken wurden die Typen von Variablen und Ausdrücken benutzt. Die Art ihrer Berechnung wurde nicht angegeben. Das ist eine Teilaufgabe der semantischen Analyse, welche in dem entsprechenden Kapitel des nächsten Bands behandelt wird.
- In den Beispielen konnte man leicht sehen, dass die Verwendung der angegebenen Übersetzungsschemata nicht immer zu den bestmöglichen, d.h. kürzesten

CMa-Code-Befehlssequenzen führte. Die Frage, wie man Übersetzungsschemata angeben kann, welche zu besseren, vielleicht sogar zu optimalen Befehlssequenzen führen, wird uns im Kapitel über die Codeerzeugung beschäftigen. Entscheidend ist dabei die Verwendung auch nichtlokaler Information über dynamische, d.h. Laufzeiteigenschaften, zu deren Ermittlung man geeignete Methoden benötigt. Auch die Techniken zu solcher statischer Programmanalyse werden ausführlich zu diskutieren sein.

- Die Verwendung von virtuellen Maschinen hat das Übersetzungsproblem etwas entschärft. Es ergeben sich neue Probleme, wenn man Zielprogramme für reale Maschinen erzeugen und dabei deren Architektur möglichst gut nutzen will. Die Probleme bestehen etwa darin, die Registersätze der Zielmaschine optimal auszunutzen und unter den eventuell vielen möglichen Befehlssequenzen für Quellprogrammstücke die besten auszuwählen. Auch diese Probleme werden wir in einem späteren Band im Kapitel über die systematisch behandeln.

2.11 Aufgaben

1. *Codeerzeugung für Ausdrücke.*
   Erzeugen Sie CMa-Code für die folgenden Ausdrücke:

$$e_1 \equiv a \leftarrow 2 \cdot (c + (b - 3))$$
$$e_2 \equiv b \leftarrow b \cdot (a + 3)$$

Benutzen Sie dazu die folgende Adressumgebung:

$$\rho = \{a \mapsto 5, b \mapsto 6, c \mapsto 7\}$$

Führen Sie den erzeugten Code aus!
Führen Sie den erzeugten Code aus, indem Sie den Stackzustand nach jedem Befehl angeben! Die Variablen seien mit den Werten $a = 22$, $b = 33$ und $c = 44$ initialisiert.

2. *Codeerzeugung für Schleifen.* Erzeugen Sie CMa-Code für die beiden Schleifen:

$$\textbf{while } (x > y) \: \{$$
$$\quad \textbf{if } (2 \cdot y > x) \: y \leftarrow y + x;$$
$$\quad \textbf{else } x \leftarrow x - y;$$
$$\}$$

$$\textbf{for } (x \leftarrow 0; x < 42; x \leftarrow x + z)$$
$$\quad \textbf{if } (\neg(x = y))z \leftarrow z + 1;$$

Verwenden Sie dabei die Adressumgebung:

$$\rho = \{x \mapsto 2, y \mapsto 3, z \mapsto 5\}$$

3. *Codeerzeugung für Anweisungsfolgen.*   Gegeben sei die Anweisungsfolge:

$$z \leftarrow 1;$$
$$\textbf{while } (n > 0) \ \{$$
$$j \leftarrow 1;$$
$$y \leftarrow x;$$
$$\textbf{while } (2 \cdot j \leq n) \ \{$$
$$y \leftarrow y \cdot y;$$
$$j \leftarrow j \cdot 2;$$
$$\}$$
$$z \leftarrow y \cdot z;$$
$$n \leftarrow n - j;$$
$$\}$$

- Was berechnet die Anweisungsfolge?
- Erzeugen Sie CMa-Code für die Anweisungsfolge! Verwenden Sie dazu die Adressumgebung:

$$\rho = \{n \mapsto 1, j \mapsto 2, x \mapsto 3, y \mapsto 4, z \mapsto 5\}$$

4. *Reverse Engineering.*   Gegeben sei der folgende CMa-Code:

loadc 0		**pop**	**storea** 1
loadc 1		**jump** B	**pop**
loadc 13	$A:$	**loada** 3	**loadc** 2
loada 3		**loada** 2	**loada** 2
loadc 1		**geq**	**mul**
le		**jumpz** B	**storea** 2
jumpz A		**loada** 1	**pop**
loadc -1		**loadc** 1	**jump** A
storea 1		**add**	$B:$ **halt**

- Führen Sie den erzeugten Code aus. Gehen Sie davon aus, dass der *SP* vor der Programmausführung den Wert 0 hat.
- Was berechnet der angegebene Code, wenn der Inhalt der Speicherzelle mit Adresse 3 als Eingabe betrachtet wird?

5. *Short circuit evaluation.*   Seien b, e_1 und e_2 drei beliebige Ausdrücke.
   - Ein bedingter Ausdruck in C hat die Form $b \, ? \, e_1 \, : \, e_2$. Sein Wert ist der Wert von e_1 falls $b \neq 0$ und e_2 falls $b = 0$.
   Geben Sie ein Übersetzungsschema für $\text{code}_R \, (b \, ? \, e_1 \, : \, e_2) \, \rho$ an!
   - Unter *short circuit evaluation* für Boolesche Ausdrücke versteht man, dass das zweite Argument einer Konjunktion (bzw. Disjunktion) nicht mehr ausgewertet wird, wenn die Auswertung des ersten Arguments bereits 0 (bzw. einen Wert ungleich 0) liefert.

Geben Sie Übersetzungsschemata für $\text{code}_R\,(e_1 \wedge e_2)\,\rho$ (bzw. $\text{code}_R\,(e_1 \vee e_2)\,\rho$) an, die *short circuit evaluation* realisieren!

6. *Break.*   Modifizieren Sie das Schema zur Übersetzung von Schleifen, so dass diese *break*-Anweisungen zum sofortigen Beenden der Schleife enthalten dürfen! Erweitern Sie dazu die Codeerzeugungsfunktion um ein weiteres Argument *l*, welches das Sprungziel angibt, zu dem bei einem **break** gesprungen werden soll!

7. *Continue.*   Ein **continue** bewirkt einen Sprung an das Ende des Rumpfes der umfassenden Schleife. Wie muss man die Übersetzungsschemata abändern, damit **continue**s an beliebiger Stelle richtig übersetzt werden?

   Hinweis: Erweitern Sie die Übersetzungsfunktion um ein weiteres Argument!

8. *Sprungtabellen I.*   Erweitern Sie das Übersetzungsschema für die *switch*-Anweisung so, dass in der Aufzählung der Fälle auch negative Werte bzw. (vereinzelte, kleine) Lücken vorkommen dürfen!

   Entwickeln Sie Ideen, wie man auch mit sehr großen unregelmäßigen Lücken umgehen kann!

9. *Sprungtabellen II.*   Die *switch*-Anweisung haben wir so übersetzt, dass anhand des Arguments ein relativer Sprung in die Sprungtabelle erfolgt, von wo ein weiterer (direkter) Sprung zu der Adresse des auszuführenden Codes führt. Den ersten Sprung kann man einsparen, wenn man in der Sprungtabelle anstelle von Sprungbefehlen die Sprungziele einträgt. Dann muss der Befehl **jumpi** durch einen Befehl **jumpi'** ersetzt werden, welcher direkt zu der in der Tabelle eingetragenen Adresse springt.

   Dabei gibt es zwei Varianten:

   a) Die Sprungtabelle liegt *hinter* dem Code für die einzelnen Fälle. Dann bekommt **jumpi'** die Anfangsadresse der Tabelle als Argument;

   b) Die Sprungtabelle liegt umittelbar hinter dem Befehl **jumpi'**, also *vor* dem Code für die einzelnen Fälle (solcher Code kann nur von einem Mehrpass-Compiler erzeugt werden). Dann entfällt die Anfangsadresse als Argument für den Befehl.

   Definieren Sie für beide Fälle einen adäquaten virtuellen Befehl **jumpi'**, und geben Sie jeweils ein Übersetzungschema an!

10. *Codeerzeugung für Zeiger.*   Betrachten Sie die folgenden Definitionen:

    int $* \, m, n;$
    struct *list* {
        int *info*;
        struct *list* $*$ *next*;
    } $* \, l, *tmp;$
    $m \leftarrow$ **malloc**(**sizeof**(**int**));
    $*m \leftarrow 4;$
    $l \leftarrow$ **null**;
    ...

...

for $(n \leftarrow 5; n \leq *m; n--)$ {

$tmp \leftarrow l;$

$l \leftarrow$ **malloc**(**sizeof**(**struct** *list*));

$l \rightarrow next \leftarrow tmp;$

$l \rightarrow info \leftarrow n;$

}

- Berechnen Sie eine Adressumgebung für die Variablen!
- Erzeugen Sie Code für das Programm!
- Führen Sie den erzeugten Code aus!

11. *Schrankenzeiger (Extreme Pointer).*   Zum Setzen des Schrankenzeigers EP während der Ausführung benötigt der Übersetzer den maximalen Zuwachs des Kellers (Stacks). Dieser Wert kann während der Übersetzung (statisch) berechnet werden.

Definieren Sie eine Funktion t, die einem Ausdruck e eine möglichst präzise obere Schranke $t(e)$ für die Anzahl der Kellerzellen zuordnet, die für die Auswertug des Ausdrucks e benötigt werden.

- Berechnen Sie $t(e)$ zunächst für die beiden Extremfälle:

$$a_1 + (a_2 + (\cdots + (a_{n-1} + a_n)\ldots)) \quad \text{und} \quad (\ldots((a_1 + a_2) + a_3) + \ldots) + a_n$$

(a_i Konstanten oder einfache Variablen).

- Berechnen Sie $t(e)$ für die in Aufgabe 1 sowie in Beispiel 2.8.1 angegebenen Ausdrücke.
- Erweitern Sie den Definitionsbereich der Funktion t auf Anweisungen, insbesondere *if-*, *for-* und *while*-Anweisungen und Anweisungsfolgen.

12. *Blöcke.*   Erweitern Sie die Codeerzeugungsfunktion für Anweisungsfolgen um Blöcke. Berücksichtigen Sie dabei, dass Variablendeklarationen an beliebigen Stellen innerhalb von Blöcken vorkommen dürfen. In Blöcken deklarierte Variablen sollen von dem Punkt, an dem sie eingeführt werden, bis zum zugehörigen Blockende sichtbar sein.

Bei der Ausführung des folgenden Beispielprogramms wird erst 2 und anschließend 1 als Wert der Variablen x ausgegeben.

```
int x;
x ← 1;
{
    int x;
    x ← 2;
    write(x);
}
write(x);
```

Hinweis: Verwalten Sie zusätzlich zur Adressumgebung die erste vergebbare Relativadresse.

13. *Initialisierung von Variablen.*   Modifizieren Sie die Übersetzungsfunktion code so, dass Variablen initialisiert werden können. Beispielsweise soll die Initialisierung:

$$\textbf{int } a \leftarrow 0;$$

übersetzt werden können.

14. *Post- und Pre-Inkrementierung.*   Geben Sie Übersetzungsfunktionen an für:
   - ++ und -- (prefix und postfix).
   - $+\leftarrow$ und $-\leftarrow$.

   Beachten Sie, dass die Operatoren nicht nur für Variablen definiert sind, sondern auf beliebige Ausdrücke angewendet werden können.

15. *Codeerzeugung für Funktionen.*   Betrachten Sie die Definitionen:

```
int n;
struct tree {
    int info;
    struct tree * left, *right;
} * t;
struct tree * mktree (int d, int * n) {
    struct tree * t;
    if (d ≤ 0) return null;
    else {
        t ← malloc(sizeof(struct tree));
        t → left ← mktree(d − 1, n);
        t → info ← *n; *n ← *n + 1;
        t → right ← mktree(d − 1, n);
        return t;
    }
}
```

Berechnen Sie Adressumgebungen für die Variablen (die globalen und die der Funktion) und erzeugen Sie Code für die Funktion und den Programmaufruf:

$$t \leftarrow mktree(5, \& n);$$

Kommentieren Sie den erzeugten Code, so dass man seine Korrektheit nachvollziehen kann!

16. *Referenz-Parameter.*   C++ bietet neben Parameterübergabe „by-value" auch Referenz-Parameter an. Wird z.B. im Rumpf der Funktion f der formale Parameter x verwendet, ist die Variable gemeint, mit der f als aktuellem Parameter aufgerufen wurde.

```
int a;
void f(int &x) { x ← 7; }
int main() {
    f(a); return 0;
}
```

Nach Ausführung von $f(a)$ sollte also die Variable a den Wert 7 enthalten.

- Modifizieren Sie das Übersetzungsschema für Parameterübergabe
- und für Variablenzugriffe so, dass Referenz-Parameter korrekt behandelt werden!
- Übersetzen Sie das Programm und überprüfen Sie die Korrektheit!

17. *Variable Argumentlisten.* In dieser Aufgabe betrachten wir Funktionen mit variablen Argumentlisten. Bei solchen Funktionen steht am Ende der Parameter-Liste „..." (davor können normale Parameter stehen). Innerhalb des Rumpfs der Funktion erhält man das jeweils nächste (variable) Argument von Typ t mit einem Aufruf $next(t)$. Beispiel:

```
int sum(int n, ...) {        //   Summe von n Zahlen
    int result ← 0;
    while (n > 0) {
        result ← result + next(int);
        n ← n - 1;
    }
    return result;
}
```

Mögliche Aufrufe sind z.B. $sum\ (5, a, b, c, d, e)$ oder $sum\ (3, 1, 2, 3)$.

- Überprüfen Sie, ob unsere Übersetzung für solche Funktionsaufrufe geeignet ist!
- Überlegen Sie sich eine Übersetzung für $next(t)$!

18. *Codeerzeugung für ganze Programme.* Übersetzen Sie das Programm:

```
int result;
int fibo (int n) {
    int result;
    if (n < 0) return -1;
    switch (n) {
        case 0  : return 0; break;
        case 1  : return 1; break;
        default : return fibo (n - 1) + fibo (n - 2);
    }
}
...
```

...
$$\textbf{int } \textit{main}() \{$$
$$\textbf{int } n;$$
$$n \leftarrow 5;$$
$$\textit{result} \leftarrow \textit{fibo}\,(n);$$
$$\textbf{return } 0;$$
$$\}$$

19. *CMa-Interpreter.*   Implementieren Sie einen Interpreter für die CMa in der Programmiersprache Ihrer Wahl!

- Denken Sie sich einen geeigneten Datentyp für Instruktionen aus! Bedenken Sie dabei, dass manche Instruktionen ein Argument haben und manche nicht;
- Realisieren Sie die Datenstrukturen C und S durch Felder!
- Testen Sie Ihren Interpreter anhand der Fakultätsfunktion und dem Hauptprogramm:

$$\textbf{int } \textit{main}() \{ \textbf{ return } \textit{fac}(9); \}$$

2.12 Liste der Register der CMa

EP, Schrankenzeiger (Extreme Pointer)   S. 29
FP, Rahmenzeiger (Frame Pointer)   S. 37
HP, Haldenzeiger (Heap Pointer)   S. 28
PC, Befehlszähler (Program Counter)   S. 9
SP, Kellerzeiger (Stack Pointer)   S. 8

2.13 Liste der Codeerzeugungsfunktionen der CMa

code   S. 13
code$_L$ S. 13
code$_R$ S. 13

2.14 Liste der CMa-Instruktionen

add	S. 10	**jumpz**	S. 16	**neg**	S. 11
and	S. 10	**jumpi**	S. 20	**neq**	S. 11
alloc	S. 44	**leq**	S. 11	**new**	S. 29
call	S. 43	**le**	S. 11	**or**	S. 10
div	S. 10	**load**	S. 13	**pop**	S. 15
dup	S. 21	**loada**	S. 15	**return**	S. 47
enter	S. 44	**loadc**	S. 10	**slide**	S. 45
eq	S. 11	**loadr**	S. 40	**store**	S. 13
geq	S. 11	**loadrc**	S. 39	**storea**	S. 15
gr	S. 11	**malloc**	S. 29	**storer**	S. 40
halt	S. 49	**mark**	S. 43	**sub**	S. 10
jump	S. 16	**mul**	S. 10		

2.15 Literaturhinweise

Sprachorientierte virtuelle Maschinen gibt es schon recht lange. Sie wurden benutzt, um die Übersetzung zu vereinfachen und die Portierung auf andere Maschinen zu erleichtern. In [RR64] wurde eine virtuelle Maschine für Algol60, der *Algol Object Code* (AOC), beschrieben.

Vorbild für die heute üblichen virtuellen Maschinen für imperative Sprachen ist die P-Maschine, die für den weltweit verbreiteten Züricher P4-Übersetzer für Pascal verwendet wurde. Sie ist beschrieben in [Amm81] und in [PD82], worin sich die Quellen des P4-Übersetzers, des Assemblers und des P-Maschineninterpreters finden.

Seit einigen Jahren hat die *Java Virtual Machine* (JVM), die virtuelle Maschine für die objektorientierte Programmiersprache Java [LY99], der P-Maschine den Rang abgelaufen.

3

Übersetzung funktionaler Programmiersprachen

3.1 Sprachtyp und einleitende Beispiele

Funktionale Programmiersprachen haben ihren Ursprung in Lisp, gehen also bis etwa 1958 zurück. Aber erst seit Ende der 70er Jahre hat sich diese Sprachklasse von der Dominanz von Lisp befreit und durch die Entwicklung neuer Konzepte und Implementierungsmethoden zu dem Sprachtyp entwickelt, den wir – repräsentiert durch OCaml hier behandeln wollen.

Imperative Sprachen kennen (mindestens) zwei Welten, die Welt der Ausdrücke und die Welt der Anweisungen. Ausdrücke liefern Werte; Anweisungen verändern den Zustand von Variablen oder steuern den Kontrollfluss. Bei entsprechender Programmierung kann auch bei der Auswertung von Ausdrücken als Seiteneffekt der Zustand von Variablen verändert werden. In funktionalen Sprachen gibt es (zuerst einmal) nur Ausdrücke. Die Ausführung eines funktionalen Programms besteht in der Auswertung des zugehörigen *Programmausdrucks*, der das Programmergebnis beschreibt. Zu seiner Auswertung müssen evtl. weitere Ausdrücke ausgewertet werden, etwa wenn ein Ausdruck Funktionsanwendungen enthält. Es gibt keinen explizit durch Anweisungen angegebenen Kontrollfluss. Variablen in funktionalen Programmen können an Ausdrücke *gebunden* werden. Variablen sind deshalb nicht Bezeichner für Speicherzellen, deren Wert wie in imperativen Sprachen geändert werden kann. Die Ausführung des Programms kann lediglich den an eine Variable gebundenen Ausdruck *auswerten*. Anschließend ist die Variable an dessen Wert gebunden.

Stellen wir kurz die wichtigsten Konzepte moderner funktionaler Programmiersprachen zusammen. In der konkreten Syntax lehnen wir uns dabei an die Syntax der Programmiersprache OCaml an:

Funktionsdefinitionen. Dies geschieht durch *Abstraktion*. Ein Ausdruck

$$\textbf{fun } x \, y \rightarrow x + y$$

definiert eine Funktion mit den formalen Parametern x, y und dem definierenden Ausdruck $x + y$, der den Rückgabewert liefern soll. Damit hat man eine *anonyme*, d.h. namenlose Funktion definiert, die man auf zwei Argumente anwenden kann:

$$(\textbf{fun } x\, y \to x + y)\ 1\ 2$$

Oft ist es praktisch, für eine durch Abstraktion definierte Funktion einen Namen einzuführen, den man anstelle der Funktion verwenden kann:

$$\textbf{let } add\ =\ \textbf{fun } x\, y \to x + y$$
$$\textbf{in }\ add\, 1\ (add\, 2\, 3)$$

Rekursionsgleichungen. Verwendet man den Namen einer Funktion im eigenen definierenden Ausdruck, hat man eine *rekursive Funktion* definiert. Technisch kann man eine solche Definition als (funktionale) *Rekursionsgleichung* auffassen. Die Definition

$$\textbf{let rec } log\ =\ \textbf{fun } x \to\ \textbf{if } x \leq 1\ \textbf{then } 0$$
$$\textbf{else } 1 + log\ (x/2)$$

bindet den Namen *log* an den Ausdruck auf der rechten Seite, welcher selbst wieder auf den Namen der linken Seite der Definition Bezug nimmt. In Programmiersprachen mit verzögerter Auswertung sind rekursive Definitionen auch nichtfunktionaler Werte wie z.B. (potentiell) unendliche Listen möglich.

Pattern Matching. Zur Behandlung strukturierter algebraischer Datentypen wie z.B. Listen bieten funktionale Sprachen eine erweiterte Form von Fallunterscheidung an, bei der Werte mit *Mustern* (Patterns) verglichen werden können. Passt das Muster auf den Wert, werden die Variablen, die in dem Muster vorkommen, an die entsprechenden Komponenten des Werts gebunden. In dem Ausdruck:

$$\textbf{match } [1; 2; 3]\ \textbf{with}$$
$$[1; x; y] \to x + y$$
$$|\qquad [z] \to z$$

wird z.B. die erste Alternative ausgewählt. Dann werden die Variablen x und y an die Komponenten 2 und 3 gebunden und deren Summe zurückgeliefert. Dieser Vergleich mit Mustern heißt auch *Pattern Matching*.

Höhere Funktionen. *Höhere Funktionen*, auch *Funktionen höherer Ordnung* genannt, sind Funktionen, die Funktionen als Argumente und/oder als Ergebnisse haben. Zur Erläuterung dieses Konzepts betrachten wir die in OCaml vordefinierte Funktion *map*. Die Funktion *map* bekommt als erstes Argument eine Funktion f und als zweites eine Liste l; die Listenelemente sind vom Typ der Argumente von f. Der Aufruf *map* $f\, l$ wendet f auf alle Listenelemente in l an und gibt die Liste der Ergebnisse zurück:

$$\textbf{let rec } map\ =\ \textbf{fun } f\, l\ \to\ \textbf{match } l\ \textbf{with}$$
$$[]\ \to\ []$$
$$|\ x :: xs\ \to\ f\, x :: map\, f\, xs$$

Abhängiv von dem Wert des zweiten Parameters unterscheidet die Funktion zwei Fälle. Wird sie auf eine Funktion und eine leere Liste angewandt, gibt sie eine leere

Liste zurück. Ist das zweite Argument dagegen eine nichtleere Liste, wendet sie die Funktion f im ersten Argument auf das erste Element der Liste an und konkateniert das Ergebnis mit der Liste, die sich aus der Anwendung von *map* auf f und den Rest der Liste ergibt. Die Funktion *map* ist eine *höhere* Funktion, weil sie selbst wieder eine Funktion als Argument erwartet.

Lassen Sie uns hier bemerken, dass neben der bisher verwendeten puristischen Syntax die Programmiersprache OCaml auch erlaubt, die formalen Parameter in einer Funktionsdefinition hinter dem Namen auf der linken Seite aufzulisten:

$$\textbf{let rec } map\ f\ l\ =\ \textbf{match } l \textbf{ with}$$
$$[] \rightarrow []$$
$$|\ x :: xs \rightarrow f\ x :: map\ f\ xs$$

Zur Vereinfachung der Definition von Funktionen, die über Muster in einem Argument definiert werden, bietet OCaml hier sogar noch eine Spezialsyntax an:

$$\textbf{let rec } map\ f\ =\ \textbf{function}$$
$$[] \rightarrow []$$
$$|\ x :: xs \rightarrow f\ x :: map\ f\ xs$$

Polymorphie. Typen in funktionalen Programmiersprachen werden meist als Terme dargestellt. Basistypen sind atomare Terme, wie **int, bool.** Strukturierte Typen wie Listen werden durch Typterme beschrieben, ein Liste von **int**-Werten etwa durch **int list.** Der Typ eines Ausdrucks kann aber auch durch ein *Typschema* gegeben sein. Ein Typschema enthält dabei *Typvariablen*, die bei verschiedenen Benutzungen mit unterschiedlichen Typen instantiiert werden können. Dieses Typschema kann durch eine Deklaration angegeben sein oder von einem *Typinferenzalgorithmus* aus den Anwendungsstellen der Funktion abgeleitet sein. Ein Typinferenzalgorithmus leitet für alle Größen, für die die Programmiererin keine Typen angegeben hat, ein möglichst allgemeines (oft *das* allgemeinste) Typschema her und prüft, ob alle Ausdrücke typkorrekt aufgebaut sind.

Die eben vorgestellte Funktion hat den *polymorphen* Typ:

$$map : ('a \rightarrow {'b}) \rightarrow {'a} \textbf{ list} \rightarrow {'b} \textbf{ list}$$

Die Typvariablen $'a, {'b}$ stehen für beliebige Typen. Die Funktion *map* können wir damit auf eine *int*-Funktion und eine *int*-Liste genauso anwenden wie auf eine Boolesche Funktion und eine Liste Boolescher Werte. Der Typ von *map* verlangt nur, dass der Argumenttyp des ersten, funktionalen Arguments mit dem Typ der Elemente des zweiten Arguments, einer Liste, übereinstimmt. Das Ergebnis hat dann einen Listentyp, wobei die Listenelemente den Typ des Ergebnisses des funktionalen Argumentes haben.

In den folgenden Abschnitten werden wir schrittweise die Architektur und den Befehlsvorrat der virtuellen Maschine MaMa und die Übersetzungsschemata für die Übersetzung von FuL in MaMa-Code angeben. Nach einer Schilderung der Architektur werden wir wie in Abschnitt 2.2 mit der Übersetzung von Ausdrücken beginnen. Bis auf die Behandlung von Variablen gehen wir ganz ähnlich vor wie bei der

Übersetzung von C in C-Maschinencode. Neue Konzepte dagegen sind erforderlich, um verzögerte Auswertung und höhere Funktionen zu realisieren.

3.2 Eine einfache funktionale Programmiersprache

Wir führen eine einfache funktionale Programmiersprache ein, an der wir das Prinzip der Übersetzung funktionaler Programmiersprachen erklären. Dabei interessiert uns – wie im Kapitel 2 – mehr eine geeignete virtuelle Maschine und die Codeerzeugung für eine solche als die sonstigen Aufgaben der Übersetzung wie etwa die Typüberprüfung. Zur Vereinfachung betrachten wir einen kleinen Ausschnitt aus der Programmiersprache OCaml, den wir FuL (**Fu**nctionial **L**anguage) nennen wollen. Zur weiteren Vereinfachung erlauben wir im Unterschied zu OCaml als einzigen Basistyp **int**. Das heißt, wir nehmen wie bei der Programmiersprache C an, dass Bedingungen ganze Zahlen zurückliefern, welche wir auf null (**false**) oder nicht-null (**true**) testen können. Später werden wir unsere Kernsprache um einfache Datenstrukturen wie Tupel und Listen erweitern.

Ein Programm ist damit zuerst einmal ein Ausdruck e der Form:

$$e ::= b \mid x \mid (\square_1\, e) \mid (e_1\, \square_2\, e_2)$$
$$\mid (\textbf{if}\ e_0\ \textbf{then}\ e_1\ \textbf{else}\ e_2)$$
$$\mid (e'\ e_0 \ldots e_{k-1}) \mid (\textbf{fun}\ x_0 \ldots x_{k-1} \rightarrow e)$$
$$\mid (\textbf{let}\ x = e\ \textbf{in}\ e_0)$$
$$\mid (\textbf{let rec}\ x_1 = e_1\ \textbf{and}\ \ldots\ \textbf{and}\ x_n = e_n\ \textbf{in}\ e_0)$$

wobei $\square_1$ und $\square_2$ beliebige einstellige bzw. zweistellig Operatoren auf **int**-Werten bezeichnen. Ein Ausdruck ist somit:

- ein Basiswert, eine Variable, eine Operator-Anwendung oder ein bedingter Ausdruck;
- eine Funktionsanwendung;
- eine Funktion – d.h. aus einem Funktionsrumpf entstanden mithilfe von Abstraktion der formalen Parameter;
- ein *let*-Ausdruck, der eine lokale Definition einführt, oder
- ein *letrec*-Ausdruck, der lokal rekursive Definitionen einführt.

Beispiel 3.2.1 Die folgende allseits bekannte Funktion berechnet die Fakultät (und insbesondere den Wert auf dem Argument 13):

$$\textbf{let rec}\ fac\quad =\quad \textbf{fun}\ x\ \rightarrow\quad \textbf{if}\ x \leq 1\ \textbf{then}\ 1$$
$$\textbf{else}\ x \cdot fac\ (x-1)$$
$$\textbf{in}\quad fac\ 13$$

Wie üblich setzen wir nur da Klammern, wo sie zum Verständnis erforderlich sind, d.h. in einer ungeklammerten Folge von Ausdrücken $e_0\, e_1 \ldots e_k$ nehmen wir an, dass e_0 die Funktion repräsentiert und die Ausdrücke $e_1, \ldots, e_k$ die aktuellen Parameter der Funktion sind. $\square$

Die Semantik von Funktionsanwendungen benötigt noch zwei Festlegungen. Die erste betrifft die Parameterübergabe, nämlich was bei einer Funktionsanwendung an die Funktion übergeben wird. Die zweite betrifft die Interpretation *freier* Variablen. Diese hießen im letzten Kapitel *globale Variablen*. Für freie Variablen können wir statische oder dynamische Bindung verwenden, d.h. einer freien Variable durch ihre textuell innerste umgebende Bindung ihren Wert geben oder durch die zeitlich zuletzt hergestellte Bindung.

Der Parameterübergabemechanismus der Programmiersprache regelt, in welcher Form die aktuellen Parameter übergeben werden. Algol60 und nachfolgend Pascal und C kennen die *call-by-value* Übergabe, Algol60 außerdem noch *call-by-name* und Pascal wie auch C++ *call-by-reference*. Letztere verliert in funktionalen Programmiersprachen ihren Sinn, da diese keine Adressen kennen. Parameter können deshalb nur als als Werte oder als *Ausdrücke* übergeben werden.

Ob in einer Funktionsanwendung $e_0\ e_1 \ldots e_k$ die aktuellen Paramter $e_1, \ldots, e_k$ ausgewertet oder deren Auswertung nach Möglichkeit verzögert wird, kann durch die *Auswertungsordnung* charakterisiert werden: entweder werden zuerst die aktuellen Parameter $e_1, \ldots, e_k$ ausgewertet und anschließend mit der Auswertung der Funktion e_0 begonnen. Oder die Auswertung beginnt mit der Auswertung des Funktionsausdrucks e_0 zu einer Funktion **fun** $x_1 \ldots x_m \to e$. Sind genügend Argumente da, d.h. ist $m \leq k$, werden die formalen Parameter x_i an die unausgewerteten Argumente e_i gebunden und mit der Auswertung des Rumpfs e fortgefahren. Die Auswertung der aktuellen Parameter e_i dagegen wird solange verzögert, bis deren Wert bei der Auswertung von e tatsächlich benötigt wird.

Beispiel 3.2.2 Betrachten Sie das funktionale Programm:

$$\textbf{let rec}\quad fac \quad = \quad \ldots$$
$$\textbf{and}\quad foo \quad = \quad \textbf{fun}\ x\ y \to x$$
$$\textbf{in}\ foo\ 1\ (fac\ 1000)$$

wobei die Funktion *fac* die Fakultätsfunktion ist. Die Funktion *foo* soll den Wert des ersten Parameters zurückliefern. Die Reihenfolge der Abarbeitung macht hier einen großen Unterschied. Wird zuerst der aktuelle Parameter ausgewertet, muss eine relativ teure Berechnung des Werts des Teilausdrucks (*fac* 1000) durchgeführt werden, die sogar zu einer Bereichsüberschreitung mit nachfolgendem Programmabbruch führen kann. Der zweite Parameter ist jedoch zur Berechnung des Ergebnisses gar nicht erforderlich! Wird mit der Auswertung des Rumpfs der Funktion *foo* begonnen, terminiert die Auswertung sehr schnell und unter Umgehung einer eventuellen Bereichsüberschreitung und liefert den Wert 1.   □

Entsprechend diesen Überlegungen unterscheiden wir drei Fälle:

Call-By-Value oder *Applicative Order Evaluation*:

Die Parameter werden zuerst ausgewertet und ihre Werte an die Funktion übergeben. Das ist die Auswertungsstrategie etwa von OCaml.

Vorteil: Die Parameter werden nur einmal ausgewertet; kein zusätzlicher Aufwand entsteht außer der Auswertung.

Nachteil: Mancher Parameter wird ausgewertet, obwohl die Auswertung des Rumpfs den Wert dieses Parameters gar nicht benötigt. Das ist kritisch, falls die Auswertung des Parameters sehr teuer ist, zu einem Laufzeitfehler führt oder nicht terminiert.

Call-By-Name oder *Normal Order Evaluation*:

Es wird mit der Auswertung des Rumpfs einer Funktion begonnen; jedesmal, wenn der Wert eines Parameters benötigt wird, wird der zugehörige Ausdruck ausgewertet.

Vorteil: Ein Parameter wird nur ausgewertet, wenn sein Wert auch tatsächlich benötigt wird. In unserem Beispiel 3.2.2 würde damit die Auswertung des Aufrufs (*fac* 1000) vermieden. Allgemein gilt, dass *call-by-name* bessere Terminierungseigenschaften als *call-by-value* hat.

Nachteil: Wird der Wert eines Parameters mehrmals benötigt, wird er auch mehrmals ausgewertet.

Call-By-Need oder *Lazy Evaluation*:

Ein Parameter wird nur ausgewertet, wenn sein Wert benötigt wird, und dann nur einmal. Der erste Zugriff erzwingt also die Auswertung des Parameters. Alle weiteren Zugriffe greifen auf den bereits berechneten Wert zu. Diese Strategie wird z.B. von der Programmiersprache Haskell umgesetzt.

Call-by-need kann als eine Optimierung der Auswertungsstrategie *call-by-name* aufgefasst werden, die versucht, das gute Terminierungsverhalten von *call-by-name* mit der Effizienz von *call-by-value* zu vereinen. Es sollte jedoch nicht verschwiegen werden, dass eine Verzögerung der Auswertung von Teilausdrücken nicht zum Nulltarif zu haben ist, sondern zusätzlichen Verwaltungsaufwand erfordert. Für die Programmiersprache FuL werden wir die Frage der Parameterübergabe offen halten und bei der Übersetzung Schemata sowohl für *call-by-value* (CBV) wie für *call-by-need* (CBN) angeben.

Bei der Diskussion der Parameterübergabe haben wir bisher die Entscheidung zwischen statischer oder dynamischer Bindung offen gelassen, obwohl diese beiden Festlegungen nicht unabhängig voneinander sind. Bei *statischer Bindung* (Static Scoping) bezieht sich ein angewandtes Auftreten eines Namens immer auf das textuell innerste umgebende Konstrukt, welches diesen Namen definiert. Bei *dynamischer Bindung* (Dynamic Scoping) legt die dynamisch zuletzt für diesen Namen hergestellte Bindung den Wert fest.

Beispiel 3.2.3 Betrachten Sie das folgende kleine Programm:

$$\textbf{let} \quad x = 2 \ \textbf{in}$$
$$\textbf{let} \quad f = \textbf{fun} \ y \rightarrow x + y \ \textbf{in}$$
$$\textbf{let} \quad h = \textbf{fun} \ g \ x \rightarrow g \ 2 \ \textbf{in}$$
$$h \ f \ 1$$

Bei statischer Bindung bezieht sich die freie Variable x im Rumpf von f auf die Definition $x = 2$; dementsprechend ergibt sich für $h\ f\ 1$ als Wert 4. Bei dynamischer Bindung wird vor dem Zugriff auf den Wert von x im Rumpf von f die Bindung von x an 1 hergestellt; deshalb ergibt sich als Wert jetzt 3.   □

Statische Bindung hat zur Folge, dass sich Ausdrücke bei fester Bindung für ihre freien Variablen immer zu dem gleichen Ergebnis auswerten. Diese Eigenschaft nennt man auch *referentielle Transparenz*. Wie alle modernen funktionalen Programmiersprachen entscheiden wir uns bei FuL für statische Bindung.

Diese Festlegung hat Konsequenzen für die Implementierung der Funktionsanwendung. Betrachten wir die Auswertung der obigen Anwendung $h\ f\ 1$ und *call-by-need*-Parameterübergabe. Statische Bindung verlangt, dass alle freien Variablen in der rechten Seite **fun** $y \to x + y$ für f, hier die Variable x, wann immer diese rechte Seite ausgewertet wird, ihren Wert gemäß den Bindungen erhalten, die das textuell umgebende Konstrukt, hier das **let**, festlegt. Dort wird insbesondere x an den Wert 2 gebunden.

Eine solche Zuordnung wird auch *Umgebung* genannt. Damit bei jedem Antreffen einer *freien Variablen* eines Parameters die richtige Umgebung für diese Variable zur Verfügung steht, muss bei der Parameterübergabe mit dem Parameter e auch die zuständige Umgebung u übergeben werden. Das dafür zu bildende Paar (e, u) heißt *Abschluss* (Closure). Die Umgebung u in einem Abschluss (e, u) dient dazu, die freien Variablen von e richtig zu interpretieren. Auch bei *call-by-value* müssen gelegentlich Abschlüsse angelegt werden. Dies ist dann der Fall, wenn wie in Beispiel 3.2.3 Funktionen mit freien Variablen als Parameter übergeben werden.

Formal lässt sich die Menge free(e) der freien Variablen induktiv über die Struktur von Programmausdrücken e so definieren:

$$\text{free}(b) = \emptyset \quad (b \text{ ein Basiswert})$$
$$\text{free}(x) = \{x\} \quad (x \text{ eine Variable})$$
$$\text{free}(\square_1 e) = \text{free}(e)$$
$$\text{free}(e_1 \square_2 e_2) = \text{free}(e_1) \cup \text{free}(e_2)$$
$$\text{free}(\textbf{if } e_0 \textbf{ then } e_1 \textbf{ else } e_2) = \text{free}(e_0) \cup \text{free}(e_1) \cup \text{free}(e_2)$$
$$\text{free}(e' e_0 \dots e_{k-1}) = \text{free}(e') \cup \text{free}(e_0) \cup \dots \cup \text{free}(e_{k-1})$$
$$\text{free}(\textbf{fun } x_0 \dots x_{k-1} \to e') = \text{free}(e') \setminus \{x_0, \dots, x_{k-1}\}$$
$$\text{free}(\textbf{let } x = e_1 \textbf{ in } e_0) = \text{free}(e_1) \cup (\text{free}(e_0) \setminus \{x\})$$
$$\text{free}(\textbf{let rec } x_1 = e_1 \textbf{ and } \dots \textbf{ and } x_n = e_n \textbf{ in } e_0)$$
$$= (\text{free}(e_0) \cup \dots \cup \text{free}(e_n)) \setminus \{x_1, \dots, x_n\}$$

Beispiel 3.2.4 Die Menge der freien Variablen des Ausdrucks:

$$\textbf{if } x \leq 1 \textbf{ then } 1 \textbf{ else } x \cdot fac\ (x - 1)$$

ist $\{x, fac\}$. Abstrahieren wir in diesem Ausdruck die Variable x, d.h. setzen wir: **fun** $x \to$ vor den Ausdruck, wird die Variable x *gebunden*. Als freie Variable bleibt dann nur noch *fac* übrig.   □

3.3 Die Architektur der MaMa

Im Folgenden skizzieren wir die Architektur einer virtuellen Maschine für FuL. Nach ihrem Erfinder Dieter Maurer heißt diese Maschine *MaMa* (**Ma**urer **Ma**chine). Im Entwurf lehnen wir uns eng an die C-Maschine an, unsere virtuelle Maschine für imperative Sprachen. Wie die C-Maschine besitzt die MaMa einen Programmspeicher *C*, in dem MaMa-Programme abgelegt werden. Jede Zelle kann eine virtuelle Instruktion aufnehmen. Wieder enthält das Register *PC* (Program Counter, Befehlszähler) jeweils die Adresse des nächsten auszuführenden Befehls. Der Hauptausführungszyklus zur Abarbeitung von virtuellen Maschinenprogrammen ist der gleiche wie bei der C-Maschine:

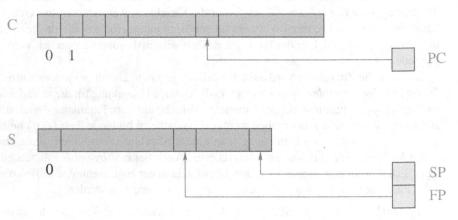

Abb. 3.1. Architektur der MaMa.

- Laden des nächsten Befehls;
- Erhöhung des *PC* um 1;
- Ausführen des geladenen Befehls.

Wie die C-Maschine besitzt die MaMa einen Befehl **halt**, der die Programmausführung beendet und die Kontrolle an das umgebende Betriebssystem zurückgibt.

Auch der Laufzeitkeller *S* mit den Registern *SP* und *FP* sind uns bereits bei der C-Maschine begegnet. Jede Zelle in *S* ist groß genug, um einen Basiswert oder auch eine Adresse aufzunehmen. Das Register *SP* zeigt jeweils auf die oberste belegte Zelle in *S*. Im Hinblick auf den gesamten für die Programmausführung zur Verfügung stehenden Platz sind wir bei der MaMa jedoch etwas großzügiger als bei der C-Maschine: wir nehmen an, dass für den Keller immer genügend Platz zur Verfügung steht.

Im Unterschied zur C-Maschine werden in der MaMa Werte grundsätzlich in der Halde *H* (Heap) angelegt (Abb. 3.2). Die Halde *H* kann man als *abstrakten Datentyp* aufzufassen, der insbesondere eine Operation:

$$new\ T\ (args)$$

bereitstellt, welche ein neues MaMa-Objekt mit Etikett T und Argumenten *args* in der Halde anlegt und einen Verweis darauf zurückliefert.

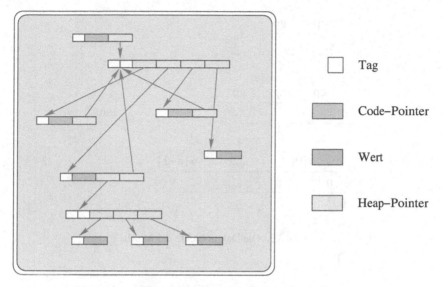

Abb. 3.2. Die Halde der MaMa.

Die für die Abspeicherung in der Halde benötigten Datenobjekte zeigt Abb. 3.3. Jedes solche Objekt besteht aus einem Etikett (engl. Tag) und eventuell mehreren Datenfeldern. B-Objekte benötigen wir zur Repräsentation von Basis-Werten. Sie bestehen aus dem Etikett „B", gefolgt von einem *int*-Wert. Verweise auf mehrere Werte können in einem V-Objekt zusammengefasst werden. Neben dem Etikett „V" und einer Angabe der Länge n enthält ein solches Objekt ein Feld v der angegebenen Länge. C- und F-Objekte dienen der Repräsentation von Abschlüssen und Funktionen. Neben ihrem entsprechenden Etikett enthalten sie jeweils einen Verweis cp (Code Pointer) auf einen zugehörigen Codeabschnitt sowie einen Verweis gp (Global Pointer) auf eine Repräsentation der Umgebung für die freien Variablen. Zusätzlich enthalten F-Objekte einen Verweis ap (Argument Pointer) auf einen Vektor bereits vorhandener Argumente für die Funktion.

Bevor wir uns daran machen, Übersetzungsschemata zur Erzeugung von MaMa-Code für Ausdrücke zu erstellen, müssen wir klären, was die zu erzeugende Folge von Instruktionen als Ergebnis liefern soll. Gemäß unserer Vereinbarung werden Werte in der Halde angelegt. Die Übersetzungsfunktion code$_V$ für einen Ausdruck e soll deshalb dessen Wert ermitteln und einen Verweis darauf auf dem Keller zurückliefern.

Bei verzögerter Auswertung benötigen wir eine andere Instruktionsfolge. Diese soll ja gerade nicht zur Auswertung von e führen, sondern stattdessen einen Abschluss für e, d.h. ein entsprechendes C-Objekt für e in der Halde konstruieren und

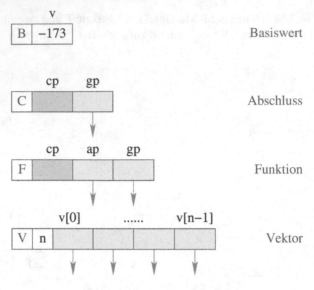

Abb. 3.3. Die Datenobjekte der MaMa.

einen Verweis darauf auf dem Keller zurückliefern. Dies leistet die Übersetzungs-funktion code_C, die wir in Abschnitt 3.11 näher vorstellen werden. Im Folgenden betrachten wir zuerst einmal die Übersetzungsschemata zur Definition von code_V.

3.4 Die Übersetzung einfacher Ausdrücke

Beginnen wir mit der Übersetzung *einfacher Ausdrücke*, das sind solche, die nur aus Basiswerten, Operatoren und Bedingungen aufgebaut sind. Ein Beispiel für einen solchen Ausdruck ist etwa:

$$\text{if } a \leq b + 1 \text{ then } b - a \text{ else } a - b$$

Als erstes bemerken wir, dass unsere Codeerzeugungsfunktionen wie bei der Über-setzung von C neben dem Programmstück, das übersetzt werden soll, als weiteres Argument eine Adressumgebung ρ benötigen, um auf die Bindungen der vorkom-menden Variablen zugreifen zu können. Als zweites bemerken wir, dass die uns bereits bekannten arithmetischen Instruktionen wie etwa **add** oder **sub** ihre Argu-mente direkt oben auf dem Keller erwarten und nicht Verweise auf deren Werte. Das Gleiche gilt selbstverständlich auch für Vergleiche und bedingte Sprünge. Sofern sie ein Ergebnis haben, liefern alle diese Instruktionen ihr Ergebnis auch auf dem Keller zurück. Bei zusammengesetzten Ausdrücken erscheint es deshalb als äußerst ineffi-zient, die Werte der Argumente von Operatoren erst auf dem Keller zu haben, dann als B-Objekte in der Halde abzulegen, um sie anschließend sofort wieder auf den

Keller zu laden. Als Optimierung führen wir aus diesem Grund die Übersetzungsfunktion code_B ein, welche für einen Ausdruck e eine Instruktionsfolge liefert, die
den Wert von e oben auf dem Keller hinterlässt. Diese Funktion ist ganz analog zur
Übersetzungsfunktion zur Berechnung des R-Werts eines Ausdrucks in C:

$$\text{code}_B\, b\, \rho\, kp \qquad = \quad \textbf{loadc}\, b$$

$$\text{code}_B\, (\square_1\, e)\, \rho\, kp \quad = \quad \text{code}_B\, e\, \rho\, kp$$
$$\textbf{op}_1$$

$$\text{code}_B\, (e_1\, \square_2\, e_2)\, \rho\, kp = \quad \text{code}_B\, e_1\, \rho\, kp$$
$$\text{code}_B\, e_2\, \rho\, (kp+1)$$
$$\textbf{op}_2$$

$$\text{code}_B\, (\textbf{if}\, e_0\, \textbf{then}\, e_1\, \textbf{else}\, e_2)\, \rho\, kp = \qquad \text{code}_B\, e_0\, \rho\, kp$$
$$\textbf{jumpz}\, A$$
$$\text{code}_B\, e_1\, \rho\, kp$$
$$\textbf{jump}\, B$$
$$A:\, \text{code}_B\, e_2\, \rho\, kp$$
$$B:\, ...$$

Dabei bezeichnen $\textbf{op}_1$ und $\textbf{op}_2$ die Instruktionen, die den jeweiligen Operator $\square_1$
bzw. $\square_2$ implementieren. Abweichend von der Übersetzungsfunktion code_R benötigt die Übersetzungsfunktion code_B neben der Adressumgebung ein weiteres Argument, den aktuellen *Kellerpegel* kp. Im Kellerpegel merken wir uns die Länge des
lokalen Kellers. Diese Zusatzinformation werden wir später benötigen, um die lokalen Variablen adressieren zu können.

Für alle übrigen Ausdrücke berechnen wir erst den Wert im Heap und dereferenzieren dann:

$$\text{code}_B\, e\, \rho\, kp = \text{code}_V\, e\, \rho\, kp$$
$$\textbf{getbasic}$$

Dabei liefert die Instruktion **getbasic** den Inhalt des B-Objekts, auf das der Verweis
oben auf dem Keller zeigt (Abb. 3.4). Falls der Verweis nicht auf ein B-Objekt zeigt,
wird ein Fehler gemeldet. Ein analoges Schema für die Übersetzung einfacher Ausdrücke in V-Code ist:

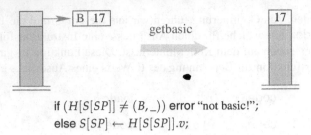

getbasic

if $(H[S[SP]] \neq (B, \_))$ error "not basic!";
else $S[SP] \leftarrow H[S[SP]].v$;

Abb. 3.4. Die Instruktion **getbasic**.

$$\text{code}_V \, b \, \rho \, kp \qquad\qquad = \qquad \textbf{loadc } b; \textbf{ mkbasic}$$

$$\text{code}_V \, (\square_1 \, e) \, \rho \, kp \qquad = \qquad \text{code}_B \, e \, \rho \, kp$$
$$\textbf{op}_1; \textbf{ mkbasic}$$

$$\text{code}_V \, (e_1 \, \square_2 \, e_2) \, \rho \, kp \qquad = \qquad \text{code}_B \, e_1 \, \rho \, kp$$
$$\text{code}_B \, e_2 \, \rho \, (kp + 1)$$
$$\textbf{op}_2; \textbf{ mkbasic}$$

$$\text{code}_V \, (\textbf{if } e_0 \textbf{ then } e_1 \textbf{ else } e_2) \, \rho \, kp = \qquad \text{code}_B \, e_0 \, \rho \, kp$$
$$\textbf{jumpz } A$$
$$\text{code}_V \, e_1 \, \rho \, kp$$
$$\textbf{jump } B$$
$$A : \text{code}_V \, e_2 \, \rho \, kp$$
$$B : \dots$$

Die Idee besteht darin, wann immer möglich, auf direkte Auswertung auf dem Keller umzuschalten, d.h. B-Code zu verwenden, und erst zum Schluss das Ergebnis der Berechnung in der Halde zu erzeugen. Dazu dient die Instruktion **mkbasic** (Abb. 3.5). Diese Instruktion erzeugt für den Wert, den sie oben auf dem Keller findet, ein neues B-Objekt.

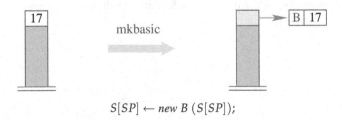

mkbasic

$S[SP] \leftarrow new \, B \, (S[SP])$;

Abb. 3.5. Die Instruktion **mkbasic**.

Damit können wir bereits Ausdrücke übersetzen wie:

$$2 + (\textbf{if } 3 \textbf{ then } 4 - 5 \textbf{ else } 0)$$

Ausdrücke ohne Variablen sind jedoch nicht sehr spannend. Das Kernproblem, womit wir uns deshalb als nächstes beschäftigen müssen, ist der Zugriff auf Variablen.

3.5 Der Zugriff auf Variablen

Betrachten wir z.B. die Funktion f :

$$\textbf{fun } a \to \textbf{let } b = a \cdot a$$
$$\textbf{in } b + c$$

Die Funktion f benutzt die *globale* Variable c sowie die *lokalen* Variablen a (als formalem Parameter) und b (eingeführt durch **let**). Gemäß dem Konzept der statischen Bindung wird der Wert einer globalen Variablen bereits beim Anlegen der Funktion bestimmt und später nur nachgeschlagen.

Die Idee bei unserer Übersetzung besteht deshalb darin, die Bindungen der globalen Variablen in einem Vektor in der Halde zu verwalten, dem *Global-Vektor* (Global Vector). Beim Anlegen eines F-Objekts muss darum der Global-Vektor für die Funktion ermittelt und in der gp-Komponente abgelegt werden. Bei der Auswertung eines Ausdrucks zeigt das neue Register GP (der Global Pointer) auf den aktuellen Global-Vektor. Die lokalen Variablen verwalten wir dagegen auf dem Keller. Um zwischen lokalen und globalen Variablen unterscheiden zu können, haben deshalb die Adressumgebungen die Form:

$$\rho : \textit{Vars} \to \{L, G\} \times \mathbb{Z}$$

Die globalen Variablen nummerieren wir geeignet durch und adressieren sie *relativ* zum Anfang des aktuellen Global-Vektors. Die Adressierung der lokalen Variablen dagegen hängt entscheidend von der Organisation unserer Kellerrahmen für Funktionen ab. Prinzipiell gibt es hier zwei Möglichkeiten.

Sei $e'\ e_0\ \ldots\ e_{m-1}$ die Anwendung einer Funktion e' auf Argumente $e_0, \ldots, e_{m-1}$. Die erste Möglichkeit besteht darin, die aktuellen Parameter e_i von links nach rechts auszuwerten und in dieser Reihenfolge auf dem Keller zu hinterlassen (Abb. 3.6). Zeigt das Register FP auf die oberste Zelle vor Auswertung der Argumente, können die Argumente relativ zu FP adressiert werden. Stellt sich jedoch heraus, dass die Auswertung der Funktion e' eine Funktion f liefert, die bereits auf Argumente $a_0, \ldots, a_{k-1}$ angewandt ist, müssen diese neuen Parameter mühsam unten in den Keller eingefügt werden.

Alternativ könnten wir eine Strategie wählen, die bereits bei der Übersetzung von C zum Einsatz kam: wir werten die Argumente nicht von links nach rechts, sondern von rechts nach links aus (Abb. 3.7). Im Falle von C erwies sich diese Vorgehensweise als nützlich, weil eine C-Funktion mit weiteren optionalen Argumenten aufgerufen werden kann. Wertet sich bei dieser Anordnung der Argumente der

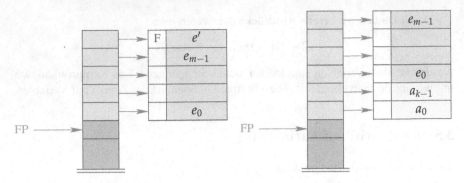

Abb. 3.6. Eine mögliche Kellerorganisation.

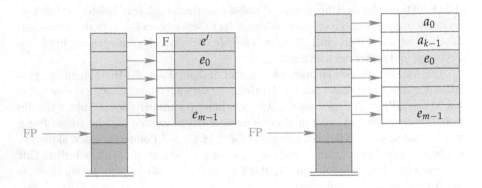

Abb. 3.7. Eine bessere Kellerorganisation.

FuL-Ausdruck e' zu einer Funktion f aus, die partiell auf Argumente $a_0, \ldots, a_{k-1}$ angewandt ist, können diese direkt oben auf den Keller gelegt werden.

Diese Anordnung hat nur einen kleinen Schönheitsfehler: eine Adressierung der formalen Parameter relativ zu einem festen Register ist möglich, falls wir ein weiteres Register einführen (s. Aufgabe 8). Dies werden wir hier jedoch nicht tun. Stattdessen wählen wir eine Adressierung relativ zum Kellerzeiger SP!

Das ist nicht so unsinnig, wie es auf den ersten Blick scheinen mag. Zwar ändert sich der SP während der Programmausführung ständig. Es zeigt sich jedoch, dass er an jedem Programmpunkt auf eine Adresse im Keller zeigt, die einen festen und bereits zur Übersetzungszeit bestimmbaren Abstand zu der obersten Kellerzelle SP_0 beim letzten Betreten einer Funktion besitzt (Abb. 3.8). Dieser feste Abstand $kp = SP - SP_0$ ist genau der *Kellerpegel*, den wir unseren Codeerzeugungsfunktionen als zusätzlichen Parameter mitgegeben haben.

Für die formalen Parameter $x_0, x_1, x_2, \ldots$ können wir nacheinander die nichtpositiven Relativadressen $0, -1, -2, \ldots$, vergeben, d.h. $\rho\, x_i = (L, -i)$.

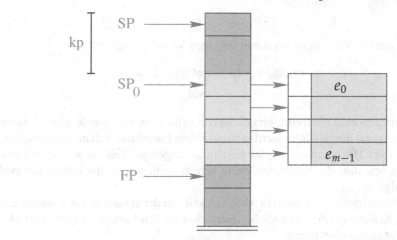

Abb. 3.8. Der Kellerpegel der MaMa.

Die *absolute* Adresse des i-ten formalen Parameters ergibt sich dann als

$$SP_0 + (-i) = (SP - kp) - i = SP - (kp + i)$$

Die lokalen, durch **let** oder **let rec** eingeführten Variablen $y_1, y_2, y_3, \ldots$ legen wir nacheinander oben auf dem Keller ab (Abb. 3.9). Die y_i erhalten darum positive

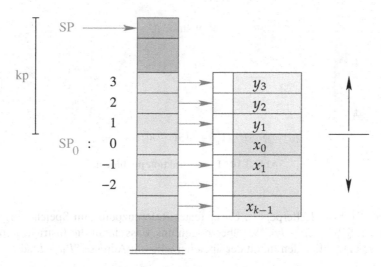

Abb. 3.9. Die lokalen Variablen der MaMa.

Relativadressen $1, 2, 3, \ldots$, d.h.: $\rho \; y_j = (L, j)$. Die absolute Adresse von y_j ergibt sich dann als

$$SP_0 + j = (SP - kp) + j = SP - (kp - j)$$

Im Falle von CBN erzeugen wir damit für einen Variablenzugriff:

$$\text{code}_V \; x \; \rho \; kp = \text{getvar} \; x \; \rho \; kp$$

eval

Die Instruktion **eval** überprüft, ob der Wert bereits berechnet wurde oder ob seine Auswertung erst durchgeführt werden muss. Diese Instruktion behandeln wir später. Im Falle von CBV werden keinerlei Abschlüsse angelegt. Weil wir stets davon ausgehen können, dass die benötigten Werte bereits vorliegen, ist die Instruktion **eval** überflüssig.

Das Makro getvar selektiert in Abhängigkeit von der aktuellen Adressumgebung und dem Kellerpegel die tatsächliche Instruktion für den Variablenzugriff. Das Makro getvar ist definiert durch:

$$\text{getvar} \; x \; \rho \; kp = \textbf{match} \; \rho \; x \; \textbf{with}$$
$$(L, i) \rightarrow \textbf{pushloc} \; (kp - i)$$
$$| \; (G, j) \rightarrow \textbf{pushglob} \; j$$

Zur Behandlung lokaler wie globaler Variablen benötigen wir neue Instruktionen. Für den Zugriff auf eine lokale Variable ist dies die Instruktion **pushloc** n (Abb. 3.10). Diese Instruktion lädt den Inhalt der Kellerzelle mit Adresse n relativ zum aktuellen SP oben auf den Keller. Seien sp und kp die aktuellen Werte des Keller-

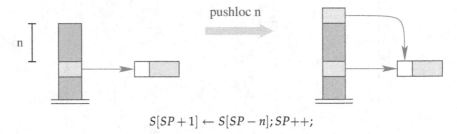

$$S[SP + 1] \leftarrow S[SP - n]; SP{+}{+};$$

Abb. 3.10. Die Instruktion **pushloc** n.

zeigers SP bzw. Kellerpegels. Unser fester Referenzpunkt im Speicher ergibt sich dann als: $SP_0 = sp - kp$. Wir überzeugen uns, dass damit die Instruktion **pushloc** $(kp - i)$ tatsächlich den Inhalt der Speicherzelle mit Adresse $SP_0 + i$ lädt:

$$sp - (kp - i) = (sp - kp) + i = sp_0 + i$$

Der Zugriff auf die globalen Variablen ist viel einfacher. Hierzu führen wir die Instruktion **pushglob** j ein (Abb. 3.11). Diese Instruktion kopiert aus dem Vektor, auf den das Register GP zeigt, den Eintrag mit Index j auf den Keller.

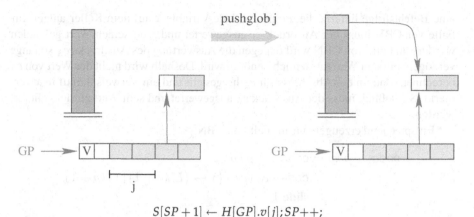

$$S[SP+1] \leftarrow H[GP].v[j]; SP++;$$

Abb. 3.11. Die Instruktion **pushglob** j.

Beispiel 3.5.1 Betrachten wir den Ausdruck $e \equiv (b + c)$ für eine Adressumgebung $\rho = \{b \mapsto (L, 1), c \mapsto (G, 0)\}$ und einen Kellerpegel $kp = 1$. Dann erhalten wir für CBN:

$code_V\ e\ \rho\ 1$	$=$ getvar $b\ \rho\ 1$	$=$ 1 **pushloc** 0
	eval	2 **eval**
	getbasic	2 **getbasic**
	getvar $c\ \rho\ 2$	2 **pushglob** 0
	eval	3 **eval**
	getbasic	3 **getbasic**
	add	3 **add**
	mkbasic	2 **mkbasic**

In der ersten Spalte haben wir alle Instruktionen bis auf diejenigen für die Variablenzugriffe bereits generiert. Die zweite Spalte enthält zusätzlich die entsprechend dem jeweiligen Kellerpegel zu wählenden Instruktionen für die Variablenzugriffe. Zur Verdeutlichung haben wir jeweils links neben die einzelnen Instruktionen den Kellerpegel vor der Ausführung der Instruktion vermerkt. Das Argument des Befehls **pushloc** ergibt sich dabei als:

$$kp - \rho b = 1 - 1 = 0$$

□

3.6 *let*-Ausdrücke

Zum Aufwärmen betrachten wir nun die Behandlung lokaler, *let*-definierter Variablen. Sei $e \equiv \mathbf{let}\ x = e_1\ \mathbf{in}\ e_0$ ein *let*-Ausdruck. Die Übersetzung von e muss eine Befehlsfolge liefern, die die neue lokale Variable x auf dem Keller anlegt. Im Falle von CBV muss der Ausdruck e_1 ausgewertet und x an seinen Wert gebunden werden. Im Falle von CBN wird dagegen die Auswertung des Ausdrucks e_1 so lange verzögert, bis sein Wert tatsächlich benötigt wird. Deshalb wird nicht der Wert von e_1 berechnet, sondern ein Abschluss für e_1 hergestellt und ein Verweis darauf in x vermerkt. Schließlich muss der Ausdruck e_0 ausgewertet und sein Wert zurückgeliefert werden.

Entsprechend erzeugen wir im Fall von CBN:

$$\mathsf{code_V}\ e\ \rho\ kp = \mathsf{code_C}\ e_1\ \rho\ kp$$
$$\mathsf{code_V}\ e_0\ (\rho \oplus \{x \mapsto (L, kp + 1)\})\ (kp + 1)$$
$$\mathbf{slide}\ 1$$

Der *slide*-Befehl gibt am Ende den Platz für die lokale Variable x wieder frei. Im Falle von CBV muss der Wert der Variablen x dagegen sofort ermittelt werden. Darum benutzen wir in diesem Fall zur Codeerzeugung für den Ausdruck e_1 anstelle von $\mathsf{code_C}$ die Code-Funktion $\mathsf{code_V}$.

Beispiel 3.6.1 Betrachten wir den Ausdruck:

$$e \equiv \mathbf{let}\ a = 19\ \mathbf{in\ let}\ b = a \cdot a\ \mathbf{in}\ a + b$$

für $\rho = \emptyset$ und $kp = 0$. Dann ergibt sich (für CBV):

0	**loadc** 19	3	**getbasic**	3	**pushloc** 1
1	**mkbasic**	3	**mul**	4	**getbasic**
1	**pushloc** 0	2	**mkbasic**	4	**add**
2	**getbasic**	2	**pushloc** 1	3	**mkbasic**
2	**pushloc** 1	3	**getbasic**	3	**slide** 1
				2	**slide** 1

□

Der Befehl **slide** k gibt den Platz von k lokalen Variablen wieder frei (Abb. 3.12). Die allgemeinere Form dieser MaMa-Instruktion deutet schon an, dass es bei einer Folge ineinander geschachtelter *let*-Ausdrücke wie in Beispiel 3.6.1 ungeschickt ist, jede Variable einzeln freizugeben. Stattdessen lässt sich eine Folge von Instruktionen **slide** 1 der Länge k stets zu einem Befehl **slide** k zusammenfassen.

3.7 Funktionsdefinitionen

Wenden wir uns nun der Implementierung einer Funktion:

$$f \equiv \mathbf{fun}\ x_0 \ldots x_{k-1} \to e$$

zu. Für die Funktion f müssen wir Code erzeugen, die einen *funktionalen Wert* für f in der Halde anlegt. Das erfordert:

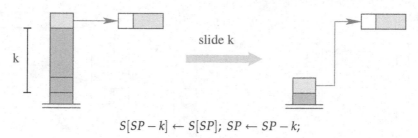

$$S[SP - k] \leftarrow S[SP]; \; SP \leftarrow SP - k;$$

Abb. 3.12. Die Instruktion **slide** k.

- Erzeugen des Global-Vektors mit den Bindungen der in f freien Variablen;
- Erzeugen eines F-Objekts, das zusätzlich einen (zuerst leeren) Argumentvektor enthält sowie die Anfangsadresse des Codes zur Auswertung des Rumpfs; und schließlich
- Code zur Auswertung des Rumpfs.

Diese Aufgaben können wir direkt in ein Codeerzeugungsschema umsetzen:

$$
\begin{aligned}
\mathrm{code_V}\,(\mathbf{fun}\ x_0 \ldots x_{k-1} \to e)\ \rho\ kp = \quad &\mathrm{getvar}\ z_0\ \rho\ kp \\
&\mathrm{getvar}\ z_1\ \rho\ (kp + 1) \\
&\ldots \\
&\mathrm{getvar}\ z_{g-1}\ \rho\ (kp + g - 1) \\
&\mathbf{mkvec}\ g \\
&\mathbf{mkfunval}\ A \\
&\mathbf{jump}\ B \\
A : \ &\mathbf{targ}\ k \\
&\mathrm{code_V}\ e\ \rho'\ 0 \\
&\mathbf{return}\ k \\
B : \ &\ldots
\end{aligned}
$$

wobei

$$\{z_0, \ldots, z_{g-1}\} = \mathrm{free}(\mathbf{fun}\ x_0 \ldots x_{k-1} \to e) \qquad \text{und}$$
$$\rho' = \{x_i \mapsto (L, -i) \mid i = 0, \ldots, k-1\} \ \cup$$
$$\{z_j \mapsto (G, j) \mid j = 0, \ldots, g-1\}$$

Beachten Sie, dass die Menge der globalen Variablen statisch bekannt ist: sie kann mithilfe unserer Funktion free bestimmt werden. Die Folge der Aufrufe des Makro getvar legt die Verweise auf die globalen Variablen der Funktion nacheinander auf den Keller. Für jeden weiteren Verweis muss der Kellerpegel entsprechend erhöht werden. Der Befehl **mkvec** g (Abb. 3.13) stellt aus der Abfolge der Verweise auf die globalen Variablen oben auf dem Keller einen Vektor in der Halde her. Er entfernt die entsprechenden Zellen vom Keller und hinterlegt dort einen Verweis auf das neu erzeugte V-Objekt. Die Instruktion **mkfunval** A (Abb. 3.14) konstruiert aus der An-

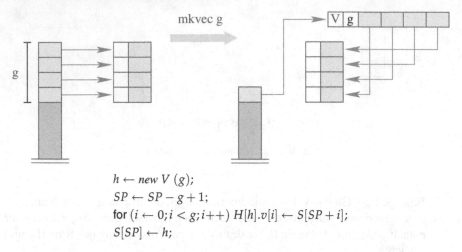

$$h \leftarrow new\ V\ (g);$$
$$SP \leftarrow SP - g + 1;$$
$$\textbf{for}\ (i \leftarrow 0; i < g; i{+}{+})\ H[h].v[i] \leftarrow S[SP+i];$$
$$S[SP] \leftarrow h;$$

Abb. 3.13. Die Instruktion **mkvec** g.

fangsadresse A für die Auswertung der Funktion und dem Vektor für die Bindungen der globalen Variablen das F-Objekt für die Funktion. Zusätzlich initialisiert diese Instruktion noch die Argumentvektor-Komponente des neuen F-Objekts mit einem leeren Vektor.

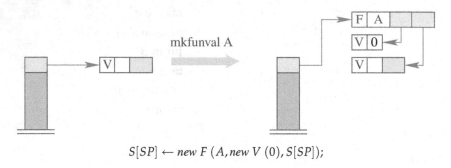

$$S[SP] \leftarrow new\ F\ (A, new\ V\ (0), S[SP]);$$

Abb. 3.14. Die Instruktion **mkfunval** A.

Unser Übersetzungsschema stellt auch den Code bereit, der bei einem Funktions-aufruf ausgeführt werden soll. Das ist sinnvoll, weil dieser Code dieselbe Zuordnung von globalen Variablen zu Positionen im Global-Vektor verwenden muss, die beim Einpacken der Bindungen benutzt wurde. Andererseits darf diese Instruktionsfolge bei Erstellung des F-Objekts selbst keineswegs ausgeführt werden: deshalb wird die-ser Codeabschnitt übersprungen, um dahinter an der Stelle B fortzufahren.

Der Code für die Abarbeitung eines Aufrufs der Funktion steht somit zwischen den Marken A und B. Im Wesentlichen besteht er aus dem V-Code für den Rumpf, mit einer Instruktion **targ** k davor und einer Instruktion **return** k dahinter, wobei k die Anzahl der Argumente ist, die für eine Abarbeitung des Rumpfs erforderlich sind. Diese beiden Instruktionen behandeln wir im Detail in Kapitel 3.9. Hier sei nur so viel verraten, dass die Instruktion **targ** k zur Behandlung von Unterversorgung mit Argumenten und die Instruktion **return** k für die Endbehandlung des Aufrufs und eventuelle Überversorgung mit Argumenten zuständig ist.

Beispiel 3.7.1 Betrachten wir die Funktion $f \equiv$ **fun** $b \rightarrow a + b$ in einer Adressumgebung $\rho = \{a \mapsto (L, 1)\}$ mit Kellerpegel $kp = 1$. Dann liefert der Aufruf code$_V$ $f \rho 1$:

1	**pushloc** 0	0	**pushglob** 0	2	**getbasic**
2	**mkvec** 1	1	**eval**	2	**add**
2	**mkfunval** A	1	**getbasic**	1	**mkbasic**
2	**jump** B	1	**pushloc** 1	1	**return** 1
0	$A :$ **targ** 1	2	**eval**	2	$B :$ ...

□

3.8 Funktionsanwendungen

Funktionsanwendungen entsprechen Funktionsaufrufen in C. Die für eine Funktionsanwendung erzeugte Befehlsfolge muss dafür sorgen, dass bei Eintritt in die Funktion auf dem Keller die Verhältnisse herrschen, die bei der Übersetzung der Funktionsdefinition vorausgesetzt werden. Notwendige Aktionen zur Auswertung einer Funktionsanwendung $e' e_0 \ldots e_{m-1}$ sind damit:

- Anlegen eines Kellerrahmens;
- Parameterübergabe, d.h. für CBV Auswerten der aktuellen Parameter bzw. im Fall von CBN Anlegen von Abschlüssen für die aktuellen Parameter;
- Auswerten der Funktion e' zu einem F-Objekt;
- Anwenden der Funktion.

Für CBN gibt das Anlass zu dem folgenden Übersetzungsschema:

$$
\begin{aligned}
\text{code}_V \ (e' \ e_0 \ \ldots \ e_{m-1}) \ \rho \ kp = \quad & \textbf{mark } A \\
& \text{code}_C \ e_{m-1} \ \rho \ (kp + 3) \\
& \text{code}_C \ e_{m-2} \ \rho \ (kp + 4) \\
& \ldots \\
& \text{code}_C \ e_0 \ \rho \ (kp + m + 2) \\
& \text{code}_V \ e' \ \rho \ (kp + m + 3) \\
& \textbf{apply} \\
A : & \ldots
\end{aligned}
$$

Tatsächlich ist dieses Schema ganz analog dem Übersetzungsschema für Aufrufe von C-Funktionen aufgebaut. Der Befehl **mark** A legt einen Kellerrahmen für den Aufruf an. Dann werden die aktuellen Parameter von rechts nach links abgearbeitet. Im Falle einer CBN-Semantik erzeugen wir Code zum Anlegen der entsprechenden Abschlüsse, deshalb die Benutzung von code$_C$ für die e_i. Im Falle einer CBV-Semantik müssen wir stattdessen Code zum Auswerten der Argumente erzeugen, d.h. statt der code$_C$-Funktion die code$_V$-Funktion für die e_i verwenden. Beachten Sie, dass sich mit jeder Referenz, die auf dem Keller abgelegt wird, der Kellerpegel für den nächsten Aufruf einer Codeerzeugungsfunktion erhöht.

Nachdem die aktuellen Parameter übersetzt sind, muss Code zur Ermittlung der aufzurufenden Funktion erzeugt werden. Dies besorgt der Aufruf der Codeezeugungsfunktion code$_V$ für e'. Zur Laufzeit wird diese Instruktionsfolge auf dem Keller einen Verweis auf ein F-Objekt hinterlassen. Wir benötigen darum einen weiteren Befehl, der dieses F-Objekt auspackt und den entsprechenden Code zur Ausführung der Funktion anspringt. Das leistet die Instruktion **apply**.

Beispiel 3.8.1 Für einen Aufruf $(f\ 42)$ in der Adressumgebung $\rho = \{f \mapsto (L, 2)\}$ bei Kellerpegel $kp = 2$ liefert unser Schema für CBV:

2	**mark** A	6	**mkbasic**	7	**apply**
5	**loadc** 42	6	**pushloc** 4	3	$A : ...$

Als etwas größeres zusammenhängendes Beispiel betrachten wir den Ausdruck:

$$\textbf{let } a = 17 \textbf{ in let } f = \textbf{fun } b \rightarrow a + b \textbf{ in } f\ 42$$

Teile dieses Ausdrucks haben wir bereits in den vorigen Beispielen behandelt. Bei CBV-Semantik der Programmiersprache erhalten wir für kp = 0 insgesamt:

0	**loadc** 17	2	**jump** B	2	**getbasic**	5		**loadc** 42	
1	**mkbasic**	0	$A :$ **targ** 1	2	**add**	5		**mkbasic**	
1	**pushloc** 0	0	**pushglob** 0	1	**mkbasic**	6		**pushloc** 4	
2	**mkvec** 1	1	**getbasic**	1	**return** 1	7		**apply**	
2	**mkfunval** A	1	**pushloc** 1	2	$B :$ **mark** C	3	$C :$	**slide** 2	

☐

Bevor wir an die Implementierung der neuen Instruktionen gehen können, müssen wir uns über die Organisation eines Kellerrahmens zur Auswertung eines Funktionsaufrufs im Klaren sein (Abb. 3.15). Wie die C-Maschine benötigt auch die MaMa drei organisatorische Zellen, in denen die Werte der Register GP, FP und PC vor dem Aufruf gerettet werden, um sie nach Beendigung des Aufrufs restaurieren zu können. Wir verständigen uns darauf, dass der Rahmenzeiger FP auf die oberste organisatorische Zelle zeigt. Die Argumente der Funktion liegen damit oberhalb des FP. Oberhalb der Argumente beginnt der lokale Keller für Zwischenergebnisse und weitere lokale Variablen.

Damit können wir nun bestimmen, was die Instruktion **mark** A tun soll (Abb. 3.16). Im Gegensatz zu dem entsprechenden Befehl der C-Maschine rettet er hier

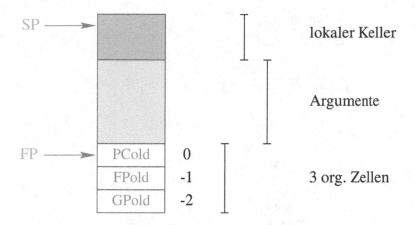

Abb. 3.15. Der Kellerrahmen der MaMa.

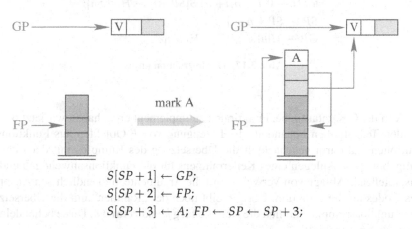

$$S[SP+1] \leftarrow GP;$$
$$S[SP+2] \leftarrow FP;$$
$$S[SP+3] \leftarrow A;\ FP \leftarrow SP \leftarrow SP+3;$$

Abb. 3.16. Die Instruktion **mark** A.

alle drei Register. Wie bei der C-Maschine legen wir die Rücksprungadresse als letzte auf den Keller. Deshalb benötigt er als Argument die Adresse, an der die Programmausführung nach Rückkehr aus dem Funktionsaufruf fortfahren soll. Weiterhin setzt er bereits den neuen Rahmenzeiger auf die oberste organisatorische Zelle, hier den geretteten *PC*.

Der Befehl **apply** muss das *F*-Objekt, auf das (hoffentlich) oben auf dem Keller ein Verweis liegt, auspacken und an der dort angegebenen Adresse fortfahren (Abb. 3.17). Beachten Sie, dass das 0-te Element des Argumentvektors zuerst auf den Keller gelegt wird. Diese Konvention müssen wir berücksichtigen, um eine unterversorgte Funktion zu einem *F*-Objekt einzupacken. Dieses 0-te Element muss also die *äußerste* Argumentreferenz der unterversorgten Funktion darstellen.

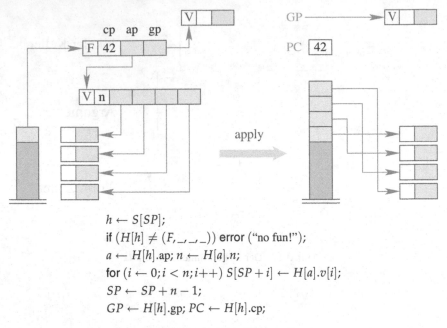

$h \leftarrow S[SP];$

if $(H[h] \neq (F, \_, \_, \_))$ error ("no fun!");

$a \leftarrow H[h].\text{ap}; n \leftarrow H[a].n;$

for $(i \leftarrow 0; i < n; i{+}{+})\ S[SP+i] \leftarrow H[a].v[i];$

$SP \leftarrow SP + n - 1;$

$GP \leftarrow H[h].\text{gp}; PC \leftarrow H[h].\text{cp};$

Abb. 3.17. Die Instruktion **apply**.

Von der Gesamtaufgabe, Funktionen zu implementieren, haben wir jetzt die folgenden Teilaufgaben behandelt: die Erzeugung von F-Objekten aus Funktionsdefinitionen und darin geschachtelt die Übersetzung des Rumpfes mit der richtigen Umgebung; das Anlegen eines Kellerrahmens für die Funktionsanwendung und die anschließende Ablage von Verweisen auf die Argumente, und endlich den Ansprung des Codes für die Funktion. Übrig bleibt noch der „Rahmen" um die Übersetzung des Funktionsrumpfs, nämlich die Befehle **targ** k und **return** k. Diese behandeln wir im nächsten Abschnitt.

3.9 Unter- und Überversorgung mit Argumenten

Der erste Befehl, der zur Laufzeit nach einem **apply** ausgeführt wird, ist **targ** k. Er überprüft, ob bereits genügend Argumente vorliegen, um den Funktionsrumpf auszuführen. Die Anzahl der Argumente ist gegeben durch die Differenz $SP - FP$. Sind genügend Argumente vorhanden, d.h. ist $SP - FP \geq k$, soll der Rumpf normal betreten werden. Sind nicht genügend Argumente vorhanden, d.h. ist $SP - FP < k$, liefert **targ** k als Ergebnis ein neues F-Objekt zurück.

Der Befehl **targ** k ist ein relativ komplizierter Befehl. Um seinen Effekt besser zu verstehen, zerlegen wir seine Ausführung darum in mehrere Schritte:

targ k = if $(SP - FP < k)$ {

    mkvec0;   // Anlegen des Argument-Vektors

    .   **wrap;**   // Anlegen des F-Objekts

    popenv;   // Aufgeben des Kellerrahmens

}

Die Zusammenfassung dieser festen Schrittabfolge zu einem Befehl können wir wieder als eine Optimierung auffassen.

Die erste Teilaufgabe, die wir im Falle von Unterversorgung zu erledigen haben,

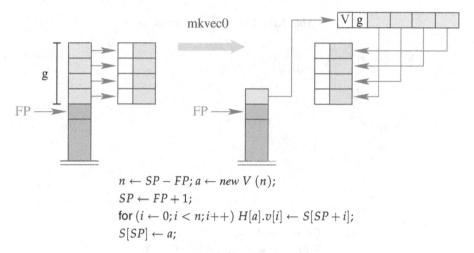

$n \leftarrow SP - FP; a \leftarrow new\ V\ (n);$

$SP \leftarrow FP + 1;$

for $(i \leftarrow 0; i < n; i++)\ H[a].v[i] \leftarrow S[SP + i];$

$S[SP] \leftarrow a;$

Abb. 3.18. Die Instruktion **mkvec0**.

ist das Einpacken der Argumentverweise zwischen SP und FP in einen Vektor. Das erledigt unsere Mikroinstruktion **mkvec0** (Abb. 3.18).

Anschließend wird dieser Argumentvektor zusammen mit dem aktuellen GP wieder zu einem F-Objekt eingepackt. Dazu haben wir die Mikroinstruktion **wrap** eingeführt (Abb. 3.19). Beachten Sie, dass diese Instruktion die Anfangsadresse des Codes zur Ausführung des Funktionsaufrufs mit einpacken muss, d.h. in unserem Fall die Adresse der Instruktion **targ** k. Da sich während der Abfolge der Mikroinstruktionen der PC nicht ändert, ist dies gerade der aktuelle Inhalt des Registers PC, vermindert um 1.

Bleibt schließlich noch, den Kellerrahmen aufzugeben und das konstuierte F-Objekt als Ergebnis zurückzuliefern. Das leistet die Mikroinstruktion **popenv** (Abb. 3.20). Beachten Sie, dass unsere Mikroinstruktion **popenv** geringfügig allgemeiner definiert ist als für ihre Anwendung in **targ** k erforderlich: zwischen dem Rückgabewert oben auf dem Keller und den organisatorischen Zellen dürfen beliebig viele weitere Zellen liegen. Bei Unterversorgung mit Argumenten erhalten wir damit für **targ** k die Transformation aus Abb. 3.21.

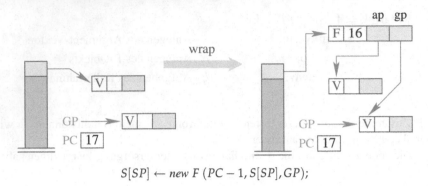

$$S[SP] \leftarrow new\ F\ (PC - 1, S[SP], GP);$$

Abb. 3.19. Die Instruktion **wrap**.

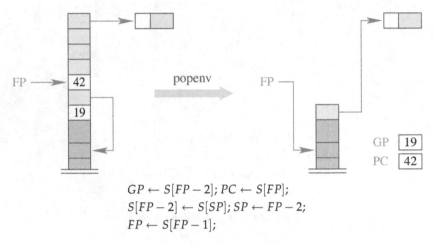

$$GP \leftarrow S[FP - 2];\ PC \leftarrow S[FP];$$
$$S[FP - 2] \leftarrow S[SP];\ SP \leftarrow FP - 2;$$
$$FP \leftarrow S[FP - 1];$$

Abb. 3.20. Die Instruktion **popenv**.

Die Instruktion **return** k sorgt für die Endbehandlung von Funktionsanwendungen. Ihr Argument k gibt die Anzahl der durch die abgeschlossene Bearbeitung konsumierten Argumente an. Sie behandelt zwei Fälle. Stehen im Kellerrahmen genau soviele Verweise auf Argumente, wie die angewandte Funktion benötigte, kann der aktuelle Kellerrahmen freigegeben und das Ergebnis zurückgeliefert werden. Stehen dagegen mehr Verweise auf Argumente im Kellerrahmen, als die Funktion benötigte, liegt eine *Überversorgung* der Funktion mit Argumenten vor. In diesem Fall sollte der aktuelle Aufruf mit den bereits konsumierten Argumenten eine Funktion als Ergebnis geliefert haben, welche in der Lage ist, weitere Argumente zu konsumieren. Da oberhalb der Argumente das Ergebnis der bisherigen Funktionsauswertung auf dem Keller liegt, ergibt sich die Anzahl der vorhandenen Argumente zu $SP - FP - 1$. Auch den relativ komplexen Befehl **return** k definieren wir mithilfe überschaubarer Mikroinstruktionen:

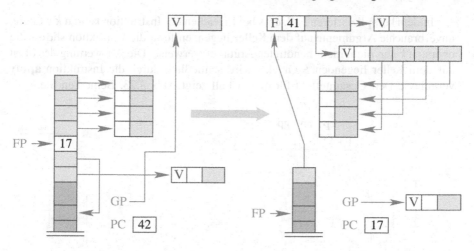

Abb. 3.21. Die Instruktion **targ** k bei Unterversorgung mit Argumenten.

return $k = $ **if** $(SP - FP - 1 \leq k)$
    popenv;   // Aufgeben des Kellerrahmens
    else {   // Es gibt noch weitere Argumente
        slide k;
        apply;   // erneuter Aufruf
    }

Tatsächlich verwenden wir hier ausschließlich bereits definierte (Mikro-) Instruktionen. Das Verhalten von **return** k für den Fall der richtigen Anzahl von Argumenten zeigt Abb. 3.22. In diesem Fall erledigt die Arbeit die Mikroinstruktion **popenv**.

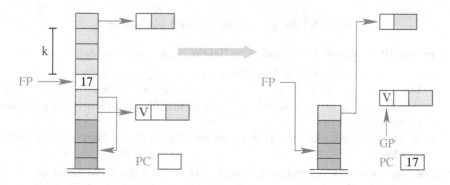

Abb. 3.22. Die Instruktion **return** k ohne Überversorgung mit Argumenten.

In dem komplizierteren Fall, dass bei Erreichen der Instruktion **return** k weitere, unverbrauchte Argumente auf dem Keller liegen, entfernt die Instruktion **slide** k die obersten k nun nicht mehr benötigten Argumentverweise. Die Auswertung des oben auf dem Keller liegenden F-Objekts wird schließlich durch die Instruktion **apply** veranlasst. Den Gesamteffekt für diesen Fall zeigt Abb. 3.23. Bemerken Sie, dass

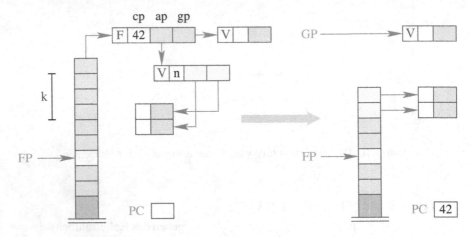

Abb. 3.23. Die Instruktion **return** k bei Überversorgung mit Argumenten.

dieser Folgeaufruf im selben Kellerrahmen erfolgt wie sein Vorgänger.

3.10 Rekursive Variablendefinitionen

Für eine rekursive Variablendefinition

$$e \equiv \textbf{let rec } y_1 = e_1 \textbf{ and} \ldots \textbf{and } y_n = e_n \textbf{ in } e_0$$

muss die Übersetzung eine Befehlsfolge liefern, die folgendes leistet:

- Zuerst müssen die lokalen Variablen $y_1, \ldots, y_n$ angelegt werden.
- Dann müssen die Ausdrücke $e_1, \ldots, e_n$ ausgewertet (im Fall von CBV) bzw. Abschlüsse für diese Ausdrücke hergestellt und die Variablen y_i entsprechend gebunden werden.
- Schließlich muss der Ausdruck e_0 ausgewertet und sein Wert zurückgeliefert werden.

Dabei müssen wir darauf achten, dass in einem *letrec*-Ausdruck die Variablen *simultan* definiert werden. Das bedeutet z.B., dass bereits im Ausdruck e_1 für die erste Variabe y_1 sämtliche Variablen $y_1, \ldots, y_n$ vorkommen dürfen. Das wird dadurch ermöglicht, dass vor der eigentlichen Definition der einzelnen Variablen für jede Variable y_i bereits eine Referenz auf einen leeren Abschluss, genannt *Dummy-Abschluss*,

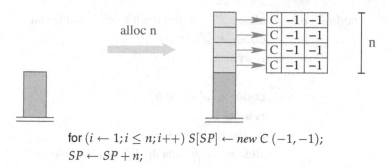

$$\text{for } (i \leftarrow 1; i \leq n; i++) \ S[SP] \leftarrow new \ C \ (-1, -1);$$
$$SP \leftarrow SP + n;$$

Abb. 3.24. Die Instruktion **alloc** n.

auf den Keller gelegt wird. Das leistet die MaMa-Instruktion **alloc** n (Abb. 2.29). Die leeren Abschlüsse werden später mit den richtigen Werten (bzw. bei CBN den richtigen Abschlüssen) überschrieben. Das leistet die Instruktion **rewrite** j (Abb. 3.25). Das Argument j der Instruktion ist die Differenz $a_2 - a_1$ zwischen zwei Adressen

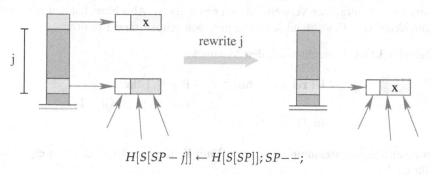

$$H[S[SP - j]] \leftarrow H[S[SP]]; SP--;$$

Abb. 3.25. Die Instruktion **rewrite** j.

a_1, a_2 im Keller. $S[a_1]$ enthält die Referenz auf einen Dummy-Abschluss, der mit dem Haldenobjekt überschrieben werden soll, dessen Referenz in $S[a_2]$ oben auf dem Keller steht. Damit wird also der Wert $H[S[a_1]]$ überschrieben; die Referenz $S[a_1]$ dagegen bleibt erhalten!

Insgesamt erhalten wir für rekursive Variablendefinitionen e das Schema:

$$\text{code}_V \, e \, \rho \, kp = \textbf{alloc} \, n \qquad // \text{ legt die lokalen Variablen an}$$

$$\text{code}_C \, e_1 \, \rho' \, (kp + n)$$

$$\textbf{rewrite} \, n$$

$$\cdots$$

$$\text{code}_C \, e_n \, \rho' \, (kp + n)$$

$$\textbf{rewrite} \, 1$$

$$\text{code}_V \, e_0 \, \rho' \, (kp + n)$$

$$\textbf{slide} \, n \qquad // \text{ gibt die lokalen Variablen auf}$$

wobei $\rho' = \rho \oplus \{y_i \mapsto (L, kp + i) \mid i = 1, \ldots, n\}$. Im Falle von CBV benutzen wir für die Ausdrücke $e_1, \ldots, e_n$ ebenfalls die Codeerzeugungsfunktion code_V. Sie sollten sich allerdings klar machen, dass im Falle von CBV die Auswertung der Ausdrücke e_j keinesfalls auf den Wert einer der Variablen y_i mit $i \geq j$ zugreifen darf! Dies ist gewährleistet, wenn wir bei CBV nur rekursive Definitionen von *Funktionen* zulassen.

Die leeren Abschlüsse werden der Reihe nach überschrieben. Bei Beginn der Ausführung des Codes für die e_i wie für den Hauptausdruck e_0 ist der Kellerpegel stets um n erhöht. Der Verweis auf den ersten leeren Abschluss hat den Abstand n zum aktuellen SP, während der letzte nur noch den Abstand 1 besitzt.

Beispiel 3.10.1 Betrachten wir den Ausdruck:

$$e \equiv \textbf{let rec} \, f \, = \, \textbf{fun} \, x \, y \, \rightarrow \, \textbf{if} \, y \leq 1 \, \textbf{then} \, x$$
$$\textbf{else} \, f \, (x \cdot y) \, (y - 1)$$
$$\textbf{in} \, f1$$

in einer leeren Adressumgebung $\rho = \emptyset$ mit Kellerpegel $kp = 0$. Dann ergibt sich (für CBV):

0	**alloc** 1	0	$A:$	**targ** 2	4		**loadc** 1	
1	**pushloc** 0	0		...	5		**mkbasic**	
2	**mkvec** 1	1		**return** 2	5		**pushloc** 4	
2	**mkfunval** A	2	$B:$	**rewrite** 1	6		**apply**	
2	**jump** B	1		**mark** C	2	$C:$	**slide** 1	

Den Code für den Rumpf von f haben wir zur Abkürzung weggelassen. □

Damit haben wir alle Bestandteile beisammen, um die Programmiersprache FuL mit CBV-Semantik zu übersetzen und auszuführen. Zur Implementierung von CBN fehlt uns noch die Implementierung der Instruktion **eval** zur Auswertung von Abschlüssen – und natürlich die Übersetzungsfunktion code_C zur Erzeugung von Abschlüssen. Dies ist Gegenstand des nächsten Abschnitts.

3.11 Abschlüsse und ihre Auswertung

Abschlüsse werden zur Implementierung von CBN benötigt. Bei CBN können wir bei Zugriff auf eine Variable nicht sicher sein, dass deren Wert bereits vorliegt. Ist das nicht der Fall, müssen wir einen Kellerrahmen anlegen, innerhalb dessen der Wert ermittelt wird. Diese Aufgabe erledigt die Instruktion **eval**. Auch diese Instruktion lässt sich in übersichtlichere Bestandteile zerlegen:

$$\textbf{eval} = \text{if } (H[S[SP]] = (C, \_\_)) \{$$

        mark0;   // Anlegen des Kellerrahmens

        pushloc 3;   // Kopieren des Verweises

        apply0;   // entspricht **apply**

}

Ein Abschluss kann aufgefasst werden als eine parameterlose Funktion, bei der folglich auf die *ap*-Komponente verzichtet werden kann. Auswerten des Abschlusses entspricht damit der Auswertung einer Anwendung einer solchen Funktion auf 0 Argumente. Damit kommen wir zu den einzelnen Schritten der Instruktion **eval**. Falls der Verweis oben auf dem Keller auf einen Abschluss zeigt, wird zuerst einmal ein Kellerrahmen angelegt. Dazu dient die Mikroinstruktion **mark0** (Abb. 3.26). Im Unterschied zu der uns bereits bekannten Instruktion **mark** A rettet **mark0** nicht eine feste Adresse A als Fortsetzungsadresse nach dem Aufruf, sondern den aktuellen PC, der ja gerade auf die erste Instruktion hinter **eval** zeigt.

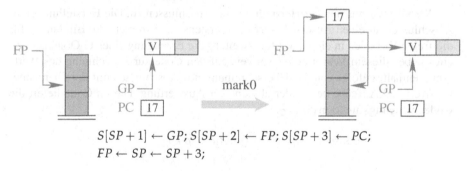

$$S[SP+1] \leftarrow GP; S[SP+2] \leftarrow FP; S[SP+3] \leftarrow PC;$$
$$FP \leftarrow SP \leftarrow SP+3;$$

Abb. 3.26. Die Mikroinstruktion **mark0**.

Nach Anlegen des Kellerrahmens kopiert **pushloc** 3 den Verweis auf den Abschluss unterhalb des Kellerrahmens oben auf den Keller. Die Mikroinstruktion **apply0** (Abb. 3.27) packt den Abschluss oben auf dem Keller aus und springt den zugehörigen Code an. Diese Instruktion verhält sich wie die uns bereits bekannte Instruktion **apply** — mit dem Unterschied, dass ein Abschluss keinen *ap*-Vektor enthält, dessen Verweise zuerst auf den Keller gelegt werden müssten.

Den zusammengesetzten Effekt der Instruktion **eval** zeigt Abb. 3.28.

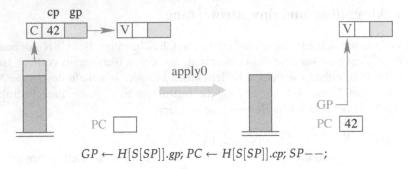

$$GP \leftarrow H[S[SP]].gp; PC \leftarrow H[S[SP]].cp; SP--;$$

Abb. 3.27. Die Mikroinstruktion **apply0**.

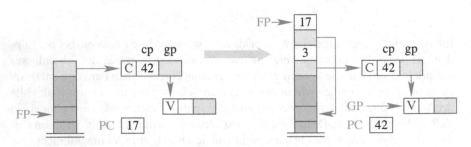

Abb. 3.28. Der Effekt der Instruktion **eval**.

Wenden wir uns nun der Herstellung von Abschlüssen zu. Die Herstellung eines Abschlusses für einen Ausdruck e erfordert erstens das Sammeln der Bindungen für die freien Variablen in einem Vektor, zweitens die Erzeugung eines C-Objekts, welches neben diesem Vektor einen Verweis auf den Code zur Berechnung des Werts von e enthält, gefolgt von der Überschreibung des Abschlusses mit dem berechneten Wert und Aufgabe des Kellerrahmens der Auswertung. Diesen Code liefert die Codeerzeugungsfunktion code_C:

$$
\begin{aligned}
\text{code}_C\ e\ \rho\ kp = \quad & \textsf{getvar}\ z_0\ \rho\ kp \\
& \textsf{getvar}\ z_1\ \rho\ (kp+1) \\
& \cdots \\
& \textsf{getvar}\ z_{g-1}\ \rho\ (kp+g-1) \\
& \textbf{mkvec}\ g \\
& \textbf{mkclos}\ A \\
& \textbf{jump}\ B \\
A: \quad & \text{code}_V\ e\ \rho'\ 0 \\
& \textbf{update} \\
B: \quad & \ldots
\end{aligned}
$$

wobei
$$\{z_0, \ldots, z_{g-1}\} = \text{free}(e) \qquad \text{und}$$
$$\rho' = \{z_i \mapsto (G, i) \mid i = 0, \ldots, g - 1\}$$

Den ersten Abschnitt des für den Ausdruck e erzeugten Codes kennen wir bereits von der Herstellung von F-Objekten, das Einpacken der Bindungen für die globalen Variablen in einen Vektor. Während wir dort mithilfe der Instruktion **mkfunval** A das F-Objekt herstellten, benutzen wir nun die neue Instruktion **mkclos** A, welche das entsprechende C-Objekt erzeugt (Abb. 3.29).

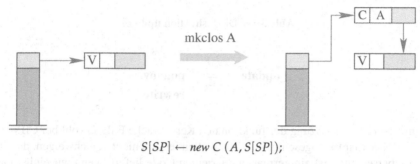

$$S[SP] \leftarrow new\ C\ (A, S[SP]);$$

Abb. 3.29. Die Instruktion **mkclos** A.

Beachten Sie, dass wir den Code zur Auswertung des Ausdrucks e direkt hinter den Code zur Erzeugung des Abschlusses platzieren. Insbesondere verwendet er für diesen die Adressumgebung ρ', die sich aus der von uns gewählten Anordnung der globalen Variablen innerhalb des Global-Vektors ergibt. Bevor wir die Instruktion **update** diskutieren, schauen wir uns ein Beispiel an.

Beispiel 3.11.1 Betrachten wir den Ausdruck $e \equiv a * a$ in der Adressumgebung $\rho = \{a \mapsto (L, 0)\}$ bei Kellerpegel $kp = 1$. Dann liefert $\text{code}_C\ e\ \rho\ kp$ die Folge:

1	**pushloc** 1	0	A :	**pushglob** 0	2		**getbasic**
2	**mkvec** 1	1		**eval**	2		**mul**
2	**mkclos** A	1		**getbasic**	1		**mkbasic**
2	**jump** B	1		**pushglob** 0	1		**update**
		2		**eval**	2	B :	**...**

In diesem Beispiel müssen wir nur die globale Variable a in einen Vektor einpacken. Der Code zur Auswertung des Ausdrucks steht in der zweiten und dritten Spalte. Ihm folgt die Instruktion **update**, mit deren Ausführung ein eventueller Aufruf von **eval** für den in der ersten Spalte erzeugten Abschluss endet. □

Die Instruktion **update** soll einerseits den Kellerrahmen für die Auswertung des Ausdrucks aufgeben. Andererseits soll sie den Verweis auf den gerade ausgewerteten Abschluss mit dem berechneten Wert überschreiben. Damit entpuppt sie sich als Kombination der beiden Instruktionen (Abb. 3.30):

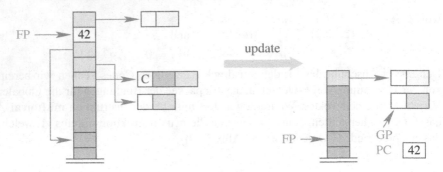

Abb. 3.30. Die Instruktion **update**.

$$\begin{aligned}
\textbf{update} \quad = \quad & \textbf{popenv} \\
& \textbf{rewrite } 1
\end{aligned}$$

Damit ist die Übersetzung der funktionalen Kernsprache FuL sowohl bei CBV- wie bei CBN-Semantik abgeschlossen. Wir wollen jedoch nicht verschweigen, dass unsere Übersetzung erst einigermaßen effizienten Code liefert, wenn wir einige Optimierungen eingebaut haben.

3.12 Optimierungen I: Globale Variablen

Eine erste Optimierung betrifft die Behandlung globaler Variablen. In funktionalen Programmen werden typischerweise viele F- oder C-Objekte konstruiert. Dies erfordert jedesmal das Einpacken sämtlicher globaler Variablen des entsprechenden Ausdrucks. Diese Arbeit ließe sich verringern, wenn wir eine *Mehrfachverwendung* von bereits konstruierten Vektoren erlaubten! Dies ist sinnvoll etwa bei der Übersetzung von *let*- oder *letrec*-Ausdrücken oder auch bei der Konstruktion der Folge von Abschlüssen für die aktuellen Parameter eines Funktionsaufrufs. Die mehrfach benutzbaren Vektoren merken wir uns wie lokale Variablen im Kellerrahmen mit entsprechenden Relativadressen, welche wir in der Adressumgebung verwalten.

Diese Optimierung ist häufiger anwendbar, wenn wir auch Global-Vektoren gestatten, die *mehr* Komponenten enthalten als nur die Variablen, die im Ausdruck vorkommen. Dann erscheint es auch sinnvoll, einen Zugriff auf den aktuellen Global-Vektor zu gestatten, z.B. mit einer Instruktion **copyglob** (Abb. 3.31).

Der Vorteil dieser Optimierung ist, dass die Konstruktion von F- und C-Objekten dadurch *öfter* billiger wird. Der Nachteil ist jedoch, dass wir gelegentlich überflüssige Komponenten in Global-Vektoren einbauen. Diese behindern jedoch die frühzeitige Freigabe nicht mehr benötigter Haldenobjekte, ein sehr unangenehmer Effekt, der zu sogenannten *Space Leaks* führen kann, also einer Programmausführung, die fortgesetzt Speicher konsumiert, obwohl tatsächlich viel weniger Platz für die Berechnung erforderlich ist.

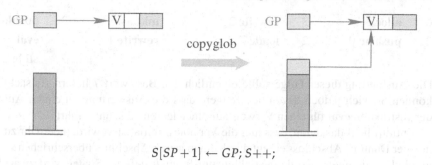

$$S[SP+1] \leftarrow GP; S{+}{+};$$

Abb. 3.31. Die Instruktion **copyglob**.

3.13 Optimierungen II: Abschlüsse

Eines der wesentlichen Probleme von Programmiersprachen mit CBN-Semantik ist, dass der Aufbau und die Verwaltung von Abschlüssen einen Aufwand erfordert, der oftmals überflüssig ist. Auf die Konstruktion eines Abschlusses für einen Ausdruck e kann man sicherlich verzichten, wenn die Berechnung des Werts von e nicht teurer ist als die Herstellung des Abschlusses selbst! Dies ist etwa der Fall, wenn der Ausdruck e eine Konstante ist. Darum definieren wir:

$$\text{code}_C \; b \; \rho \; kp = \text{code}_V \; b \; \rho \; kp = \textbf{loadc } b$$
$$\textbf{mkbasic}$$

Diese Folge ersetzt:

mkvec 0		**jump** B	**mkbasic**	$B : ...$
mkclos A	$A :$	**loadc** b	**update**

Ein weiterer Fall sind Variablenzugriffe. Variablen sind entweder an Werte oder bereits an C-Objekte gebunden. Eine erneute Konstruktion eines Abschlusses erscheint unsinnig. Deshalb setzen wir:

$$\text{code}_C \; x \; \rho \; kp = \text{getvar } x \; \rho \; kp$$

Diese eine Instruktion ersetzt die Instruktionsfolge:

getvar x ρ kp	**mkclos** A	$A :$	**pushglob** 0		**update**
mkvec 1	**jump** B		**eval**	$B :$	**...**

Beispiel 3.13.1 Betrachten wir den Ausdruck:

$$\textbf{let rec } a = b \textbf{ and } b = 7 \textbf{ in } a$$

Dann liefert bei CVN-Semantik $\text{code}_V \; e \; \emptyset \; 0$ mit unserer Optimierung die Folge:

0	**alloc** 2	3	**rewrite** 2	3	**mkbasic**	2	**pushloc** 1
2	**pushloc** 0	2	**loadc** 7	3	**rewrite** 1	3	**eval**
						3	**slide** 2

Die Ausführung dieser Folge sollte eigentlich den Basiswert 7 liefern. Tatsächlich können Sie sich jedoch davon überzeugen, dass die Auswertung zu einem Aufruf der Instruktion **eval** für einen Verweis auf einen leeren Abschluss führt.

Intuitiv liegt das daran, dass hier die Variable a initialisiert wird, indem ihr zugehöriger Dummy-Abschluss erneut durch einen leeren Abschluss überschrieben wird, nämlich denjenigen, den der Variablenzugriff auf b lieferte. Später wird zwar der leere Abschluss für b durch das B-Objekt $(B, 7)$ überschrieben; davon kann aber die Variable a nicht mehr profitieren. Offenbar liefert unsere Optimierung also nicht immer korrekten Code. □

Das Problem mit unserer optimierten Codeerzeugung für Variablenzugriffe entsteht tatsächlich nur bei rekursiven Definitionen von Variablen durch Variablen, bei denen eine Variable y als rechte Seite verwendet wird, bevor der ihr zugehörige leere Abschluss überschrieben wurde.

Dieses Problem können wir glücklicherweise umgehen, indem wir erstens (offenbar unsinnige) zyklische Variablendefinitionen wie $y = y$ zur Übersetzungszeit zurückweisen und ansonsten die Definitionen $y_i = y_j$ so anordnen, dass der leere Abschluss für y_j stets vor dem leeren Abschluss für y_i überschrieben wird.

Auch für Funktionen e kann die Codeerzeugungsfunktion code $_C$ verbessert werden: Funktionen sind bereits Werte, die nicht weiter evaluiert werden müssen. Anstatt Code zu erzeugen, der bei Bedarf ein F-Objekt erzeugt, können wir dieses auch direkt anlegen. Darum definieren wir:

$$\text{code}_C \ (\textbf{fun} \ x_0 \ldots x_{k-1} \to e) \ \rho \ kp = \text{code}_V \ (\textbf{fun} \ x_0 \ldots x_{k-1} \to e) \ \rho \ kp$$

Den Vergleich mit der entsprechenden unoptimierten Befehlsfolge überlassen wir Ihnen zur Übung.

Nach diesen Überlegungen komplettieren wir unser Programm der Codeerzeugung für funktionale Programme und erläutern, wie für ein ganzes Programm Code erzeugt wird.

3.14 Die Übersetzung eines Programmausdrucks

Die Ausführung für ein Programm e startet mit

$$PC = 0 \qquad SP = FP = GP = -1$$

Der Ausdruck e sollte keine freien Variablen enthalten. Der Code, den wir für e erzeugen, sollte den Wert von e ermitteln und dann eine Instruktion **halt** ausführen:

$$\text{code } e = \text{code}_V \; e \; \emptyset \; 0$$
$$\textbf{halt}$$

Damit ist die Codeerzeugung komplett. Es sollte jedoch nicht verschwiegen werden, dass die Code-Schemata, so wie wir sie bisher definiert haben, *Spaghetti-Code* liefern, ja, es wird die Anekdote kolportiert, dass jemand einen *obfuscated C contest* gewonnen habe, indem er eine Übersetzung eines funktionalen Programms nach C ablieferte.

In unserem Fall liegt der Grund darin, dass wir den Code zur Auswertung von Funktionsrümpfen und Abschlüssen stets direkt hinter den Befehlen **mkfunval** A bzw. **mkclos** A ablegen. Dieser Code könnte aber auch an einer beliebigen anderen Stelle im Programm stehen, also z.B. hinter dem **halt**-Befehl!

Eine solche Entwurfsentscheidung hätte den Vorteil, dass wir die direkten Sprünge über die Konstruktion von F- oder C-Objekten hinweg einsparen würden. Der Nachteil ist aber, dass unsere Codeerzeugungsfunktionen erheblich umständlicher würden, da sie zusätzlich einen *Codezwischenspeicher* verwalten müssten, in dem die ausgelagerten Programmstücke akkumuliert würden.

Wir verzichten deshalb auf ein solches Vorgehen und überlassen stattdessen die Sprungentwirrung einer separaten Optimierungsphase.

Beispiel 3.14.1 Betrachten wir das folgende Programm:

$$\textbf{let } a = 17 \textbf{ in } f = \textbf{fun } b \rightarrow a + b \textbf{ in } f \; 42$$

Entwirrung der Sprünge der Instruktionsfolge bei CBN-Semantik liefert:

0	**loadc** 17	2	**mark** B	3	$B:$ **slide** 2	1	**pushloc** 1
1	**mkbasic**	5	**loadc** 42	1	**halt**	2	**eval**
1	**pushloc** 0	6	**mkbasic**	0	$A:$ **targ** 1	2	**getbasic**
2	**mkvec** 1	6	**pushloc** 4	0	**pushglob** 0	2	**add**
2	**mkfunval** A	7	**eval**	1	**eval**	1	**mkbasic**
		7	**apply**	1	**getbasic**	1	**return** 1

□

3.15 Strukturierte Daten

Jede brauchbare funktionale Programmiersprache verfügt nicht nur über einfache Datentypen wie etwa ganze Zahlen und Boolesche Werte, sondern auch über strukturierte Datentypen wie Tupel und Listen. Wir beginnen mit der Einführung von *Tupeln*.

3.15.1 Tupel

Tupel werden mithilfe von Konstruktoren $(.,\dots,.)$ der Stelligkeit ≥ 0 aufgebaut und mithilfe von *let*-Ausdrücken und *Pattern Matching* wieder zerlegt.

Entsprechend erweitern wir die Syntax unserer Programmausdrücke durch:

$$e ::= \ldots \mid (e_0, \ldots, e_{k-1}) \mid$$
$$\textbf{let } (y_0, \ldots, y_{k-1}) = e_1 \textbf{ in } e_0$$

für $k \geq 0$. Tupel werden angelegt, indem erst die Folge der Referenzen auf ihre Komponenten auf dem Keller gesammelt wird und diese Folge dann mithilfe der uns bereits bekannten Instruktion **mkvec** k in die Halde gelegt wird.

$$\text{code}_\text{V} \, (e_0, \ldots, e_{k-1}) \, \rho \, kp = \text{code}_\text{C} \, e_0 \, \rho \, kp$$
$$\text{code}_\text{C} \, e_1 \, \rho \, (kp + 1)$$
$$\ldots$$
$$\text{code}_\text{C} \, e_{k-1} \, \rho \, (kp + k - 1)$$
$$\textbf{mkvec } k$$

Im Falle von CBV muss natürlich direkt Code zur Auswertung der Ausdrücke e_i erzeugt werden. Möchte man umgekehrt auf die Komponenten eines Tupels zugreifen, kann man dies mithilfe des Ausdrucks

$$e \equiv \textbf{let } (y_0, \ldots, y_{k-1}) = e_1 \textbf{ in } e_0$$

tun. Die Idee besteht darin, den Wert von e_1 mit dem Tupelmuster $(y_0, \ldots, y_{k-1})$ zu vergleichen und die im Muster vorkommenden Variablen y_i an die entsprechenden Komponenten des Werts zu binden. Diesen Vorgang nennt man auch *Pattern Matching*. Beachten Sie, dass wir hier nur sehr einfache Muster betrachten. Im Allgemeinen können Muster beliebig tief geschachtelt aus Konstanten, Variablen und Konstruktoren aufgebaut sein. In unserem einfachen Fall gehen wir bei der Implementierung so vor. Wir erzeugen für den Ausdruck e zuerst Code, der den Wert der rechten Seite e_1 ermittelt. Bei Programmausführung sollte dieser einen Vektor der Länge k auf der Halde und einen Verweis auf diesen Vektor auf dem Keller liefern. Die Verweise in diesem Vektor sollen nun auf den Keller geschoben werden, bevor wir uns an die Auswertung des Hauptausdrucks e_0 machen. Nach Abarbeitung des Hauptausdrucks kann der Platz für die k lokalen Variablen wieder freigegeben werden. Insgesamt ergibt sich das folgende Übersetzungsschema:

$$\text{code}_\text{V} \, e \, \rho \, kp = \text{code}_\text{V} \, e_1 \, \rho \, kp$$
$$\textbf{getvec } k$$
$$\text{code}_\text{V} \, e_0 \, \rho' \, (kp + k)$$
$$\textbf{slide } k$$

wobei $\rho' = \rho \oplus \{y_i \mapsto kp + i + 1 \mid i = 0, \ldots, k - 1\}$ die neue Adressumgebung für den Hauptausdruck e_0 ist.

Für die Aufgabe, die Komponenten eines Vektors der Länge $k \geq 0$ auf den Keller zu legen, führen wir die neue Instruktion **getvec** k ein (Abb. 3.32). Unsere Implementierung des Befehls **getvec** k testet zusätzlich, dass der Argumentverweis oben

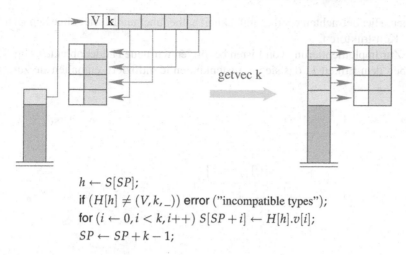

$h \leftarrow S[SP]$;
if $(H[h] \neq (V, k, \_))$ **error** ("incompatible types");
for $(i \leftarrow 0, i < k, i++)$ $S[SP + i] \leftarrow H[h].v[i]$;
$SP \leftarrow SP + k - 1$;

Abb. 3.32. Die Instruktion **getvec** k.

auf dem Keller tatsächlich auf ein V-Objekt der richtigen Länge zeigt. Für statisch getypte Programmiersprachen wird (bei korrekter Codeerzeugung) dies allerdings stets der Fall sein.

3.15.2 Listen

Als Beispiel eines weiteren, nun *rekursiven* Datentyps betrachten wir Listen. Listen werden aus Listen-Elementen mithilfe der Konstante [ ] (die leere Liste) und des rechts-assoziativen Operators „::" (dem Listen-Konstruktor) aufgebaut. Im Unterschied zu Tupeln können Listen verschiedene Gestalt haben; der Vergleich mit Mustern kann deshalb auch zur *Fallunterscheidung* benutzt werden. Dazu dient der *match*-Ausdruck.

Beispiel 3.15.1 Betrachten wir etwa die Funktion *app*, die zwei Listen als Argumente nimmt und die zweite hinter die erste hängt:

$$
\begin{aligned}
app \quad = \quad & \textbf{fun } l \; y \rightarrow \textbf{match } l \textbf{ with} \\
& \qquad\qquad [\,] \quad \rightarrow \quad y \\
& \qquad | \quad h :: t \quad \rightarrow \quad h :: (app \; t \; y)
\end{aligned}
$$

□

Darum erweitern wir die Syntax von Ausdrücken e um:

$$e ::= \ldots \mid [\,] \mid (e_1 :: e_2)$$
$$\mid (\textbf{match } e_0 \textbf{ with } [\,] \rightarrow e_1 \mid h :: t \rightarrow e_2)$$

Im Allgemeinen können Muster natürlich beliebig tief geschachtelt sein. Dann wird eine Fallunterscheidung auch möglicherweise mehr als zwei Fälle zu unterscheiden haben. Hier betrachten wir der Einfachheit halber aber nur Muster ohne Schachtelung von Konstruktoren.

Zur Implementierung von Listen benötigen wir neue Haldenobjekte (Abb. 3.33). Neben dem Etikett L, das sie als Listenknoten identifiziert, enthalten sie zusätzlich

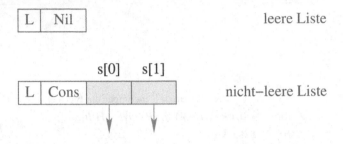

Abb. 3.33. Haldenobjekte für Listen.

den Namen des Konstruktors. Da Listen in funktionalen Sprachen sehr häufig benutzt werden, wird eine konkrete Implementierung natürlich für L-Objekte möglichst kompakte und effizient zu benutzende Spezialknoten verwenden.

Für das Anlegen von Listenknoten führen wir die Befehle **nil** (Abb. 3.34) und **cons** ein (Abb. 3.35). Der Aufruf *new L* (Nil) soll ein L-Objekt für eine leere Li-

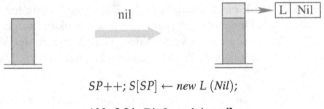

$$SP++; S[SP] \leftarrow new\ L\ (Nil);$$

Abb. 3.34. Die Instruktion **nil**.

ste in der Halde erzeugen und einen Verweis darauf zurückliefern. Von dem Aufruf *new L* $(Cons, h, t)$ dagegen erwarten wir, dass er ein L-Objekt für eine zusammengesetzte Liste anlegt und darin die beiden Verweise h und t ablegt.

Mit den beiden neuen Instruktionen **nil** und **cons** übersetzen wir für CBN:

$$\text{code}_V\ [\ ]\ \rho\ kp\quad = \textbf{nil}$$

$$\text{code}_V\ (e_1 :: e_2)\ \rho\ kp = \text{code}_C\ e_1\ \rho\ kp$$
$$\text{code}_C\ e_2\ \rho\ (kp+1)$$
$$\textbf{cons}$$

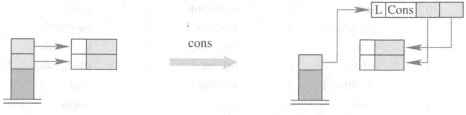

$$SP\!-\!-;\ S[SP] \leftarrow new\ L\ (Cons, S[SP], S[SP+1]);$$

Abb. 3.35. Die Instruktion **cons**.

Im Falle von CBV werden wir für e_1 und e_2 wieder die Codeerzeugungsfunktion code$_V$ verwenden.

Es verbleibt uns noch, Code für einen Ausdruck:

$$e \equiv \textbf{match}\ e_0\ \textbf{with}\ [\,]\ \rightarrow e_1 \mid h :: t \rightarrow e_2$$

zu erzeugen. Die Auswertung dieses Ausdrucks erfordert zuerst einmal die Auswertung von e_0. Anschließend muss für den Wert von e_0 überprüft werden, ob er ein L-Objekt darstellt. Ist das der Fall, muss unterschieden werden, ob er eine leere oder eine nichtleere Liste repräsentiert. Im Falle einer leeren Liste muss der Ausdruck e_1 ausgewertet werden. Im Falle einer nichtleeren Liste dagegen müssen die beiden Verweise des L-Objekts als neue lokale Variablen oben auf den Keller gelegt werden, bevor der Ausdruck e_2 ausgewertet wird. Folglich erhalten wir (für CBN wie für CBV):

$$
\begin{aligned}
\text{code}_V\ e\ \rho\ kp = \quad & \text{code}_V\ e_0\ \rho\ kp \\
& \textbf{tlist}\ A \\
& \text{code}_V\ e_1\ \rho\ kp \\
& \textbf{jump}\ B \\
A: \ & \text{code}_V\ e_2\ \rho'\ (kp+2) \\
& \textbf{slide}\ 2 \\
B: \ & ...
\end{aligned}
$$

wobei die Adressumgebung für e_2 gegeben ist durch:

$$\rho' = \rho \oplus \{h \mapsto (L, kp+1), t \mapsto (L, kp+2)\}$$

Der neue Befehl **tlist** A führt die notwendigen Überprüfungen durch. Im *cons*-Fall legt er die beiden neuen lokalen Variablen für die Bestandteile der Liste an (Abb. 3.36) und schreibt die Adresse A in das Register *PC*. Beachten Sie, dass bei einem Datentyp mit mehr als zwei Konstruktoren wir sinnvollerweise einen *indizierten* Sprung über eine Sprungtabelle einsetzen (siehe Aufgabe 14).

Beispiel 3.15.2 Der (entwirrte) Rumpf der Funktion *app* für eine Adressumgebung ρ mit $\rho(\text{app}) = (G, 0)$ sieht so aus:

0		**targ** 2	3		**pushglob** 0	0	C :	**mark** D
0		**pushloc** 0	4		**pushloc** 2	3		**pushglob** 2
1		**eval**	5		**pushloc** 6	4		**pushglob** 1
1		**tlist** A	6		**mkvec** 3	5		**pushglob** 0
0		**pushloc** 1	4		**mkclos** C	6		**eval**
1		**eval**	4		**cons**	6		**apply**
1		**jump** B	3		**slide** 2	1	D :	**update**
2	A :	**pushloc** 1	1	B :	**return** 2			□

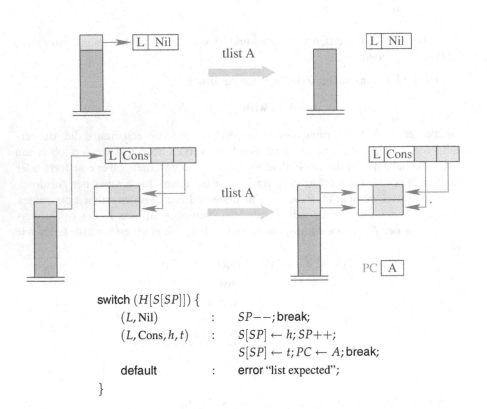

```
switch (H[S[SP]]) {
    (L, Nil)         :    SP−−; break;
    (L, Cons, h, t)  :    S[SP] ← h; SP++;
                          S[SP] ← t; PC ← A; break;
    default          :    error "list expected";
}
```

Abb. 3.36. die Instruktion **tlist** A.

3.15.3 Abschlüsse für Tupel und Listen

Das generelle Schema für code$_C$ lässt sich beim Anlegen von Tupeln und Listen optimieren, indem wir die entsprechenden Werte direkt aufbauen, anstatt ihren Aufbau zu verzögern:

$$\text{code}_C \ (e_0, \ldots, e_{k-1}) \ \rho \ kp = \text{code}_C \ e_0 \ \rho \ kp$$
$$\text{code}_C \ e_1 \ \rho \ (kp + 1)$$
$$\ldots$$
$$\text{code}_C \ e_{k-1} \ \rho \ (kp + k - 1)$$
$$\textbf{mkvec} \ k$$

$$\text{code}_C \ [\ ] \ \rho \ kp \qquad = \textbf{nil}$$
$$\text{code}_C \ (e_1 :: e_2) \ \rho \ kp \qquad = \text{code}_C \ e_1 \ \rho \ kp$$
$$\text{code}_C \ e_2 \ \rho \ (kp + 1)$$
$$\textbf{cons}$$

3.16 Optimierungen III: Letzte Aufrufe

Zum Schluss wollen wir noch eine Optimierung diskutieren, die – zumindest bei Programmiersprachen mit CBV-Semantik – entscheidend für die praktische Effizienz einer Implementierung ist: die Optimierung letzter Aufrufe. Diese Optimierung erlaubt, für endrekursive (tail recursive) Funktionen (fast) so effizienten Code zu erzeugen wie für Schleifen in imperativen Programmiersprachen.

Das Vorkommen eines Aufrufs $l \equiv e' \ e_0 \ldots e_{m-1}$ heißt *letztes Vorkommen* in dem Ausdruck e, falls die Auswertung von l den Wert für e liefern kann.

Beispiel 3.16.1 Das Ausdrucksvorkommen $r \ t \ (h :: y)$ ist ein letztes in:

$$\textbf{match} \ x \ \textbf{with} \ [\ ] \ \rightarrow y \ | \ h :: t \ \rightarrow r \ t \ (h :: y)$$

Das Vorkommen $f \ (x - 1)$ ist dagegen kein letztes in dem Ausdruck:

$$\textbf{if} \ x \leq 1 \ \textbf{then} \ 1 \ \textbf{else} \ x \cdot f \ (x - 1)$$

Der Wert des Aufrufs muss erst noch mit x multipliziert werden, um den Wert des Gesamtausdrucks zu ergeben.   □

Offenbar gibt es ein rein syntaktisches Verfahren, um die Menge aller letzten Vorkommen von Aufrufen in einem Ausdruck zu ermitteln (Aufgabe 15).

Die wesentliche Beobachtung ist, dass letzte Vorkommen von Aufrufen eines Funktionsrumpfs keinen neuen Kellerrahmen benötigen! Stattdessen reicht es, die konsumierten Argumente vom Keller zu entfernen und mit dem Aufruf der Funktion e' fortzufahren.

Der optimierte Code für einen letzten Aufruf $l \equiv (e' \ e_0 \ldots e_{m-1})$ in einer Funktion f mit k Argumenten muss deshalb die folgenden Tätigkeiten ausführen. Zunächst muss er die aktuellen Parameter e_i anlegen und die Funktion e' bestimmen. Dann sollte er die lokalen Variablen sowie die k verbrauchten Argumente von f freigeben. Schließlich sollte er die Instruktion **apply** ausführen.

Diese Überlegung führt uns zu dem folgenden Übersetzungsschema für einen letzten Aufruf l. Wir geben zuerst die Variante für CBN an:

$$\text{code}_V \; l \; \rho \; kp = \text{code}_C \; e_{m-1} \; \rho \; kp$$
$$\text{code}_C \; e_{m-2} \; \rho \; (kp+1)$$
$$\ldots$$
$$\text{code}_C \; e_0 \; \rho \; (kp+m-1)$$
$$\text{code}_V \; e' \; \rho \; (kp+m) \qquad // \text{ Auswerten der Funktion}$$
$$\textbf{slide} \; r \; (m+1) \qquad // \text{ Freigabe}$$
$$\textbf{apply}$$

wobei $r = kp + k$ die Anzahl der freizugebenden Kellerzellen ist. Beachten Sie, dass wir hier zum Verschieben der aktuellen Parameter sowie der Funktion des letzten Aufrufs auf die Instruktion **slide** $a \; b$ zurückgreifen, die uns bereits bei der C-Maschine auf Seite 46 in Abb. 2.30 begegnet ist.

Beispiel 3.16.2 Der Rumpf der Funktion

$$r = \textbf{fun} \, x \, y \; \rightarrow \; \textbf{match} \; x \; \textbf{with} \; [\,] \; \rightarrow y \mid h :: t \; \rightarrow r \, t \, (h :: y)$$

liefert dann:

0	**targ** 2	1		**jump** B	4		**pushglob** 0	
0	**pushloc** 0				5		**eval**	
1	**eval**	2	$A:$	**pushloc** 1	5		**slide** 4 3	
1	**tlist** A	3		**pushloc** 4			**apply**	
0	**pushloc** 1	4		**cons**			**slide** 2	
1	**eval**	3		**pushloc** 1	1	$B:$	**return** 2	

Da der alte Kellerrahmen beibehalten wird, wird **return** 2 nur über den direkten Sprung am Ende der []-Alternative erreicht.   □

3.17 Aufgaben

1. *Funktionale Programmierung.*   Schreiben Sie in OCaml eine Funktion, die eine Zahl als Eingabe nimmt und überprüft, ob es sich um eine Primzahl handelt. Das Ergebnis soll ein Boolescher Wert sein.
2. *Funktionale Programmierung.*   Programmieren Sie die Fibonacci-Funktion mithilfe akkumulierender Parameter, so dass sie in linearer Zeit läuft!
3. *Funktionale Programmierung.*   Gegeben sei das Programm:

```
let rec  x = 1
and      f = fun y → x + y + z
and      z = 4
```

in let rec $x = 2$
  and $g = \textbf{fun } y \to x + (f\,y) + z$
  in let rec $x = 3$
    and $f = \textbf{fun } y \to y$
    and $z = 5$
    in $g\,6$

Was ist die Ausgabe des Progamms
  a) bei statischer Bindung, bzw.
  b) bei dynamischer Bindung?

4. *Funktionale Programmierung.* Implementieren Sie die folgenden Funktionen in OCaml (alternativ in SML) ohne Verwendung entsprechender Bibliotheken:

- *member* nimmt als Argumente ein Element e und eine Liste l und liefert zurück, ob das Elemente e in der Liste l enthalten ist.
- *filter* nimmt als Argumente ein Prädikat p und eine Liste l und liefert eine Liste der Elemente aus l, für die p wahr ist.
- *fold* fasst sukzessive die Elemente der Liste mit der Funktion f zusammen. D.h. es gilt:

$$\textit{fold } f\ e\ [x_1; x_2; \dots; x_n] = f\,(\dots(f\,(f\,e\,x_1)\,x_2)\dots)\,x_n$$

- *mapi* nimmt als Argumente eine Funktion f und eine Liste l und wendet f auf jedes Paar eines Elements aus l und dessen Position in l an:

$$\textit{mapi } f\ [x_1; x_2; \dots; x_n] = [f\,x_1\,1;\ f\,x_2\,2; \dots;\ f\,x_n\,n]$$

Für $f\,x\,i = x + i$ soll z.B. *mapi* $f\ [3; 3; 3]$ die Liste $[4; 5; 6]$ liefern.

5. *Freie Variablen.* Bestimmen Sie die Mengen der freien Variablen in den folgenden FuL-Ausdrücken!

$(\textbf{fun } x \to x\,y)\,(\textbf{fun } y \to y)$

$\textbf{fun } x\,y \to z\,(\textbf{fun } z \to z(\textbf{fun } x \to y))$

$(\textbf{fun } x\,y \to x\,z\,(y\,z))(\textbf{fun } x \to y(\textbf{fun } y \to y))$

$\textbf{fun } x \to x + \textbf{let rec } a = x$
        and $x = f\,y$
        and $y = z$
        in $x + y + z$

6. *Übersetzung und Kellerpegel.* Gegeben sei der Ausdruck

$$e \equiv \textbf{if } x > 1 \textbf{ then } x \textbf{ else let } z = x + y \textbf{ in } z + z$$

Berechnen Sie $\mathsf{code}_V\,e\,\rho\,kp$ für die Adressumgebung $\rho = \{x \mapsto (L, 1), y \mapsto (L, -1)\}$ und den Kellerpegel $kp = 3$. Geben Sie analog zu den Beispielen im Text für jede Instruktion den aktuellen Kellerpegel an.

7. *Übersetzung von Funktionen.*   Gegeben sei ein Ausdruck:

$$e \equiv \mathbf{fun}\ x\ y \rightarrow \mathbf{if}\ x = 1\ \mathbf{then}\ y\ \mathbf{else}\ fac\ (x-1)\ (x \cdot y)$$

Berechnen Sie $\mathsf{code}_V\ e\ \rho\ kp$ für die Adressumgebung $\rho = \{fac \mapsto (L,1)\}$ und den Kellerpegel $kp = 5$.

8. *Adressierung von Variablen.*   Führen Sie ein neues Register SP_0 ein, relativ dem die lokalen Variablen adressiert werden können. Führen Sie dazu einen neuen Befehl für den Zugriff auf lokale Variablen ein! Wie müssen Sie die MaMa-Codeerzeugung modifizeren, dass dieses zusätzliche Register korrekt verwaltet wird?

9. *Funktionen mit lokalen Variablen.*   Gegeben sei die Funktionsdefinition:

$$\begin{aligned}
\mathbf{fun}\ x,y,z \rightarrow\quad &\mathbf{let}\ x = 1 \\
&\mathbf{in\ let}\ a = 3 \\
&\mathbf{in\ let}\ b = 4 \\
&\mathbf{in}\ (a + (b + (x + (y + z))))
\end{aligned}$$

- Bestimmen Sie die Adressen der Variablen a, b, x, y, und z relativ zu SP_0 (dem Kellerzeiger beim Betreten des Funktionsrumpfes).
- Bestimmen Sie die Adressumgebung ρ, die zur Code-Generierung von $(a + (b + (x + (y + z))))$ verwendet wird!
- Erzeugen Sie Call-by-value-Code für die Funktionsdefinition! Geben Sie zu jeder Instruktion den aktuellen Kellerpegel an. Der Ausgangskellerpegel sei $kp = 3$.

10. *Reverse Engineering.*   Betrachten Sie folgenden Call-by-value-Code eines FuL-Ausdrucks:

alloc 1		**getbasic**		**jumpz** _5			
pushloc 0		**pushloc** 5		**mark** _7			
mkvec 1		**getbasic**		**pushloc** 4		_3 :	**return** 2
mkfunval _0		**sub**		**getbasic**		_1 :	**rewrite** 1
jump _1		**mkbasic**		**pushloc** 4			**mark** _8
_0 :	**targ** 2	**pushloc** 5		**getbasic**			**loadc** 16
pushloc 0		**pushglob** 0		**sub**			**mkbasic**
getbasic		**apply**		**mkbasic**			**loadc** 12
pushloc 2	_4 :	**jump** _3		**pushloc** 4			**mkbasic**
getbasic	_2 :	**pushloc** 0		**pushglob** 0			**pushloc** 5
gr		**getbasic**		**apply**			**apply**
jumpz _2		**pushloc** 2		_7 :	**jump** _6	_8 :	**slide** 1
mark _4		**getbasic**		_5 :	**pushloc** 0		**halt**
pushloc 3		**le**		_6 :			

- Bestimmen Sie den Kellerpegel kp für jeden Programmpunkt beginnend bei $kp = 0$!

- Was berechnet dieses Programm? Versuchen Sie hierzu den Code in Sinneinheiten zu zerlegen.

11. *Übersetzung ganzer Programme.* Erzeugen Sie Code für folgendes Programm (CBV und CBN):

$$\textbf{let rec } fib =$$
$$\quad \textbf{if } x < 3 \textbf{ then } x$$
$$\quad \textbf{else } fib \ (x - 1) + fib \ (x - 2)$$
$$\textbf{in } fib \ 7$$

12. *Code-Optimierung für Call-by-Need.* Die Codeerzeugungsfunktion nach der CBN-Strategie generiert bei jedem Variablenzugriff eine *eval*-Instruktion. Falls die Variable bereits ausgewertet wurde, ist die *eval*-Instruktion jedoch überflüssig. So ist bei der Übersetzung des Ausdrucks $(a + a + a)$ eine *eval*-Instruktion nur nach dem ersten Vorkommen der Variablen a notwendig.
Durch Erweiterung der Codeerzeugungsfunktion um ein weiteres Argument A, welches die Menge der bereits ausgewerteten Variablen enthält, lassen sich überflüssige *eval*-Instruktionen einsparen. Für zweistellige Operatoren haben wir:

$$\text{code}_\text{V} \ (e_1 \ \square_2 \ e_2) \ p \ kp \ A = \text{code}_\text{B} \ e_1 \ p \ kp \ A$$
$$\text{code}_\text{B} \ e_2 \ p \ (kp + 1) \ (A \cup A[e_1])$$
$$\textbf{op}_2$$
$$\textbf{mkbasic}$$

$$A[e_1 \ \square_2 \ e_2] = A[e_1] \cup A[e_2]$$

$A[e]$ ist dabei die Menge der Variablen in e, die sicher ausgewertet werden müssen, um den Wert von e_1 zu berechnen.
Die Codeerzeugungsfunktion für Variablenzugriffe lautet dann:

$$\text{code}_\text{V} \ x \ \rho \ kp \ A = \begin{cases} \textbf{getvar} \ x \ \rho \ kp & \text{, falls } x \notin A \\ \textbf{eval} & \\ \textbf{getvar} \ x \ \rho \ kp & \text{, falls } x \in A \end{cases}$$

- Implementieren Sie $A[e]$ für beliebige FuL-Ausdrücke e.
- Modifizieren Sie die Codeerzeugungsfunktion für FuL-Ausdrücke, um überflüssige *eval*-Instruktionen einzusparen.

13. *Referenzen und Seiteneffekte.* Wir erweitern FuL mit CBV-Semantik um Referenzen mit der folgende Syntax:

$$e ::= \dots \mid () \mid \textbf{ref} \ e \mid e_1 \leftarrow e_2 \mid !e \mid e_1; e_2$$

$()$ ist ein nullstelliger Wertkonstruktor (lies: unit). Der Wert von **ref** e ist ein neues Haldenobjekt, das (einen Verweis auf) e enthält. Der Wert von $e_1 \leftarrow e_2$ ist $()$.

Allerdings wird vor Rückgabe von $()$ die linke Seite e_1 zu einem Referenzobjekt ausgewertet, in dem der Wert der rechten Seite e_2 abgelegt wird. Der Operator ! ist der Dereferenzierungsoperator, der den Wert, der in einem Referenz-Objekt gespeichert ist, zurückgibt. Ein ;-Ausdruck liefert den Wert des zweiten Arguments zurück, nachdem vorher das erste Argument ausgewertet wurde.

(a) Erweitern Sie FuL um Referenzen. Sie müssen dazu neue Haldenobjekte für $()$ und Referenzen einführen. Gegebenenfalls können Sie auch neue Maschinenbefehle spezifizieren. Letztlich sollten Sie Code-Schemata für die Übersetzung der neuen Ausdrücke definieren.

(b) Der ;-Operator hat auch ohne Referenzen eine semantische Bedeutung. Ist er dann auch sinnvoll?

14. *Bäume.*   Erweitern Sie FuL um den Typ **Tree**. **Tree**s werden aus *Tree*-Elementen mithilfe der Konstante **Leaf** und den Konstruktoren **Node1**, **Node2** und **Node3** aufgebaut. Die Konstruktoren bauen einen *Tree*-Wert aus einem beliebigen Wert und einem, zwei oder drei *Tree*-Werten zusammen.

Dazu erweitern wir die Syntax von Ausdrücken e um:

$$e ::= \ldots \mid \textbf{Leaf} \mid \textbf{Node1}\,(e_1, e_2)$$
$$\mid \textbf{Node2}\,(e_1, e_2, e_3) \mid \textbf{Node3}\,(e_1, e_2, e_3, e_4)$$
$$\mid (\textbf{match } e_0 \textbf{ with Leaf} \rightarrow e_1$$
$$\mid \textbf{Node1}\,(x, a_1) \rightarrow e_2$$
$$\mid \textbf{Node2}\,(x, a_1, a_2) \rightarrow e_3$$
$$\mid \textbf{Node3}\,(x, a_1, a_2, a_3) \rightarrow e_4)$$

Definieren Sie die Codeerzeugungsfunktionen für die neu eingeführten Ausdrücke. Führen Sie dazu um neue Haldenobjekte vom Typ **Tree** ein.

15. *Letzte Aufrufe.*   Zur Durchführung von Optimierungen letzter Aufrufe bei der Übersetzung eines Ausdrucks e müssen die Vorkommen letzter Aufrufe in e bestimmt werden. Das Aufruf-Vorkommen $l \equiv e' e_0 \ldots e_{m-1}$ heißt letzt in einem Ausdruck e, falls die Auswertung von l den Wert für e liefern kann. Geben Sie ein allgemeines Schema für die Berechnung der letzten Aufruf-Vorkommen in einem Ausdruck e an!

3.18 Liste der Register der MaMa

FP, Rahmenzeiger (Frame Pointer)   S. 66
GP, Global-Zeiger (Global Pointer)   S. 71
PC, Befehlszähler (Program Counter)   S. 66
SP, Kellerzeiger (Stack Pointer)   S. 66

3.19 Liste der Codeerzeugungsfunktionen der MaMa

code$_V$	S. 67	**code**$_B$	S. 69
code$_C$	S. 68	**code**	S. 94

3.20 Liste der MaMa-Instruktionen

alloc	S. 87	**mark**	S. 80	**pushglob**	S. 74
add	S. 95	**mark0**	S. 89	**pushloc**	S. 74
apply	S. 81	**mul**	S. 69	**return**	S. 84
apply0	S. 89	**mkbasic**	S. 70	**rewrite**	S. 87
cons	S. 98	**mkclos**	S. 91	**targ**	S. 82
copyglob	S. 92	**mkfunval**	S. 78	**popenv**	S. 83
eval	S. 89	**mkvec**	S. 77	**slide**	S. 102
getbasic	S. 69	**mkvec0**	S. 83	**targ**	S. 82
getvec	S. 96	**neg**	S. 69	**update**	S. 91
halt	S. 66	**nil**	S. 98	**wrap**	S. 83
leq	S. 69				

3.21 Literaturhinweise

Eine der ersten abstrakten Maschinen zur Übersetzung funktionaler Programmiersprachen war die SECD-Maschine von Landin [Lan64]. Sie wurde entwickelt, um die
Semantik für Lisp-Programme mit statischer Bindung und CBV-Parameterübergabe
zu definieren. Die G-Maschine ist die erste abstrakte Maschine mit programmierter
Graphreduktion. Sie wurde von Th. Johnsson [Joh84] eingeführt. Die G-Maschine
und die TIM (Three Instruction Maschine) [FW87] haben den Entwurf der MaMa be-
einflusst. Einen Überblick über die Implementierung funktionaler Programmiersprachen gibt [PJ87]. Die Weiterentwicklung der G-Maschine zur *Spineless Tagless G-
Machine* bildet die Grundlage des Glasgow Haskell Compilers [Jon92]. Auf der virtuellen Maschine ZINC dagegen bauen die Übersetzer für CamlLight, MoscowML
und OCaml auf [Ler90].

4

Die Übersetzung logischer Programmiersprachen

Die Idee der logischen Programmierung geht auf R. Kowalski und A. Colmerauer zurück, die Anfang der 70er Jahre entdeckten, dass man Ausdrücken der Prädikatenlogik eine operationale Interpretation geben kann. Dazu benutzt man die von J.A. Robinson 1965 für mechanische Beweisverfahren vorgeschlagene Resolutionsmethode als Berechnungsmodell.

Die *Klausel-Notation* ist ein besonders einfaches Format für universell quantifizierte prädikatenlogische Formeln der ersten Stufe. Für solche Formeln erlaubt die Resolutionsmethode die mechanisierte Herleitung eines Widerspruchs. Eine logische Formel α folgt genau dann aus einer Menge von Formeln S, wenn $S \cup \{\neg\alpha\}$ widerspruchsvoll ist. Deshalb eignet sich Resolution auch, um Folgerungsbeziehungen herzuleiten. Besonders einfach gestaltet sich Resolution für *Horn*-Klauseln. Eine Horn-Klausel formalisiert eine Regel, wie eine unmittelbare Folgerung aus einer endlichen Menge von Voraussetzungen gezogen werden kann. Die grundlegende Beobachtung ist, dass ein Resolutionsschritt für Horn-Klauseln ganz ähnlich auszuführen ist wie ein Prozeduraufruf.

Über logische Programme wird deshalb in drei verschiedenen Terminologien gesprochen. Geht es um Programmierung, so spricht man von Regeln, Prozeduren, Alternativen einer Prozedur, Aufrufen, Variablen usw. Erklärt man die prädikatenlogischen Grundlagen, so benutzt man Bezeichnungen wie Variablen-, Funktions- und Prädikatssymbol, Term, atomare Formel usw. Aus der Mechanisierung der Prädikatenlogik in automatisierten Beweisverfahren schließlich stammen die Begriffe wie Literal, Horn-Klausel, Unifikation und Resolution.

4.1 Die Sprache ProL

Im Folgenden führen wir die logische Programmiersprache ein, die wir übersetzen wollen. Um die Prinzipien der Übersetzung logischer Programmiersprachen zu erklären, beschränken wir uns auf eine Teilmenge der realen Programmiersprache Prolog. Wir wollen diese Kernsprache ProL nennen (**Pro**log **L**anguage). In dieser Sprache verzichten wir unter anderem auf die folgenden Konzepte von Prolog:

- Arithmetik,
- den Cut-Operator, sowie
- Meta-Programmierung und Selbst-Modifikation von Programmen etwa durch Hinzufügen oder Entfernen von Klauseln.

Da ein praktisches Programmieren in Prolog ohne Cut so gut wie unmöglich ist, werden wir eine Implementierung dieses Operators später nachtragen. Arithmetik behandeln wir in Aufgabe 10.

Ein ProL-Programm besteht aus einer Menge von Fakten und Regeln, zusammen mit einer Anfrage. Die Fakten und Regeln definieren Prädikate. Die Anfrage fragt, ob eine bestimmte Aussage erfüllbar ist, d.h für mindestens eine Variablenbelegung wahr ist. Betrachten Sie z.B. das Prädikat bigger der Stelligkeit 2, das durch die folgenden Fakten definiert ist:

$$\text{bigger}(elephant, horse) \quad \Leftarrow$$
$$\text{bigger}(horse, donkey) \quad \Leftarrow$$
$$\text{bigger}(donkey, dog) \quad \Leftarrow$$
$$\text{bigger}(donkey, monkey) \quad \Leftarrow$$

Mithilfe dieses Prädikats können wir leicht ein Prädikat definieren, welches den transitiven Abschluss von bigger-Beziehungen hinzufügt:

$$\text{is\_bigger}(X, Y) \quad \Leftarrow \quad \text{bigger}(X, Y)$$
$$\text{is\_bigger}(X, Y) \quad \Leftarrow \quad \text{bigger}(X, Z), \text{is\_bigger}(Z, Y)$$

Die Namen X, Y und Z fungieren dabei als Variablen. Wie bei Prolog vereinbaren wir die Konvention, dass Variablen stets groß geschrieben werden (oder mit einem „_" beginnen).

Zur Komplettierung unseres Programms benötigen wir noch eine Anfrage, etwa:

$$\Leftarrow \text{is\_bigger}(elephant, dog)$$

In diesem Fall enthält die Anfrage keine Variable. Die Antwort ist deshalb entweder yes, falls sich die Aussage mithilfe der Regeln und Fakten herleiten lässt, oder no, falls dies nicht der Fall ist. Hätten wir dagegen gefragt:

$$\Leftarrow \text{is\_bigger}(X, dog)$$

wären wir an möglichen Belegungen für die Variable X interessiert, für welche die Aussage abgeleitet werden kann. Bemerken Sie schon jetzt, dass hier offenbar mehrere Antworten möglich sind.

Um das Format von Regeln und Fakten weiter zu vereinfachen, nehmen wir in ProL zusätzlich an, dass auf der linken Seite der Implikation jeweils nur ein Prädikat, angewendet auf eine Liste paarweise verschiedener Variablen steht. Die eventuell bereits bekannten Bindungen für diese Variablen können wir in expliziten (Unifikations-) Gleichungen im Rumpf, d.h. auf der rechten Seite der Implikation definieren. Als ProL-Programm sieht unser Beispiel mit der zweiten Anfrage deshalb so aus:

$$
\begin{aligned}
\textsf{bigger}(X, Y) \quad &\Leftarrow \quad X = elephant, Y = horse \\
\textsf{bigger}(X, Y) \quad &\Leftarrow \quad X = horse, Y = donkey \\
\textsf{bigger}(X, Y) \quad &\Leftarrow \quad X = donkey, Y = dog \\
\textsf{bigger}(X, Y) \quad &\Leftarrow \quad X = donkey, Y = monkey \\
\textsf{is\_bigger}(X, Y) \quad &\Leftarrow \quad \textsf{bigger}(X, Y) \\
\textsf{is\_bigger}(X, Y) \quad &\Leftarrow \quad \textsf{bigger}(X, Z), \textsf{is\_bigger}(Z, Y) \\
&\Leftarrow \quad \textsf{is\_bigger}(X, dog)
\end{aligned}
$$

Betrachten wir als weiteres, etwas realistischeres Beispiel das dreistellige Prädikat app, das die Konkatenation zweier Listen beschreibt:

$$
\begin{aligned}
\textsf{app}(X, Y, Z) &\Leftarrow X = [\,], \ Y = Z \\
\textsf{app}(X, Y, Z) &\Leftarrow X = [H|X'], \ Z = [H|Z'], \ \textsf{app}(X', Y, Z') \\
&\Leftarrow \textsf{app}(X, [Y, c], [a, b, Z])
\end{aligned}
$$

Die erste Regel besagt, dass die Liste Z die Konkatenation der Listen X und Y ist, falls X gleich der leeren Liste und Y gleich Z ist. Die zweite Regel besagt, dass die Liste Z auch die Konkatenation der Listen X und Y sein kann, falls X und Z als erste Elemente H enthalten und die Konkatentation des Rests X' von X zusammen mit Y den Rest Z' von Z ergibt. Beachten Sie hier, dass in logischen Programmiersprachen eine etwas andere Syntax zur Repräsentation von Listen üblich ist: Kopf und Rest werden hier mithilfe des Infix-Operators „$|$" getrennt.

Für eine Liste aus den Elementen $X_1, \dots, X_n$ verwenden wir dabei gelegentlich die Kurzschreibweise $[X_1, \dots, X_n]$. Im Unterschied zu OCaml werden die einzelnen Listenelemente nicht durch „;" sondern durch „," abgetrennt. Damit bezeichnet also z.B. $[\,]$ die leere Liste, $[H|Z']$ ist die Anwendung des Listenkonstruktors auf H und Z', und $[a, b, Z]$ ist die Abkürzung für $[a|[b|[Z|[\,]]]]$.

Offenbar erlaubt uns die Programmiersprache ProL nicht nur, nach dem Ergebnis einer Konkatenation zu fragen. Die verschiedenen Argumente des Prädikats sind vielmehr (zumindest prinzipiell) gleichberechtigt. Deshalb können wir bestimmte Vorgaben an die Argumente wie das Ergebnis einer Konkatenation zweier Listen formulieren und es der Auswertung des ProL-Programms überlassen, Variablenbelegungen zu liefern, die diese Vorgaben erfüllen.

Ein ProL-Programm p ist darum wie folgt aufgebaut:

$$
\begin{aligned}
t &::= a \mid X \mid \_ \mid f(t_1, \dots, t_n) \\
g &::= q(t_1, \dots, t_k) \mid X = t \\
c &::= q(X_1, \dots, X_k) \Leftarrow g_1, \dots, g_r \\
a &::= \ \Leftarrow g_1, \dots, g_r \\
p &::= c_1 \dots c_m \quad a
\end{aligned}
$$

Ein *Term* t ist damit entweder ein Atom a, eine Variable X, eine *anonyme* Variable $\_$ oder die Anwendung eines Konstruktors f/n auf Terme $t_1, \dots, t_n$. Beachten

Sie, dass entsprechend dieser Konvention die *Stelligkeit* ein wesentlicher Bestandteil eines Konstruktors ist.

Ein *Ziel* g ist entweder ein *Literal*, d.h. ein Aufruf eines Prädikats q/k für Argumentterme $t_1, \ldots, t_k$ oder eine *Unifikation* $X = t$ wobei die linke Seite stets eine Variable X und die rechte Seite ein Term t ist.

Eine *Klausel* c besteht aus einem *Kopf* $q(X_1, \ldots, X_k)$ mit Prädikat q/k und einer Liste von (paarweise verschiedenen) *formalen Parametern* sowie einer Folge von Zielen als *Rumpf*.

Eine *Anfrage* besteht aus einer Folge von Zielen. Ein *Programm* schließlich besteht aus einer Folge von Klauseln, gefolgt von einer Anfrage.

Die Idee zur effizienten Implementierung von ProL-Programmen besteht darin, die logische Sicht auf ProL-Programme durch eine prozedurale Sicht zu ersetzen. Aus dieser Perspektive fassen wir Prädikate als *Prozeduren* auf, die mit mithilfe der zugehörigen Fakten und Regeln definiert werden. Jede dieser Alternativen stellt somit einen möglichen Rumpf für die Prozedur dar, zwischen denen wir während der Programmausführung auswählen können. Entsprechend fassen wir Literale im Rumpf einer Regel oder in der Anfrage als *Prozeduraufrufe* auf. Beachten Sie, dass diese Aufrufe tatsächlich keinen Rückgabewert liefern.

Die *Werte*, mit denen unser Programm rechnet, sind Terme mit oder ohne freie Variablen. Die Schlüsseloperation während der Programmausführung ist die *Unifikation* zwischen solchen Termen. Diese Operation kann allerdings fehlschlagen: eine der Auswahlen von Fakten oder Regeln, die bisher getroffen wurde, führte in eine Sackgasse. Man kehrt dann zu einer solchen Stelle zurück, um dort eine andere Alternative auszuwählen. Das nennt man auch *Rücksetzen* oder *Backtracking*. Ist die Unifikation dagegen erfolgreich, so bewirkt sie die Bindung einiger bisher ungebundener Variablen als *Seiteneffekt*.

Im Folgenden präsentieren wir eine virtuelle Maschine für ProL. Unser Entwurf strebt Einfachheit und möglichst weitgehende Ähnlichkeit mit den bisherigen Maschinen, der C-Maschine für C und der MaMa für FuL an. Später werden einige Verbesserungen des Entwurfs vorgestellt, die die WiM (fast) brauchbar machen. Weitere effizienzsteigernde Maßnahmen, insbesondere solche, die auf dem Einsatz (virtueller) Register beruhen, werden wir hier nicht behandeln. Wie üblich, beginnen wir mit einer Diskussion der grundlegenden Architektur.

4.2 Die Architektur der WiM

Wie die C-Maschine oder die MaMa verfügt die WiM über einen *Programmspeicher* C sowie ein Register PC, den *Befehlszähler*, der auf die jeweils aktuelle Instruktion zeigt (Abb. 4.1). Wieder verwenden wir die Konvention, dass jede Zelle im Programmspeicher einen virtuellen Befehl aufnehmen kann. Der Hauptzyklus der WiM sieht genauso aus wie der der C-Maschine und der der MaMa:

- Laden des Befehls in $C[PC]$;
- Erhöhung des PC um 1;
- Ausführung des geladenen Befehls.

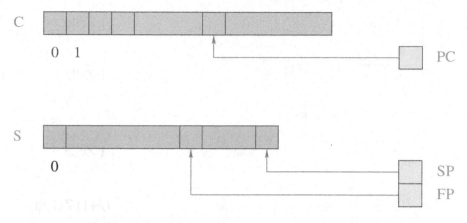

Abb. 4.1. Programmspeicher und Keller der WiM.

Zur Implementierung rekursiver Aufrufe wie für lokale Berechnungen benötigen wir in der WiM selbstverständlich auch einen *Keller S*, (vorerst) mit den Registern SP und FP, dem Kellerzeiger (Stack Pointer) und dem Rahmenzeiger (Frame Pointer). Das Register SP zeigt stets auf die oberste belegte Kellerzelle, während das Register FP auf den Kellerrahmen zeigt, in dem die lokalen Variablen des aktuelen Prozeduraufrufs liegen. Die einzelnen Zellen von S sollten in der Lage sein, einzelne Datenelemente, d.h. hier insbesondere Adressen aufzunehmen.

Wieder benötigen wir eine Datenstruktur H, die *Halde*, in der Repräsentationen der Werte verwaltet werden (Abb. 4.2). Im Unterschied zur Halde der virtuellen Maschine MaMa sind wir nun wieder etwas konkreter bzgl. der Implementierung dieser Datenstruktur. Insbesondere werden die Elemente in der Halde nach Möglichkeit ebenfalls *kellerartig* verwaltet. Dazu verwalten wir ein Register HP, den *Haldenzei-*

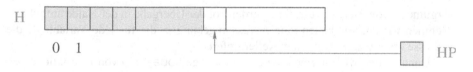

Abb. 4.2. Die Halde der WiM.

ger (Heap Pointer), der jeweils auf die erste freie Zelle zeigt. Die Idee hinter dieser konkreten Organisation ist, dass durch die kellerartige Verwaltung bei einem Rücksetzen der Berechnung alle zwischenzeitlich allokierten Objekte in einem Schritt wieder freigegeben werden können.

Die Haldenobjekte der WiM sind in der Abb. 4.3 zusammengefasst. Wie bei der MaMa sind die Objekte jeweils mit ihrem Typ markiert. Wir unterscheiden A-Objekte für atomare Terme oder Atome, S-Objekte für Strukturen und R-Objekte für

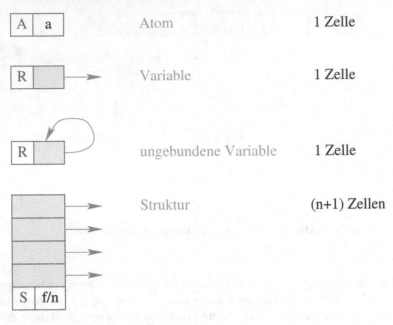

Abb. 4.3. Die Haldenobjekte der WiM.

Referenzen oder Variablen. Eine *ungebundene* Variable repräsentieren wir dabei als eine *Selbstreferenz*. Dies gestattet einen einfachen Test, ob eine Variable gebunden ist, d.h. bereits auf einen anderen Term verweist oder nicht.

4.3 Anlegen von Termen in der Halde

Argumente von Zielen (Aufrufen) werden vor der Übergabe in der Halde aufgebaut. Nehmen wir an, wir hätten eine Adressumgebung ρ, die für jede Variable X die Adresse (relativ zu FP) auf dem Keller liefert.

Dann wollen wir für einen Term t eine Folge $\text{code}_A\ t\ \rho$ von Instruktionen erzeugen, die eine Repräsentation von t in der Halde aufbaut und eine Referenz darauf auf dem Keller zurückliefert.

Wie könnte der Code dafür aussehen? Die einfachste Idee besteht darin, den Term in Postorder zu durchlaufen. Bei der Abarbeitung eines Knotens liegen dann die Referenzen auf die Nachfolger bereits oben auf dem Keller, genau richtig, um das entsprechende Haldenobjekt für den Knoten aufzubauen. Für jede mögliche Art von Knoten benötigen wir deshalb eine geeignete WiM-Instruktion.

Beispiel 4.3.1 Betrachten wir den folgenden Term:

$$f(g(X, Y), a, Z)$$

Dabei soll X bereits initialisiert sein, d.h. $S[FP + \rho(X))$ enthält bereits eine Referenz. Die Variablen Y und Z dagegen sollen noch ungebunden sein. Dann muss die Halde erweitert werden wie in Abb. 4.4. Beachten Sie, dass unsere Allokationsstra-

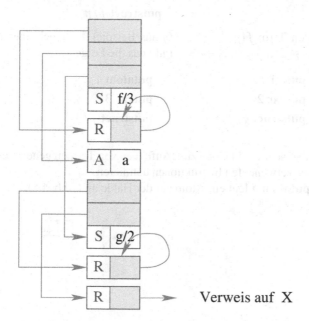

Abb. 4.4. Die Halde für den Term $f(g(\overline{X}, Y), a, Z)$.

tegie dazu führt, dass stets Verweise in Haldenzellen mit größeren Adressen auf Haldenadressen mit kleineren (oder gleichen) Adressen zeigen. Diese Verweisrichtung werden wir nach Möglichkeit stets zu erzielen suchen. Sie bedeutet nämlich, dass bei Freigabe jüngerer Haldenobjekte keine hängenden Verweise auf bereits freigegebene Objekte (Dangling References) entstehen. □

In unserem Beispiel 4.3.1 wird deutlich, dass gebundene und ungebundene Variablen unterschiedlich behandelt werden müssen. Zur Unterscheidung kennzeichnen wir deshalb Vorkommen bereits initialisierter Variablen mit einem Oberstrich (im Beispiel $\overline{X}$). Beachten Sie, dass Argumente immer initialisiert sind, anonyme Variablen dagegen nie! Gemäß dieser Diskussion definieren wir:

$$\text{code}_A \, a \, \rho = \textbf{putatom } a$$

$$\text{code}_A \, X \, \rho = \textbf{putvar } \rho(X)$$

$$\text{code}_A \, \overline{X} \, \rho = \textbf{putref } \rho(X)$$

$$\text{code}_A \, \_ \, \rho = \textbf{putanon}$$

$$\text{code}_A\, f(t_1,\ldots,t_n)\, \rho = \text{code}_A\, t_1\, \rho$$
$$\ldots$$
$$\text{code}_A\, t_n\, \rho$$
$$\textbf{putstruct } f/n$$

Beispiel 4.3.2 Für den Term $f(g(\overline{X},Y),a,Z)$ aus Beispiel 4.3.1 bei einer Adressumgebung $\rho = \{X \mapsto 1, Y \mapsto 2, Z \mapsto 3\}$ ergibt das die Folge:

putref 1	**putatom** a
putvar 2	**putvar** 3
putstruct $g/2$	**putstruct** $f/3$

$\square$

Offenbar können wir so sehr leicht Code zum Aufbauen von Termen generieren. Wir werden jetzt die dabei verwendeten Instruktionen definieren.

Die Instruktion **putatom** a legt ein Atom auf der Halde an (Abb. 4.5).

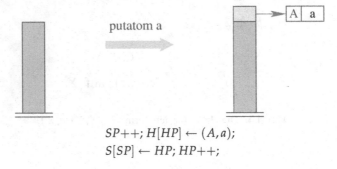

$$SP{+}{+};\ H[HP] \leftarrow (A,a);$$
$$S[SP] \leftarrow HP;\ HP{+}{+};$$

Abb. 4.5. Die Instruktion **putatom** a.

Die Instruktion **putvar** i erzeugt eine neue uninitialisierte Variable und initialisiert zusätzlich die entsprechende Zelle im Kellerrahmen (Abb. 4.6).

Die Instruktion **putanon** führt eine neue ungebundene Variable ein, legt die Referenz darauf oben auf den Keller, speichert aber keine Referenz darauf im Kellerrahmen (Abb. 4.7). Die Instruktion **putref** i kopiert nicht einfach den Verweis aus $S[FP+i]$ oben auf den Keller, sondern dereferenziert ihn vorher so oft wie möglich. Dazu verwenden wir die Hilfsfunktion *deref()*:

```
ref deref (ref v) {
        if (H[v] = (R, w) ∧ v ≠ w)) return deref(w);
        else return v;
}
```

Die Instruktion **putstruct** f/n erzeugt eine Anwendung des Konstruktors f/n in der Halde (Abb. 4.9). Unser Übersetzungsschema zusammen mit den Definitionen der

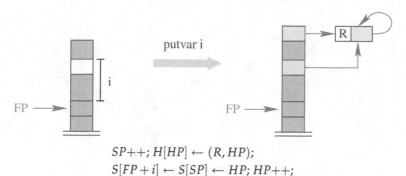

$$SP{+}{+}; H[HP] \leftarrow (R, HP);$$
$$S[FP + i] \leftarrow S[SP] \leftarrow HP; HP{+}{+};$$

Abb. 4.6. Die Instruktion **putvar** i.

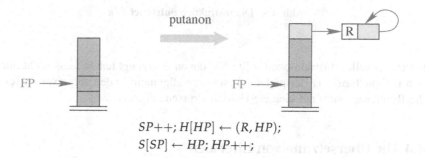

$$SP{+}{+}; H[HP] \leftarrow (R, HP);$$
$$S[SP] \leftarrow HP; HP{+}{+};$$

Abb. 4.7. Die Instruktion **putanon**.

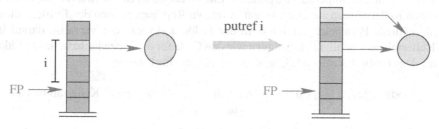

$$SP{+}{+}; S[SP] \leftarrow \mathit{deref}\,(S[FP + i]);$$

Abb. 4.8. Die Instruktion **putref** i.

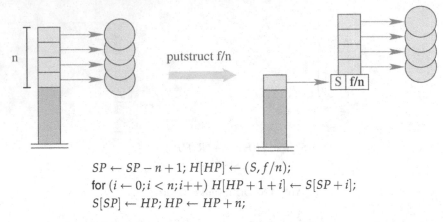

$$SP \leftarrow SP - n + 1; H[HP] \leftarrow (S, f/n);$$
$$\text{for } (i \leftarrow 0; i < n; i{+}{+}) \; H[HP + 1 + i] \leftarrow S[SP + i];$$
$$S[SP] \leftarrow HP; HP \leftarrow HP + n;$$

Abb. 4.9. Die Instruktion **putstruct** f/n.

neuen virtuellen Instruktionen sollte Sie davon überzeugt haben, dass nicht nur für den Beispielterm aus Beispiel 4.3.1, sondern allgemein in den aufgebauten Termen die Referenzen stets auf kleinere Haldenadressen zeigen.

4.4 Die Übersetzung von Literalen

Wenden wir uns der Übersetzung von Literalen zu. Literale in ProL entsprechen Prozeduraufrufen in imperativen Sprachen. Entsprechend legen wir zu ihrer Auswertung einen Kellerrahmen an. Dann konstruieren wir Repräsentationen der Terme, welche als aktuelle Parameter fungieren, in der Halde und speichern Verweise darauf im Kellerrahmen. Schließlich springen wir den Code für die Prozedur bzw. das Prädikat an. Das ergibt das folgende Übersetzungsschema für Literale:

$$\text{code}_\text{G} \; q(t_1, \ldots, t_k) \; \rho = \quad \textbf{mark } B \qquad \text{// legt einen Kellerrahmen an}$$

$$\text{code}_\text{A} \; t_1 \; \rho$$

$$\ldots$$

$$\text{code}_\text{A} \; t_k \; \rho$$

$$\textbf{call } q/k \qquad \text{// ruft Prozedur } q/k \text{ auf}$$

$$B : \ldots$$

Beispiel 4.4.1 Betrachten Sie das Literal $q(a, X, g(\overline{X}, Y))$. In einer Adressumgebung $\rho = \{X \mapsto 1, Y \mapsto 2\}$ ergibt unser Codeerzeugungsschema:

mark B	**putref** 1	**call** $q/3$
putatom a	**putvar** 2	$B :$ ...
putvar 1	**putstruct** $g/2$	□

Bevor wir die WiM-Instruktion **mark** B implementieren können, müssen wir uns darüber klar werden, wie ein Kellerrahmen der WiM aufgebaut ist (Abb. 4.10). Die einfachst mögliche Organisation besteht darin, zuerst die organisatorischen Zellen innerhalb des Rahmens anzulegen. Darüber legen wir die aktuellen Parameter des Literals, möglicherweise gefolgt von weiteren lokalen Variablen einer gerade ausgewählten Klausel. Wie bei der virtuellen Maschine für C können wir auch bei der Übersetzung logischer Programmiersprachen die Parameter und lokalen Variablen relativ zum FP adressieren. Der jeweils aktuelle FP zeigt dabei wie üblich auf die letzte organisatorische Zelle. An organisatorischen Zellen kennen wir bereits zwei: Eine Zelle benötigen wir zur Rettung des aktuellen Standes des PC, der *positiven Fortsetzungsadresse*, d.h. der Stelle im Code, an der bei erfolgreicher Abarbeitung des Literals fortgefahren werden soll. Dies entspricht der Rücksprungadresse etwa bei der C-Maschine. Eine weitere Zelle benötigen wir, um den Inhalt des Registers FP vor dem Aufruf zu retten. Es wird sich zeigen, dass wir zur Implementierung des Backtracking vier weitere Register und deshalb auch ebenso viele zusätzliche organisatorische Zellen benötigen.

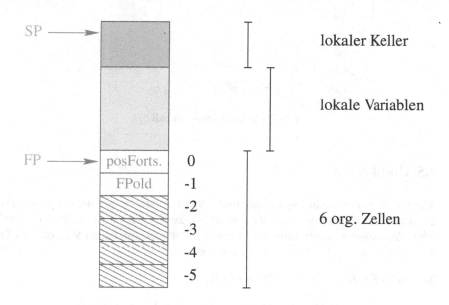

Abb. 4.10. der Kellerrahmen der WiM.

Damit haben wir alle notwendigen Informationen, um die Instruktion **mark** B zu implementieren (Abb. 4.11). Diese Instruktion allokiert auf dem Keller Platz für sechs organisatorische Zellen. Dann rettet sie den aktuellen FP und speichert B als positive Fortsetzungsadresse ab.

Die Instruktion **call** q/k setzt das Register FP auf die oberste organisatorische Zelle des Kellerrahmens und ruft das k-stellige Prädikat q/k auf (Abb. 4.12).

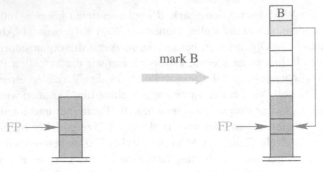

$$S[SP+5] \leftarrow FP; S[SP+6] \leftarrow B; SP \leftarrow SP+6;$$

Abb. 4.11. Die Instruktion **mark** B.

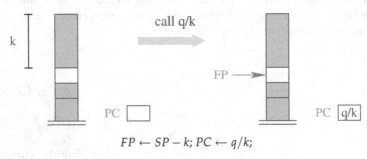

$$FP \leftarrow SP - k; PC \leftarrow q/k;$$

Abb. 4.12. Die Instruktion **call** q/k.

4.5 Unifikation

Wir kommen zur wichtigsten Operation bei der Ausführung eines logischen Programms, der *Unifikation*. Ziel der Unifikation zweier Terme ist es, eine minimale oder *allgemeinste* Substitution der in den Termen vorkommenden Variablen zu finden, so dass die beiden Terme gleich werden.

Beispiel 4.5.1 Betrachten Sie die beiden Terme:

$$f(X, g(a, X)) \quad \text{und} \quad f(h(b), g(Y, Z))$$

Eine Substitution, die die beiden Terme unifiziert, ist gegeben durch:

$$\{X \mapsto h(b), Y \mapsto a, Z \mapsto h(b)\}$$

In diesem Beispiel gibt es nur diese eine unifizierende Substitution. Das ist jedoch nicht immer der Fall. Für die beiden Terme:

$$f(X, g(a, X)) \quad \text{und} \quad f(h(Z), g(a, Y))$$

gibt es unendlich viele solche Substitutionen. Eine *minimale* unifizierende Substitution, d.h. eine, die so wenige Variablen wie möglich ersetzt, für diese beiden Terme ist gegeben durch:

$$\{X \mapsto h(Z), Y \mapsto h(Z)\}$$

Eine solche minimale unifizierende Substitution hat die schöne Eigenschaft, dass alle anderen unifizierenden Substitutionen aus ihr gewonnen werden können, indem man weitere Variablen ersetzt. Deshalb nennen wir eine solche unifizierende Substitution auch *allgemeinste* (Most General Unifier).

Wie Sie bereits vermutet haben, kann eine Unifikation auch *fehlschlagen*. Betrachten Sie z.B. die beiden Terme:

$$f(X, a) \quad \text{und} \quad f(h(Z), g(a, Y))$$

Dann gibt es keine Substitution der Variablen, die die beiden Terme gleich macht. Ein spezieller Fall liegt vor, wenn eine Variable X mit einem Term unifiziert werden soll, der nicht selbst gleich X ist, aber die Variable X enthält, wie z.B. $f(X, a)$. Offenbar kann es in dieser Situation ebenfalls keine unifizierende Substitution geben – zumindest keine, die Variablen an *endliche* Terme bindet.   □

Wir wollen Unifikationsgleichungen $X = t$ übersetzen. Ist die Variable X auf der linken Seite uninitialisiert, setzen wir:

$$\text{code}_G \ (X = t) \ \rho = \textbf{putvar} \ \rho(X)$$
$$\text{code}_A \ t \ \rho$$
$$\textbf{bind}$$

Die Implementierung muss in diesem Fall den Term t aufbauen und das Referenzobjekt von X an t binden. Diese letzte Aufgabe leistet die Instruktion **bind** (Abb. 4.13.). Beachten Sie, dass die Variable, die durch die Instruktion **bind** gebunden

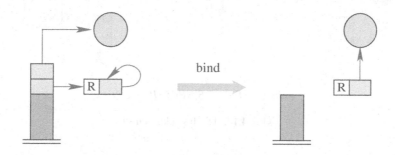

$$H[S[SP-1]] \leftarrow (R, S[SP]); \textit{trail} \ (S[SP-1]); \ SP \leftarrow SP - 2;$$

Abb. 4.13. Die Instruktion **bind**.

wird, gegebenenfalls durch den Aufruf der Funktion *trail* mitprotokolliert wird.

Damit müssen wir nur noch die Unifikation für eine bereits gebundene Variable $\bar{X}$ realisieren. Die erste Idee besteht darin, wie im Falle einer ungebundenen Variable erst eine Referenz auf (die Bindung von) X zu kellern und darüber eine Referenz auf den Term t. Die Instruktion **unify** soll dann die Unifikation der beiden Terme implementieren, d.h. die notwendigen Bindungen der in den beiden Termen vorkommenden Variablen vornehmen. Damit ergibt sich als Übersetzungsschema:

$$\text{code}_G\ (\bar{X} = t)\ \rho = \text{putref}\ \rho(X)$$
$$\text{code}_A\ t\ \rho$$
$$\textbf{unify}$$

Beispiel 4.5.2 Betrachten Sie die Gleichung:

$$\bar{U} = f(g(\bar{X}, Y), a, Z)$$

Für die Adressumgebung:

$$\rho = \{X \mapsto 1, Y \mapsto 2, Z \mapsto 3, U \mapsto 4\}$$

erhalten wir:

putref 4	**putref** 1	**putatom** a	**unify**
	putvar 2	**putvar** 3	
	putstruct $g/2$	**putstruct** $f/3$	

□

Die Instruktion **unify** ruft die Hilfsfunktion *unify()* für die beiden obersten Kellerreferenzen auf (Abb. 4.14).

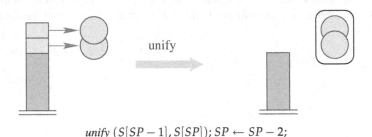

$$unify\ (S[SP-1], S[SP]);\ SP \leftarrow SP - 2;$$

Abb. 4.14. Die Instruktion **unify**.

Die Funktion *unify()* des Laufzeitsystems erhält als Eingabe zwei Haldenadressen und führt die Unifikation durch. Dabei beachtet sie, dass gleiche Haldenadressen bereits unifiziert sind. Beim Binden zweier Variablen aneinander sollte stets die jüngere mit der größeren Adresse an die ältere mit der kleineren Adresse gebunden werden. Beim Binden einer Variablen an einen Term muss überprüft werden, ob diese

Variable nicht in diesem Term vorkommt. Diese Überprüfung nennt man auch *Vorkommenstest* (Occur-Check). Weiterhin müssen eingegangene Bindungen mitprotokolliert werden, damit sie später gegebenenfalls wieder rückgängig gemacht werden können. Schließlich kann die Unifikation auch fehlschlagen. In diesem Fall muss zurückgesetzt werden (Backtracking).

```
bool unify (ref u, ref v) {
    if (u = v) return true;
    if (H[u] = (R, _)) {
        if (H[v] = (R, _)) {
            if (u > v) {H[u] ← (R, v); trail (u); return true; }
            else {H[v] ← (R, u); trail (v); return true; }
        } else if (check (u, v)) {
            H[u] ← (R, v); trail (u); return true;
        } else {backtrack(); return false; }
    }
    if ((H[v] = (R, _)) {
        if (check (v, u)) {
            H[v] ← (R, u); trail (v); return true;
        } else {backtrack(); return false; }
    }
    if (H[u] = (A, a) ∧ H[v] = (A, a)) return true;
    if (H[u] = (S, f/n) ∧ H[v] = (S, f/n)) {
        for (int i ← 1; i ≤ n; i++)
            if (¬unify (deref (H[u + i]), deref (H[v + i]))) return false;
        return true;
    }
    backtrack(); return false;
}
```

Die Unifikation der Terme in Abb. 4.15 setzt also Referenzen entsprechend Abb. 4.16. Beachten Sie, dass unsere Implementierung, wann immer möglich, Referenzen an größeren Adressen auf Objekte mit kleineren Adressen zeigen lässt.

Unsere Implementierung verwendet drei Hilfsfunktionen. Die Hilfsfunktion *trail()* protokolliert neue Bindungen. Die Hilfsfunktion *backtrack()* initiiert das Rücksetzen. Diese beiden Funktionen diskutieren wir später. Die Hilfsfunktion *check()* implementiert den Vorkommenstest. Sie überprüft, ob die Variable im ersten Argument in dem Term vorkommt, auf dessen Repräsentation das zweite Argument zeigt. Aus Effizienzgründen wird dieser Test jedoch in manchen Implementierungen weggelassen. Dann gilt einfach:

```
bool check (ref u, ref v) { return true; }
```

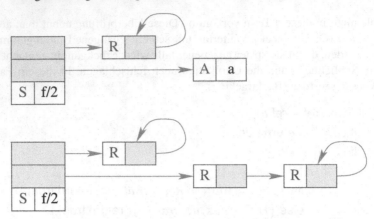

Abb. 4.15. Eine Beispieleingabe für die Funktion *unify*().

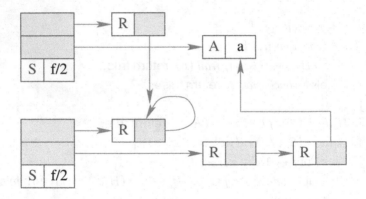

Abb. 4.16. Das Ergebnis des Aufrufs von *unify*() aus Abb. 4.15.

Ansonsten könnte man ihn wie folgt implementieren:

```
bool check (ref u, ref v) {
    if (u = v) return false;
    if (H[v] = (S, f/n))
        for (int i ← 1; i ≤ n; i++)
            if (¬check (u, deref (H[v + i]))) return false;
    return true;
}
```

Unsere bisherige Übersetzung der Gleichung $\overline{X} = t$ ist sehr einfach. Ihr Nachteil ist jedoch, dass die gerade konstruierten Haldenobjekte oft sofort Müll werden. Eine bessere Implementierung kann das überflüssige Anlegen solcher Objekte vermeiden. Dazu wird ein Verweis auf die aktuelle Bindung von X oben auf den Keller gelegt mit dem Ziel, den Term t auf der rechten Seite der Unifikationsgleichung in eine Instruktionsfolge zu übersetzen, die die Unifikation mit t implementiert. Wir definieren deshalb:

$$\text{code}_G\ (\overline{X} = t)\ \rho = \textbf{putref}\ \rho(X)$$
$$\text{code}_U\ t\ \rho$$

für eine neue Übersetzungsfunktion code_U. Betrachten wir zuerst den Code für Atome und Variablen:

$$\text{code}_U\ a\ \rho\ =\ \textbf{uatom}\ a$$
$$\text{code}_U\ X\ \rho\ =\ \textbf{uvar}\ \rho(X)$$
$$\text{code}_U\ \_\ \rho\ =\ \textbf{pop}$$
$$\text{code}_U\ \overline{X}\ \rho\ =\ \textbf{uref}\ \rho(X)$$
$$\ldots\ //\ \text{wird fortgesetzt.}$$

Die Instruktion **uatom** a implementiert die Unifikation mit dem Atom a (Abb. 4.17). Der Aufruf von *trail()* vermerkt dabei die vorgenommene Bindung. Den Auf-

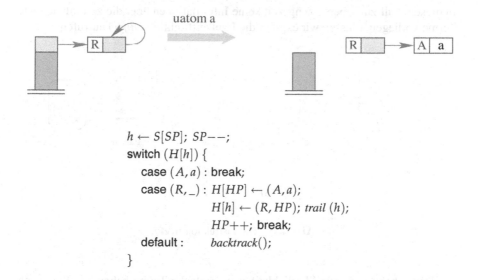

```
h ← S[SP]; SP--;
switch (H[h]) {
    case (A, a) : break;
    case (R, _) : H[HP] ← (A, a);
                  H[h] ← (R, HP); trail (h);
                  HP++; break;
    default :     backtrack();
}
```

Abb. 4.17. die Instruktion **uatom** a.

ruf von *backtrack()* benötigen wir, um im Falle eines Fehlschlags der Unifikation die Rücksetzung zu initiieren.

Da eine Unifikation mit einer anonymen Variable keine Variablen bindet, können wir diese durch die Instruktion **pop** implementieren.

Die Instruktion **uvar** i implementiert die Unifikation mit der i-ten Variable, sofern diese ungebunden ist (Abb. 4.18). Diese Unifikation bindet die i-te lokale Variable und schlägt somit nie fehl. Die Instruktion **uref** i implementiert die Unifikation

uvar i

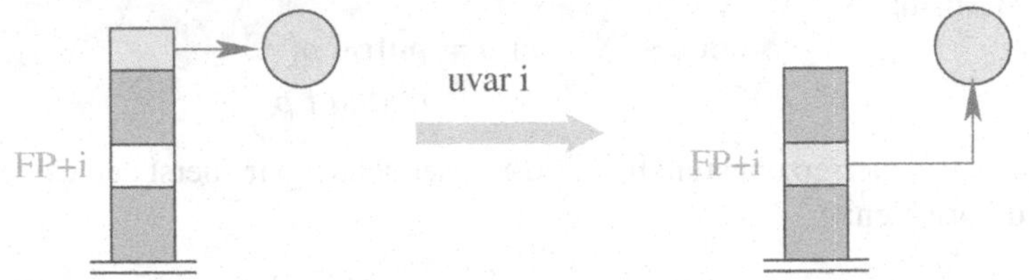

$$S[FP + i] \leftarrow S[SP]; \ SP--;$$

Abb. 4.18. Die Instruktion **uvar** i.

mit der i-ten Variable, sofern diese gebunden ist (Abb. 4.19). Beachten Sie, dass der Verweis für die i-te Variable vor der Unifikation maximal dereferenziert wird. Da in diesem Fall zur Übersetzungszeit keine Informationen über die zu unifizierenden Terme vorliegen, müssen wir explizit die Laufzeitfunktion *unify()* aufrufen.

uref i

$$\textit{unify} \ (S[SP], S[FP + i]); \ SP--;$$

Abb. 4.19. Die Instruktion **uref** i.

Damit haben wir alle Möglichkeiten für einfache Terme behandelt. Für zusammengesetzte Terme t muss der Code für die Unifikation einen *pre-order* Durchlauf über den Term t durchführen. Soll der aktuelle Term t dabei mit einer ungebundenen Variable unifiziert werden, wird vom Vergleich auf den Aufbau des Terms umgeschaltet. Insgesamt definieren wir damit:

$\text{code}_U\ f(t_1, \dots, t_n)\ \rho =$ **ustruct** $f/n\ A$

           son 1

           $\text{code}_U\ t_1\ \rho$

           ...

           son n

           $\text{code}_U\ t_n\ \rho$

           up B

       $A :$ **check** $(\text{ivars}(f(t_1, \dots, t_n)))\ \rho$

           $\text{code}_A\ f(t_1, \dots, t_n)\ \rho$

           bind

       $B : \dots$

Wir beginnen die Diskussion dieses Übersetzungsschemas mit dem Abschnitt zwischen den symbolischen Marken A und B. Diesen Abschnitt nennen wir den *Aufbaublock* für den Term t. Ihn springt die Instruktion **ustruct** $f/n\ A$ an, falls die Referenz oben auf dem Keller, mit der (die Repräsenation von) t unifiziert werden soll, eine ungebundene Variable X' darstellt. Ist das der Fall, muss weiter überprüft werden, ob X' in der aktuellen Instanz von t vorkommt. Falls dies nicht der Fall ist, wird eine Repräsentation von t materialisiert, um anschließend die Referenz für X' auf diese Repräsentation umzusetzen.

Die Variable X' kommt in der aktuellen Instanz von t vor, genau dann wenn X' in der Bindung einer der bereits initialisierten Variablen vorkommt, die in t enthalten ist. In unserer Übersetzungsschema bezeichnet dabei $\text{ivars}(t)$ die Menge der bereits initialisierten Variablen des Terms t. Die für eine in $\text{ivars}(t)$ enthaltene Variable Y_j nötige Überprüfung geschieht durch die Instruktion **check** $\rho(Y_j)$:

$$\text{check}\ \{Y_1, \dots, Y_d\}\ \rho = \text{\textbf{check}}\ \rho(Y_1)$$
$$\text{\textbf{check}}\ \rho(Y_2)$$
$$\dots$$
$$\text{\textbf{check}}\ \rho(Y_d)$$

Die Instruktion **check** i überprüft, ob die (ungebundene) Variable oben auf dem Keller innerhalb des Terms vorkommt, an den die Variable mit Relativadresse i gebunden ist (Abb. 4.20). Ist dies der Fall, schlägt die Unifikation fehl und Rücksetzen wird veranlasst. Die Instruktion **bind** schließt den Term-Aufbau ab. Sie bindet die (ungebundene) Variable oben auf dem Keller an den konstruierten Term.

Wenden wir uns nun dem Code zur Implementierung der Unifikation zu. Die zugehörige Instruktionsfolge implementiert einen *Preorder*-Durchlauf durch den Term t. Dieser Durchlauf beginnt an der Wurzel von t mit der Instruktion **ustruct** f/n A (Abb. 4.21). Beachten Sie, dass die Instruktion **ustruct** $f/n\ A$ die Argumentreferenz auf dem Keller belässt. Sie testet, ob die oberste Referenz auf eine ungebundene Variable oder eine Struktur f/n zeigt. Ist beides nicht der Fall, wird Rück-

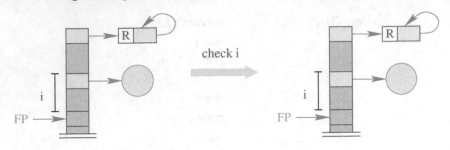

$$\text{if } (\neg check \ (S[SP], deref \ (S[FP+i]))) \ backtrack();$$

Abb. 4.20. Die Instruktion **check** i.

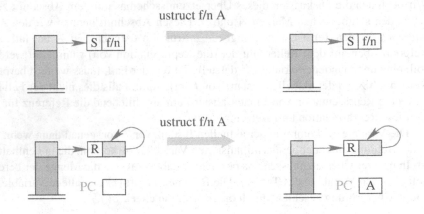

```
switch (H[S[SP]]) {
case (S, f/n) : break;
case (R, _) :     PC ← A; break;
default : +      backtrack();
```

Abb. 4.21. Die Instruktion **ustruct** $f/n \ A$.

setzen ausgelöst. Zeigt die oberste Referenz auf eine (ungebundene) Variable, wird der Aufbaublock ab Adresse A angesprungen.

Zeigt die oberste Referenz dagegen auf eine Struktur f/n, steigen man rekursiv zu den Kindern ab. Anschließend wird der Keller bereinigt und hinter dem Code an der Adresse B fortgefahren. Für den Abstieg zum i-ten Kind führen wir die Instruktion **son** i ein (Abb. 4.22). Sie legt die i-te Referenz der Struktur, auf die die oberste

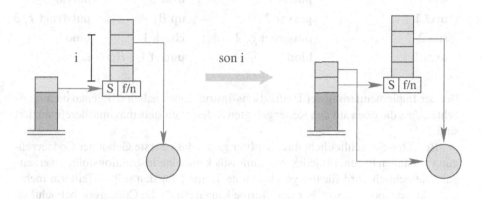

$$S[SP + 1] \leftarrow deref(H[S[SP] + i]); \; SP{+}{+};$$

Abb. 4.22. Die Instruktion **son** i.

Referenz zeigt, oben auf den Keller.

Der Bereinigung des Kellers nach Überprüfung sämtlicher Teilbäume von t dient die Instruktion **up** B (Abb. 4.23). Diese Instruktion wirft die oberste Referenz vom Keller und setzt anschließend den PC auf die Adresse B. In unserer Anwendung ist

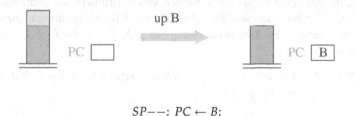

$$SP{-}{-}; \; PC \leftarrow B;$$

Abb. 4.23. Die Instruktion **up** B.

diese Adresse B die positive Fortsetzungsadresse, d.h. die erste Adresse hinter dem Aufbaublock.

Beispiel 4.5.3 Für den Term $f(g(\overline{X}, Y), a, Z)$ und die Adressumgebung $\{X \mapsto 1, Y \mapsto 2, Z \mapsto 3\}$ erhalten wir:

ustruct $f/3$ A_1	**up** B_2	B_2:	**son** 2	**putvar** 2
son 1			**uatom** a	**putstruct** $g/2$
ustruct $g/2$ A_2 A_2:	**check** 1		**son** 3	**putatom** a
son 1	**putref** 1		**uvar** 3	**putvar** 3
uref 1	**putvar** 2		**up** B_1	**putstruct** $f/3$
son 2	**putstruct** $g/2$ A_1:		**check** 1	**bind**
uvar 2	**bind**		**putref** 1 B_1:	**...**

$\square$

Bei der Implementierung der Unifikations-Instruktionen haben wir genau darauf geachtet, dass die oben auf den Keller gelegten Referenzen stets maximal dereferenziert sind.

Beachten Sie schließlich, dass wir hier gegen das oberste Gebot der Codeerzeugung verstoßen haben, für jedes Programmstück nur eine Instruktionsfolge zu erzeugen. Tatsächlich wird für tief geschachtelte Terme t für den selben Teilterm mehrmals Aufbaucode erzeugt. Für tiefe Terme kann deshalb die Codegröße beträchtlich ansteigen. Dieses Problem ist jedoch insofern vernachlässigbar, als tiefe Terme bei der Programmierung in Prolog eher selten auftreten.

4.6 Klauseln

Wenden wir uns nun der Codeerzeugung für Klauseln zu. Der Code für eine Klausel muss zuerst Platz für die lokalen Variablen der Klausel allokieren. Anschließend benötigen wir Code zur Auswertung des Rumpfs. Schließlich sollte der Kellerrahmen aufgegeben werden – zumindest immer, wenn das möglich ist.

Sei r die Klausel $q(X_1, \ldots, X_k) \Leftarrow g_1, \ldots, g_n$. Sei weiterhin $\{X_1, \ldots, X_m\}$, $m \geq k$, die Menge der lokalen Variablen von r. Erinnern Sie sich, dass wir vereinbart haben, diese Variablen ab Relativadresse 1 im Kellerrahmen abzulegen. Sei dementsprechend ρ die Adressumgebung mit $\rho(X_i) = i$, für $i = 1, \ldots, m$. Dann übersetzen wir:

$$\text{code}_\text{C}\ r = \textbf{pushenv}\ m \qquad //\text{reserviert Platz für lokale Variablen}$$
$$\text{code}_\text{G}\ g_1\ \rho$$
$$\ldots$$
$$\text{code}_\text{G}\ g_n\ \rho$$
$$\textbf{popenv}$$

Der neue Befehl **popenv** restauriert FP und PC und versucht, den aktuellen Kellerrahmen freizugeben. Das sollte gelingen, wenn die Programmausführung nie mehr zu diesem Kellerrahmen zurückkehrt. Genauer werden wir den Befehl **popenv** in Kapitel 4.8 diskutieren.

Zur Allokation von m lokalen Variablen setzt der Befehl **pushenv** m den SP auf $FP + m$ (Abb. 4.24).

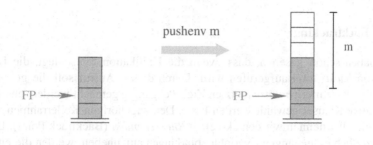

$$SP \leftarrow FP + m;$$

Abb. 4.24. Die Instruktion **pushenv** m.

Beispiel 4.6.1 Betrachten Sie die Klausel r:

$$a(X, Y) \Leftarrow f(\overline{X}, X_1), a(\overline{X_1}, \overline{Y})$$

Dann liefert code$_C$ r in der Adressumgebung $\{X \mapsto 1, Y \mapsto 2, X1 \mapsto 3\}$:

pushenv 3	**mark** A	A :	**mark** B	B :	**popenv**
	putref 1		**putref** 3		
	putvar 3		**putref** 2		
	call f/2		**call** a/2		

$\square$

4.7 Die Übersetzung von Prädikaten

Jedes Prädikat q/k wird definiert durch eine Folge von Klauseln $rr \equiv r_1 \ldots r_f$.

Die Übersetzung des Prädikats q/k enthält sicherlich die Übersetzungen der einzelnen Klauseln r_i. Insbesondere haben wir für $f = 1$:

$$\text{code}_P \ rr = \text{code}_C \ r_1$$

Falls q/k jedoch durch mehrere Klauseln definiert ist, muss die erste Alternative angesprungen werden. Schlägt diese fehl, werden der Reihe nach die weiteren Alternativen probiert. Bei der Codeerzeugung für Prädikate reicht also eine Hintereinandersetzung der Übersetzungen der einzelnen Klauseln nicht aus. Vielmehr benötigen wir eine Implementierung, die einzelne Alternativen versuchsweise ausführt und bei

Fehlschlag ihren gesamten Effekt wieder rückgängig macht. Im nächsten Abschnitt betrachten wir darum nun das Rücksetzen von Berechnungen (Backtracking) etwas näher.

4.7.1 Backtracking

Wir haben schon gesehen, dass, wenn die Unifikation fehlschlägt, die Laufzeitfunktion *backtrack( )* aufgerufen wird. Durch diesen Aufruf soll die gesamte Berechnung bis zum *dynamisch* letzten Ziel rückgängig gemacht werden, an dem eine alternative Klausel gewählt werden kann. Den zugehörigen Kellerrahmen auf dem Laufzeitkeller nennen wir den aktuellen *Rücksetzpunkt* (Backtrack Point). Um zwischenzeitlich eingegangene Variablenbindungen aufzuheben, werden die eingegangenen neuen Bindungen mithilfe der Laufzeitfunktion *trail( )* mitprotokolliert. Die Aufrufe der Funktion *trail( )* speichern kritische Variablen in einer speziellen Datenstruktur, der *Spur* (Trail, Abb. 4.25). Die Spur ist ein weiterer Keller T, auf dem

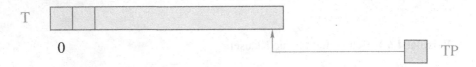

Abb. 4.25. Die WiM-Datenstruktur *Trail*.

Haldenadressen von Referenzobjekten gemerkt werden, die eine neue Bindung erhalten. Eine Optimierung würde sich dabei nur Adressen a merken, deren Referenzobjekte (R, b) Bindungen an zu junge Haldenobjekte enthalten. Zur Verwaltung der Spur führen wir ein weiteres Register ein, den *Spurzeiger* (Trail Pointer) TP. Der Spurzeiger zeigt jeweils auf die oberste belegte Spurzelle.

Weiterhin benötigen wir ein neues Register BP, den *Rücksetzzeiger* (Backtrack Pointer). Er zeigt auf den aktuellen Rücksetzpunkt, d.h. den letzten Kellerrahmen, in dem noch eine weitere Alternative offen ist (Abb. 4.26).

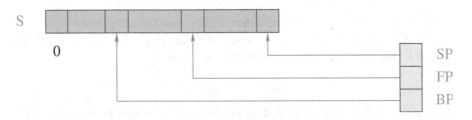

Abb. 4.26. Das Register BP der WiM.

In jedem Kellerrahmen haben wir bisher den alten Wert des PC, d.h. die *positive Fortsetzungsadresse*, sowie den alten Wert des FP abgelegt. Dieser ist der Verweis auf den aufrufenden Kellerrahmen, d.h. den dynamischen Vorgänger (Abb. 4.27). Im Kellerrahmen eines Rücksetzpunkts benötigen wir zusätzlich die Codeadresse für die *nächste* Alternative, d.h. die *negative Fortsetzungsadresse* sowie den alten Wert des BP. Den beiden dafür notwendigen organisatorischen Zellen geben wir die Relativadressen -5 und -4. Weiterhin retten wir an einem Rücksetzpunkt ebenfalls die alten Werte der Register TP und HP. Die zugehörigen organisatorischen Zellen

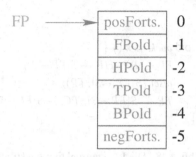

Abb. 4.27. Die organisatorischen Zellen der WiM.

erhalten die Relativadressen -3 und -2.

Ein Aufruf der Laufzeitfunktion **void** *backtrack( )* kehrt zum aktuellen Rücksetzpunkt zurück und fährt dort mit der negativen Fortsetzungsadresse fort (Abb. 4.28). Bevor jedoch die nächste Alternative angesprungen werden kann, müssen erst die seit der Wahl der letzten Alternative vorgenommenen Variablenbindungen rückgängig gemacht werden. Dies geschieht in zwei Schritten. Indem der Haldenzeiger auf seinen im Kellerrahmen des Rücksetzpunkts gesicherten Wert zurückgesetzt wird, werden sämtliche seitdem angelegten Haldenobjekte inklusive der darin enthaltenen Referenzen beseitigt. Wir wären damit bereits fertig, wären keine älteren Referenzen gebunden worden. Die Adressen der älteren Referenzobjekte a, die seit Anlegen des Rücksetzpunkts gebunden wurden, haben wir jedoch stets auf der Spur durch einen Aufruf *trail* (a) vermerkt. Sie sollten auf der Spur an den Adressen $S[FP - 3] + 1, S[FP - 3] + 2, \ldots, TP$ stehen. Das *Entbinden* dieser Referenzobjekte erledigt der Aufruf *reset* $(S[FP - 3], TP)$.

Die Funktionen **void** *trail* (**ref** u) und **void** *reset* (**ref** y, **ref** x) lauten deshalb:

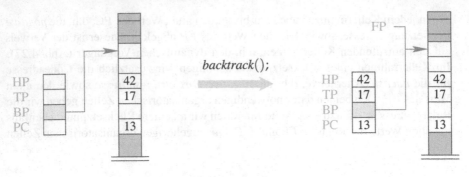

```
void backtrack () {
    FP ← BP;  HP ← S[FP − 2];
    reset (S[FP − 3], TP);
    TP ← S[FP − 3];  PC ← S[FP − 5];
}
```

Abb. 4.28. Die Laufzeitfunktion *backtrack()*.

```
void trail (ref u) {                    void reset (ref x, ref y) {
    if (u < S[BP − 2]) {                    for (ref u ← y; x < u; u−−)
        TP ← TP + 1;                            H[T[u]] ← (R, T[u]);
        T[TP] ← u;                          }
    }
}
```

Die Kellerzelle $S[BP − 2]$ enthält den Haldenzeiger bei Anlegen des letzten Rücksetzpunkts. Der entsprechende Vergleich in der Funktion *trail()* erlaubt es uns deshalb auf einfache Weise zu entscheiden, ob wir eine Referenz auf der Spur vermerken sollen oder ob dies nicht notwendig ist.

4.7.2 Zusammenfügung

Nehmen wir an, das Prädikat q/k sei durch die Folge von Klauseln $rr \equiv r_1, \ldots, r_f$ definiert, wobei nun $f > 1$ ist. Dann benötigen wir Code, um zuerst den Rücksetzpunkt zu *initialisieren*. Anschließend müssen wir dafür sorgen, dass die verschiedenen Alternativen der Reihe nach ausprobiert werden. Am Ende sollte dann der Rücksetzpunkt *aufgegeben* werden. Folglich erzeugen wir den folgenden Code:

$$\text{code}_P \; rr = q/k : \textbf{setbtp}$$

$$\textbf{try } A_1$$

$$\text{...}$$

$$\textbf{try } A_{f-1}$$

$$\textbf{delbtp}$$

$$\textbf{jump } A_f$$

$$A_1: \; \text{code}_C \; r_1$$

$$\text{...}$$

$$A_f: \; \text{code}_C \; r_f$$

Beachten Sie, dass der Rücksetzpunkt bereits *vor* Ausprobieren der letzten Alternative aufgegeben und diese letzte Möglichkeit direkt angesprungen wird. Dies ist sinnvoll, weil bei einem erneuten Fehlschlag zu dem gegenwärtigen Kellerrahmen nicht mehr zurückgekehrt werden muss.

Beispiel 4.7.1 Betrachten wir das folgende Prädikat:

$$s(X) \Leftarrow t(\overline{X})$$
$$s(X) \Leftarrow \overline{X} = a$$

Die Übersetzung des Prädikats s liefert gemäß unserem Schema:

$s/1$:		A :		B :	
	setbtp		**pushenv** 1		**pushenv** 1
	try A		**mark** C		**putref** 1
	delbtp		**putref** 1		**uatom** a
	jump B		**call** $t/1$		**popenv**
		C :	**popenv**		

□

Für unser Übersetzungsschema benötigen wir einige neue Instruktionen. Die Instruktion **setbtp** legt einen Rücksetzpunkt an. Dazu rettet sie die Register HP, TP und BP (Abb. 4.29). Die Instruktion **try** A versucht die Alternative mit Anfangsadresse A und ersetzt die negative Fortsetzungsadresse im Kellerrahmen durch den aktuellen PC, d.h. der Adresse des nächsten Befehls in der *try*-Kette. (Abb. 4.30). Die Instruktion **delbtp** schließlich restauriert den alten Wert des Rücksetzzeigers (Abb. 4.31).

4.8 Die Endbehandlung von Klauseln

Jetzt fehlt für die Übersetzung von Klauseln und Prädikaten nur noch die Endbehandlung einer Klausel durch die Instruktion **popenv**. Erinnern wir uns an die Übersetzung von Klauseln:

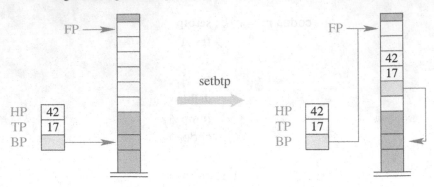

$$S[FP-2] \leftarrow HP; \ S[FP-3] \leftarrow TP;$$
$$S[FP-4] \leftarrow BP; \ BP \leftarrow FP;$$

Abb. 4.29. Die Instruktion **setbtp**.

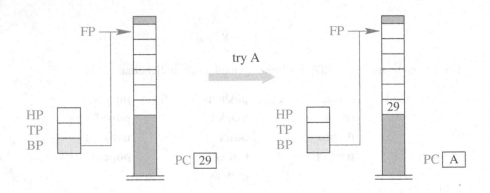

$$S[FP-5] \leftarrow PC; \ PC \leftarrow A;$$

Abb. 4.30. Die Instruktion **try** A.

$$\text{code}_C \ r = \textbf{pushenv} \ m$$
$$\text{code}_G \ g_1 \ \rho$$
$$\dots$$
$$\text{code}_G \ g_n \ \rho$$
$$\textbf{popenv}$$

Natürlich ist unser Ziel, am Ende einer Klausel den aktuellen Kellerrahmen aufzugeben. Dies ist jedoch nicht immer möglich. So könnte ja der aktuelle Rahmen

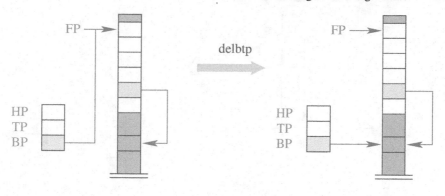

$$BP \leftarrow S[FP - 4];$$

Abb. 4.31. Die Instruktion **delbtp**.

ein Rücksetzpunkt mit weiteren offenen Alternativen sein. Oder es wurden bei der Abarbeitung der Literale im Rumpf der Klausel Rücksetzpunkte angelegt, die nicht einfach vom Keller entfernt werden können. Dies sind tatsächlich auch die einzigen beiden Hindernisse für eine Aufgabe des aktuellen Kellerrahmens. Ein einfacher Test der Bedingung für die Rahmenfreigabe besteht darin, den aktuellen BP mit dem FP zu vergleichen. Gilt $BP < FP$, können wir getrost den Kellerrahmen aufgeben, andernfalls müssen wir ihn behalten.

Diesen Test führt die Instruktion **popenv** durch (Abb. 4.32 und 4.33). Zuerst versucht die Instruktion, den Kellerrahmen freizugeben. Dann restauriert sie die Register FP und PC. Beachten Sie, dass es der Instruktion **popenv** – obwohl dies ihr Name vielleicht suggerieren mag – nicht immer gelingt, den Kellerrahmen aufzugeben! Falls die Freigabe eines Kellerrahmens im Rumpf einer Klausel scheitert, werden damit also weitere Daten oben auf dem Keller allokiert. Bei Rückkehr zu dem Kellerrahmen der Klausel können die lokalen Variablen aber immer noch über den FP adressiert werden.

4.9 Anfragen und Programme

Damit haben wir Übersetzungsschemata für sämtliche Bestandteile eines ProL-Programms zur Verfügung. Bleibt uns also nur noch festzulegen, wie wir mit einem gesamten Programm p umgehen. Nehmen wir an, das Programm p bestehe aus den Prädikatsdefinitionen $rr_1\ldots..rr_h$ sowie der Anfrage $\Leftarrow g_1,\ldots,g_l$. Dann sollte der Code für das Programm p die folgenden Bestandteile enthalten:

- Code zur Auswertung der Anfrage $\Leftarrow g_1,\ldots,g_l$,
- einer Instruktion **no** für Fehlschlag, sowie
- Code für die Prädikate rr_i.

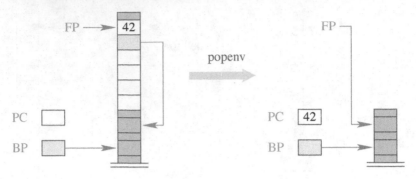

$$\text{if } (BP < FP) \; SP \leftarrow FP - 6;$$
$$FP \leftarrow S[FP - 1]; \; PC \leftarrow S[FP];$$

Abb. 4.32. Die Instruktion **popenv** mit Freigabe des Kellerrahmens.

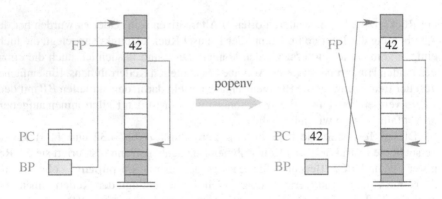

Abb. 4.33. Die Instruktion **popenv** ohne Freigabe des Kellerrahmens.

Wir nehmen dabei an, dass vor der Programmausführung $SP = FP = BP = TP = -1$ und $PC = HP = 0$ sind. Vor der Auswertung der Anfrage müssen die Register SP, FP und BP korrekt initialisiert und ein erster Kellerrahmen auf dem Keller angelegt werden. Danach muss die Ergebnissubstitution zurückgegeben (oder Fehlschlag gemeldet) werden:

$$\text{code } p = \begin{array}{l} \textbf{init } A \\ \textbf{pushenv } d \\ \text{code}_G \; g_1 \; \rho \\ \cdots \\ \text{code}_G \; g_l \; \rho \\ \textbf{halt } d \end{array}$$

$$A : \begin{array}{l} \textbf{no} \\ \text{code}_P \; rr_1 \\ \cdots \\ \text{code}_P \; rr_h \end{array}$$

sofern $\{X_1, \ldots, X_d\} = free(g_1, \ldots, g_l)$ die Menge der Variablen in der Anfrage $g_1, \ldots, g_l$ ist und $\rho(X_i) = i, i = 1, \ldots, d$ gilt.

Die Instruktion **halt** d beendet die Programmausführung und stellt die Bindungen der d Variablen der Welt zur Verfügung, bzw. löst Backtracking aus – sofern von der Benutzerin gefordert.

Die Instruktion **init** A initialisiert insbesondere die Register SP, FP und PC und vermerkt im Kellerrahmen die Adresse A als negative Fortsetzungsadresse (Abb. 4.34). An der Adresse A für das Fehlschlagen des Ziels haben wir die Instruktion **no**

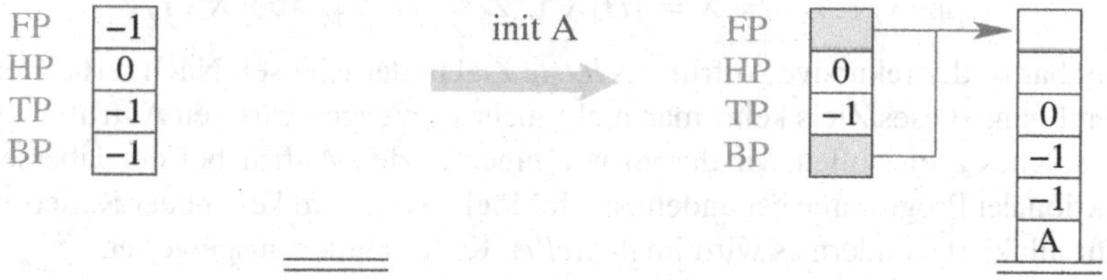

$$SP \leftarrow FP \leftarrow BP \leftarrow 5;$$
$$S[0] \leftarrow A; \; S[1] \leftarrow S[2] \leftarrow -1;$$
$$S[3] \leftarrow 0;$$

Abb. 4.34. Die Instruktion **init** A.

untergebracht, welche *no* auf die Standardausgabe schreibt und dann anhält.

Nun sind wir an einem Punkt angekommen, an dem wir ein erstes vollständiges ProL-Programm übersetzen können.

Beispiel 4.9.1 Wir nehmen dazu das folgende kleine Programm:

$$t(X) \Leftarrow \overline{X} = b \qquad\qquad q(X) \Leftarrow s(\overline{X}) \qquad\qquad s(X) \Leftarrow \overline{X} = a$$
$$p \Leftarrow q(X), t(\overline{X}) \qquad\qquad s(X) \Leftarrow t(\overline{X}) \qquad\qquad \Leftarrow p$$

Die Übersetzung liefert:

	init N		**popenv**	$q/1:$	**pushenv** 1	$E:$	**pushenv** 1
	pushenv 0	$p/0:$	**pushenv** 1		**mark** D		**mark** G
	mark A		**mark** B		**putref** 1		**putref** 1
	call $p/0$		**putvar** 1		**call** $s/1$		**call** $t/1$
$A:$	**halt** 0		**call** $q/1$	$D:$	**popenv**	$G:$	**popenv**
$N:$	**no**	$B:$	**mark** C	$s/1:$	**setbtp**	$F:$	**pushenv** 1
$t/1:$	**pushenv** 1		**putref** 1		**try** E		**putref** 1
	putref 1		**call** $t/1$		**delbtp**		**uatom** a
	uatom b	$C:$	**popenv**		**jump** F		**popenv**

□

4.10 Optimierung I: Letzte Ziele

Ähnlich wie bei funktionalen Programmen lässt sich die Effizienz der Implementierung durch einfache Optimierungen beträchtlich steigern. Betrachten wir etwa das Prädikat app aus der Einleitung:

$$app(X, Y, Z) \Leftarrow X = [\,], \ Y = Z$$
$$app(X, Y, Z) \Leftarrow X = [H|X'], \ Z = [H|Z'], \ app(X', Y, Z')$$

Offenbar ist der rekursive Aufruf das *letzte* Ziel in der Klausel. Nach (erfolgreicher) Beendigung dieses Ziels kehrt man nicht mehr zum gegenwärtigen Aufrufer zurück. Ein solches Ziel wollen wir darum wie einen letzten Aufruf bei der Übersetzung funktionaler Programme behandeln, nach Möglichkeit wird kein neuer Kellerrahmen dafür allokiert, sondern es wird im *aktuellen* Kellerrahmen ausgewertet.

Betrachten wir eine Klausel r der Form:

$$q_0(X_1, \ldots, X_k) \Leftarrow g_1, \ldots, g_n$$

mit m lokalen Variablen, wobei das letzte Ziel g_n das Literal $q(t_1, \ldots, t_h)$ ist. Das Zusammenspiel zwischen code_C und code_G wollen wir uns etwas genauer ansehen:

$$
\begin{array}{rl}
\text{code}_C \ r = & \textbf{pushenv } m \\
& \text{code}_G \ g_1 \ \rho \\
& \cdots \\
& \text{code}_G \ g_{n-1} \ \rho \\
& \textbf{mark } B \\
& \text{code}_A \ t_1 \ \rho \\
& \cdots \\
& \text{code}_A \ t_h \ \rho \\
& \textbf{call } q/h \\
B: & \textbf{popenv}
\end{array}
$$

Als Optimierung ersetzen wir die Instruktion **mark** B durch eine neue Instruktion **lastmark** und die Folge **call** q/h; **popenv** durch die neue Instruktion **lastcall** q/h m. Dadurch erhalten wir:

$$\text{code}_C \; r = \; \textbf{pushenv} \; m$$
$$\text{code}_G \; g_1 \; \rho$$
$$\ldots$$
$$\text{code}_G \; g_{n-1} \; \rho$$
$$\textbf{lastmark}$$
$$\text{code}_A \; t_1 \; \rho$$
$$\ldots$$
$$\text{code}_A \; t_h \; \rho$$
$$\textbf{lastcall} \; q/h \; m$$

Falls die gegenwärtige Klausel nicht die letzte ist oder die $g_1, \ldots, g_{n-1}$ Rücksetzpunkte erzeugt haben, ist $FP \leq BP$. Dann können wir den aktuellen Rahmen vor dem letzten Aufruf noch nicht aufgeben. Stattdessen muss die Instruktion **lastmark** einen neuen Rahmen mit einer Referenz auf den Vorgänger anlegen (Abb. 4.35). Falls dagegen $FP > BP$, dann kann der aktuelle Kellerrahmen für den letzten

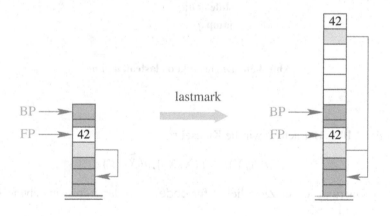

$$\text{if } (FP \leq BP) \; \{SP \leftarrow SP + 6; \; S[SP] \leftarrow S[FP]; \; S[SP-1] \leftarrow FP; \}$$

Abb. 4.35. Die Instruktion **lastmark**.

Aufruf verwendet werden. Die Instruktion **lastmark** tut dann nichts.

Entsprechend vergleicht auch die Instruktion **lastcall** q/h m die Register FP und BP (Abb. 4.36). Falls $FP \leq BP$, verhält sich **lastcall** q/h m wie ein normales **call** q/h. Falls dagegen $FP > BP$, werden die aktuellen Parameter in den Zellen $S[FP+1], S[FP+2], \ldots, S[FP+h]$ ausgetauscht und q/h angesprungen.

Die Differenz zwischen den alten und neuen Adressen der verschobenen aktuellen Parameter ist $SP - h - FP = m$, d.h. ergibt gerade die Anzahl der lokalen Variablen im Kellerrahmen.

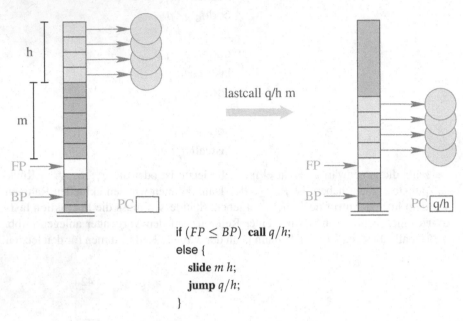

lastcall q/h m

```
if (FP ≤ BP) call q/h;
else {
    slide m h;
    jump q/h;
}
```

Abb. 4.36. Die Instruktion **lastcall** $q/h\ m$.

Beispiel 4.10.1 Betrachten wir die Klausel r:

$$a(X, Y) \Leftarrow f(\overline{X}, X_1), a(\overline{X}_1, \overline{Y})$$

Die Optimierung letzter Ziele liefert für code$_C$ r in der Adressumgebung $\{X \mapsto 1, Y \mapsto 2, X1 \mapsto 3\}$:

	mark A	$A:$	**lastmark**
pushenv 3	**putref** 1		**putref** 3
	putvar 3		**putref** 2
	call $f/2$		**lastcall** $a/2$ 3

Ist das letzte Literal der letzten Klausel gleichzeitig das *einzige* Literal in dieser Klausel, können wir auf **lastmark** ganz verzichten und auch **lastcall** $q/h\ m$ zu der unbedingten die Folge **slide** $m\ h$; **jump** q/h vereinfachen.

Beispiel 4.10.2 Betrachten Sie die letzte Klausel des Prädikats app:

$$\mathsf{app}(X, Y, Z) \Leftarrow \overline{X} = [H|X'],\ \overline{Z} = [\overline{H}|Z'],\ \mathsf{app}(\overline{X'}, \overline{Y}, \overline{Z'})$$

Hier ist das letzte Ziel das einzige Literal. Folglich erhalten wir:

A : **pushenv** 6			**uref** 4		**bind**
putref 1	B:	**putvar** 4	**son** 2	E :	**putref** 5
ustruct $[\,\|\,]/2\ B$		**putvar** 5	**uvar** 6		**putref** 2
son 1		**putstruct** $[\,\|\,]/2$	**up** E		**putref** 6
uvar 4		**bind**	D : **check** 4		**slide** 6 3
son 2	C :	**putref** 3	**putref** 4		**jump** $\mathsf{app}/3$
uvar 5		**ustruct** $[\,\|\,]/2\ D$	**putvar** 6		
up C		**son** 1	**putstruct** $[\,\|\,]/2$		

Für das Prädikat app haben wir es also tatsächlich geschafft, die Rekursion durch den letzten Aufruf in eine Schleife zu übersetzen. □

4.11 Optimierung II: Verkleinerung von Kellerrahmen

Weil Kellerrahmen viel häufiger auf dem Keller gehalten werden müssen als etwa bei der MaMa, leiden Implementierungen logischer Sprachen unter erhöhtem Kellerplatzverbrauch. Jede Möglichkeit, systematisch Platz auf dem Keller einzusparen, ist deshalb hoch willkommen. Eine Idee in diese Richtung besteht darin, die lokalen Variablen einer Klausel gemäß ihrer *Lebensdauer* zu ordnen. Wird eine Variable im weiteren Verlauf der Abarbeitung der Klausel nicht mehr explizit verwendet, nennen wir sie *tot*. Tote Variablen können wir, wenn immer möglich, wieder vom Keller entfernen.

Beispiel 4.11.1 Betrachten Sie die folgende Klausel:

$$\mathsf{a}(X, Z) \Leftarrow \mathsf{p}_1(\overline{X}, X_1), \mathsf{p}_2(\overline{X_1}, X_2), \mathsf{p}_3(\overline{X_2}, X_3), \mathsf{p}_4(\overline{X_3}, \overline{Z})$$

Hinter dem Literal $\mathsf{p}_2(\overline{X_1}, X_2)$ ist die Variable X_1 tot. Hinter dem Literal $\mathsf{p}_3(\overline{X_2}, X_3)$ ist die Variable X_2 ebenfalls tot. □

Nehmen wir an, wir hätten ein nichtletztes Ziel, nach dem die ersten m Variablen lebendig sind. Dann können wir eine Instruktion **trim** m einfügen (Abb. 4.37). Die toten lokalen Variablen dürfen aber nur eliminiert werden, wenn keine Rücksetzpunkte angelegt wurden, deren erneute Auswertung einen späteren Zugriff auf die toten Variablen erfordert. Deshalb vergleicht die Instruktion **trim** m die Register FP und BP und bereinigt die toten Variablen nur, wenn $FP \geq BP$ gilt.

Beispiel 4.11.2 Betrachten Sie erneut die Klausel aus Beispiel 4.11.1:

$$\mathsf{a}(X, Z) \Leftarrow \mathsf{p}_1(\overline{X}, X_1), \mathsf{p}_2(\overline{X_1}, X_2), \mathsf{p}_3(\overline{X_2}, X_3), \mathsf{p}_4(\overline{X_3}, \overline{Z})$$

Gemäß der Lebensdauer ergibt sich folgende Anordnung der Variablen:

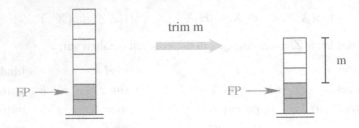

$$\text{if } (FP \geq BP) \; SP \leftarrow FP + m;$$

Abb. 4.37. Die Instruktion **trim** m.

$$\rho = \{X \mapsto 1, Z \mapsto 2, X_3 \mapsto 3, X_2 \mapsto 4, X_1 \mapsto 5\}$$

Die entsprechende Einfügung der *trim*-Instruktionen liefert uns:

pushenv 5	$A:$	**mark** B		**mark** C		**lastmark**
mark A		**putref** 5		**putref** 4		**putref** 3
putref 1		**putvar** 4		**putvar** 3		**putref** 2
putvar 5		**call** $p_2/2$		**call** $p_3/2$		**lastcall** $p_4/2\ 3$
call $p_1/2$	$B:$	**trim** 4	$C:$	**trim** 3		

$\square$

4.12 Optimierung III: Klausel-Indizierung

Oft werden Prädikate durch Fallunterscheidung nach einem, in der Regel dem ersten Argument definiert. Die Berücksichtigung dieses Arguments kann viele Alternativen sehr schnell ausschließen! Die Vorteile einer entsprechenden Implementierung liegen auf der Hand: das Fehlschlagen eines Prädikats wird früher entdeckt. Die Rücksetzpunkte werden früher beseitigt. Die Kellerrahmen werden somit früher aufgegeben.

Beispiel 4.12.1 Die Situation können wir uns erneut an unserem app-Prädikat verdeutlichen:

$$\text{app}(X, Y, Z) \Leftarrow X = [\,], \; Y = Z$$
$$\text{app}(X, Y, Z) \Leftarrow X = [H|X'], \; Z = [H|Z'], \; \text{app}(X', Y, Z')$$

Wir beobachten:

- Falls der Wurzelkonstruktor $[\,]$ ist, ist nur die erste Klausel anwendbar.
- Falls der Wurzelkonstruktor $[|]$ ist, ist nur die zweite Klausel anwendbar.
- Jeder andere Wurzelkonstruktor sollte *fehlschlagen*.

- Nur wenn das erste Argument eine ungebundene Variable ist, müssen beide Alternativen probiert werden.

  □

Die Idee besteht deshalb darin, getrennte *try*-Ketten für jeden möglichen Konstruktor einzuführen. In dieser Darstellung berücksichtigen wir der Einfachheit halber den Wurzelknoten des ersten Arguments. Abhängig vom Ergebnis führen wir einen *indizierten* Sprung in die entsprechende Kette durch.

Nehmen wir an, das Prädikat q/k sei durch die Folge rr von Klauseln $r_1 \ldots r_m$ definiert. Sei tchains rr die Folge der *try*-Ketten entsprechend den Wurzelkonstruktoren in Unifikationen $X_1 = t$ am Anfang des Rumpfs der Klauseln. Hier verzichten wir auf eine formalen Spezifikation, wie die *try*-Ketten aus der Folge rr der das Prädikat q/k definierenden Klauseln gewonnen werden können. Stattdessen illustrieren wir die Idee anhand eines Beispiels.

Beispiel 4.12.2 Betrachten wir erneut das app-Prädikat und nehmen an, der Code der beiden Klauseln beginne an den Adressen A_1 und A_2. Dann erhalten wir die folgenden vier Ketten:

VAR:	**setbtp**	// Variablen	*NIL*:	**jump** A_1 // Atom [ ]
	try A_1			
	delbtp		*CONS*:	**jump** A_2 // Konstruktor [|]
	jump A_2			
			DEFAULT:	**fail** // Default

Die neue Instruktion **fail** ist für alle Konstruktoren außer [ ] und [\|] zuständig:

$$\textbf{fail} \quad = \quad backtrack()$$

Ihre Ausführung löst direkt Backtracking aus.   □

Mithilfe der Folge tchains rr zu dem Prädikat q/k lässt sich nun leicht der Code für das Prädikat q/k erzeugen:

code$_P$ rr	=	**putref** 1	
		getNode	// extrahiert die Wurzel-Beschriftung
		index q/k	// springt zum *try*-Block
		tchains rr	
	A_1 :	code$_C$ r_1	
		...	
	A_m :	code$_C$ r_m	

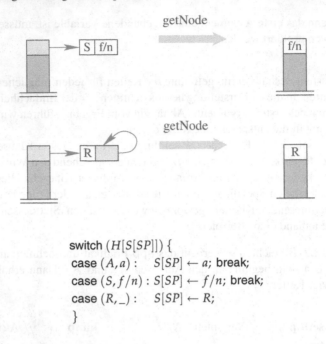

```
switch (H[S[SP]]) {
case (A, a):     S[SP] ← a; break;
case (S, f/n) : S[SP] ← f/n; break;
case (R, _) :    S[SP] ← R;
}
```

Abb. 4.38. Die Instruktion **getNode**.

Die Instruktion **getNode** liefert R, falls der Verweis oben auf dem Keller auf eine ungebundene Variable zeigt. Andernfalls liefert sie den Inhalt des Haldenobjekts (Abb. 4.38).

Die Instruktion **index** q/k benutzen wir, um einen indizierten Sprung an die entsprechende *try*-Kette durchzuführen (Abb. 4.39).

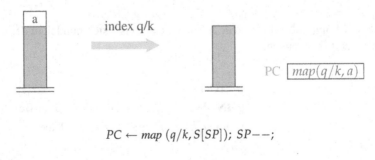

$$PC \leftarrow map\ (q/k, S[SP]); \quad SP\text{---};$$

Abb. 4.39. Die Instruktion **index** q/k.

Die Funktion *map()* in der Definition der Instruktion **index** q/k liefert zu gegebenem Prädikat und Knoteninhalt die Startadresse der entsprechenden *try*-Kette. Wir lassen offen, wie diese Funktion implementiert werden könnte. Sicherlich bietet sich aber eine Implementierung mithilfe von Hash-Tabellen an.

4.13 Erweiterung: Der Cut Operator

Wirkliches Prolog stellt zusätzlich einen Operator „!" zur Verfügung, den *Cut*. Dieser Operator erlaubt es, den Suchraum durch Beschränken des Rücksetzens explizit zu beschneiden. Betrachten Sie etwa das folgende Prädikat:

$$\mathsf{branch}(X, Y) \Leftarrow \mathsf{p}(\overline{X}), !, \mathsf{q}_1(\overline{X}, \overline{Y})$$
$$\mathsf{branch}(X, Y) \Leftarrow \mathsf{q}_2(\overline{X}, \overline{Y})$$

Sobald die Anfragen *vor* dem Cut erfolgreich waren, sind alle dabei getroffenen Auswahlen festgelegt (committed). Backtracking wird nur noch zu Rücksetzpunkten *vor* der Abarbeitung der linken Seite zurückkehren. Dieses operationale Verhalten wollen wir nun implementieren. Bei einem Vorkommen des Cut-Operators sollte darum der Vorgänger des BP des aktuellen Kellerrahmens restauriert werden. Anschließend werden alle Kellerrahmen oberhalb der lokalen Variablen beseitigt, da man zu keinem dieser Rücksetzpunkte zurückkehren wird. Folglich übersetzen wir den Cut in die Folge:

prune

pushenv m

wobei m die Anzahl der (noch benötigten) lokalen Variablen der Klausel ist.

Beispiel 4.13.1 Betrachten wir unser Beispiel:

$$\mathsf{branch}(X, Y) \Leftarrow \mathsf{p}(\overline{X}), !, \mathsf{q}_1(\overline{X}, \overline{Y})$$
$$\mathsf{branch}(X, Y) \Leftarrow \mathsf{q}_2(\overline{X}, \overline{Y})$$

Eine optimierte Übersetzung liefert hier:

setbtp	A : **pushenv** 2	C : **prune**	**putref** 1	B : **pushenv** 2
try A	**mark** C	**pushenv** 2	**putref** 2	**putref** 1
delbtp	**putref** 1		**slide** 2 2	**putref** 2
jump B	**call** $\mathsf{p}/1$		**jump** $\mathsf{q}_1/2$	**slide** 2 2
				jump $\mathsf{q}_2/2$

□

Die neue Instruktion **prune** restauriert den BP (Abb. 4.40).

Damit bleibt aber noch ein Problem: Ist eine Klausel *einzeln* in einer *try*-Kette, dann haben wir (zumindest bisher) den BP vor Betreten des Aufrufs nicht innerhalb des Kellerrahmens abgelegt. Folglich kann damit die Instruktion **prune** den BP auch nicht sinnvoll restaurieren.

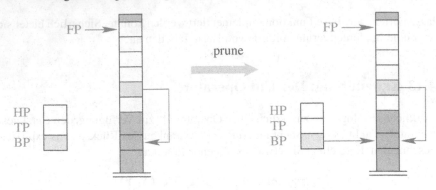

$$BP \leftarrow S[FP - 4];$$

Abb. 4.40. Die Instruktion **prune**.

Damit der Cut auch für Prädikate mit einer einzigen Klausel bzw. für *try*-Ketten der Länge 1 gilt, fügen wir eine zusätzliche Instruktion **setcut** vor dem Code (bzw. dem unbedingten Sprung an den Anfang des Codes) jeder solchen einzelnen Klausel ein, die einen Cut enthält. Die neue Instruktion **setcut** rettet gezielt den aktuellen Wert des BP.

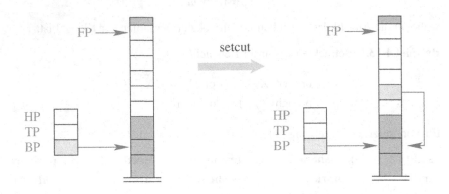

$$S[FP - 4] \leftarrow BP;$$

Abb. 4.41. Die Instruktion **setcut**.

Damit kommen wir zum letzten Beispiel dieses Kapitels: *Negierung durch Fehlschlag* (Negation by Failure). Die Programmiersprache Prolog orientiert sich zwar an prädikatenlogischen Formeln, soweit sie sich durch Horn-Klauseln beschreiben lassen. Exakte logische Negation lässt sich in Prolog jedoch nicht ausdrücken. Stattdessen bietet Prolog Negierung durch Fehlschlag an. Diese lässt sich mithilfe des Cut-Operators implementieren.

Beispiel 4.13.2 Das folgende Prädikat $notQ/k$ soll immer dann erfolgreich sein, wenn q/k fehlschlägt:

$$notQ(X_1, \ldots, X_k) \Leftarrow q(\overline{X}_1, \ldots, \overline{X}_k), !, \text{fail}$$
$$notQ(X_1, \ldots, X_k) \Leftarrow$$

wobei das Ziel **fail** immer fehlschlägt. Dann erhalten wir für $notQ/k$ die folgende Folge von WiM-Instruktionen:

setbtp	$A:$	**pushenv** k	$C:$	**prune**	$B:$	**pushenv** k
try A		**mark** C		**fail**		**popenv**
delbtp		**putref** 1		**popenv**		
jump B		...				
		putref k				
		call q/k				

Dabei hätten wir in der Spalte ab Marke C die Instruktion **popenv** weglassen können. Auch die Instruktion **pushenv** k in der letzten Spalte ist überflüssig. □

4.14 Exkurs: Speicherbereinigung

Sowohl bei der Ausführung eines MaMa- wie eines WiM-Programms können Objekte in der Halde auftreten, auf die es keine Verweise mehr gibt. Diese Objekte heißen *Müll* (Garbage), weil sie die weitere Programmausführung nicht mehr beeinflussen können. Ihr Speicherplatz sollte deshalb freigegeben und für das Anlegen anderer Objekte wiederverwendet werden.

Beachten Sie, dass unsere virtuelle Maschine WiM für logische Programmiersprachen tatsächlich bereits über eine Art Speicherplatz-Freigabe verfügt. Diese Speicherplatz-Freigabe betrifft jedoch nur den Platz, den *fehlgeschlagene Alternativen* belegt haben. Sie sollten sich jedoch davon überzeugen, dass auch bei bisher erfolgreicher Abarbeitung von Zielen nicht erreichbare Haldenobjekte anfallen können.

Keine praktische Implementierung einer modernen funktionalen oder logischen Programmiersprache kommt ohne ein Verfahren zur automatischen *Speicherbereinigung* (Garbage Collection) aus. Automatische Speicherbereinigung hat auch Eingang gefunden in die objektorientierte Programmiersprache Java.

In den letzten Jahren wurden eine Reihe interessanter, effizienter Verfahren für diese Aufgabe entwickelt, praktisch erprobt und verfeinert. Einen generellen Überblick geben etwa [Wil92, JL96]. Speicherbereinigung für Prolog betrachtet u.a.

[VSD02]. Hier stellen wir nur das allereinfachste Verfahren vor: eine *kopierende* Speicherbereinigung. Insbesondere wollen wir diskutieren, wie sich die Speicherbereinigung für die virtuelle Maschine MaMa von derjenigen für die virtuelle Maschine WiM unterscheidet.

Konzeptionell teilt eine kopierende Speicherbereinigung den Speicherbereich für die Halde in zwei Teile, von denen jeweils nur die eine Hälfte benutzt wird. Ist die benutzte Hälfte voll, werden alle *lebendigen* Objekte in die unbenutzte Hälfte übertragen, um anschließend die Rollen der beiden Hälften zu vertauschen.

Lebendig sind dabei alle Objekte, die zur weiteren Programmausführung noch benötigt werden. Dazu rechnen wir sämtliche Objekte, auf die Referenzen im Keller liegen. Weiterhin wird jedes Objekt als lebendig aufgefasst, auf das ein anderes lebendiges Objekt eine Referenz enthält.

Die Menge aller lebendigen Objekte lässt sich deshalb mit einem entsprechend angepassten Grapherreichbarkeits-Algorithmus ermitteln (Abb. 4.42). Im Beispiel

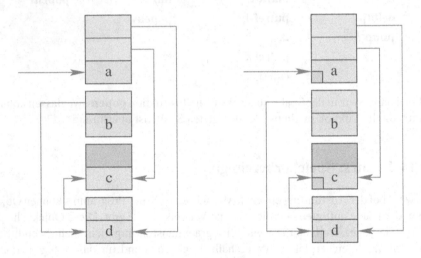

Abb. 4.42. Bestimmung der lebendigen Haldenobjekte.

haben wir dazu jedes Objekt mit einem Bit ausgestattet, das nach der Lebendigkeitsanalyse anzeigt, ob das Objekt bereits besucht wurde oder nicht.

Im nächsten Schritt werden die lebendigen Objekte in die frische Hälfte des Speichers kopiert. Diese Phase könnte tatsächlich mit der Erreichbarkeitsanalyse in der ersten Phase verschränkt werden. Beachten Sie jedoch, dass bei einfachem Kopieren der Objekte die Referenzen der Objekte nach wie vor in die alte Hälfte des Speichers zeigen. Deshalb platzieren wir an der alten Stelle jedes kopierten Objekts eine *Vorwärtsreferenz* auf die Stelle des kopierten Objekts in der neuen Hälfte (Abb. 4.43).

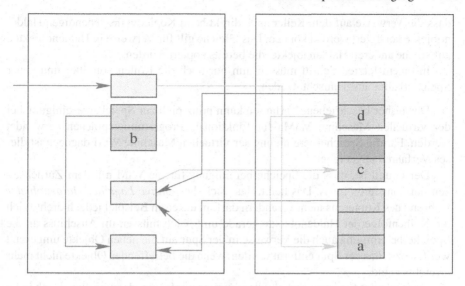

Abb. 4.43. Der Speicher nach Kopieren der lebendigen Haldenobjekte.

Nach dieser Phase zeigen alle Verweise der kopierten Objekte auf die Vorwärts-Referenzen in der alten Hälfte des Speichers. Nun müssen (zumindest konzeptuell) sowohl der Keller wie alle kopierten Objekte ein weiteres Mal besucht werden, um die Verweise auf die kopierten Objekte zu korrigieren (Abb. 4.44). Beachten Sie hier,

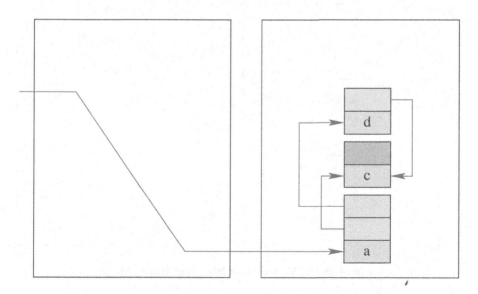

Abb. 4.44. Korrektur der Verweise auf kopierte Objekte.

dass die Verweise auf dem Keller auch direkt beim Kopieren der lebendigen Haldenobjekte korrigiert werden können. Das Gleiche gilt für Verweise in Haldenobjekten auf solche anderen Haldenobjekte, die bereits kopiert wurden.

In einem letzten Schritt müssen nun nur noch die Rollen von alter und neuer Speicherhälfte ausgetauscht werden.

Das bisher beschriebene Verfahren kann prinzipiell zur Speicherbereinigung bei der virtuellen Maschine MaMa für funktionale Programmiersprachen verwendet werden. Für die Speicherbereinigung der virtuellen Maschine WiM dagegen ist dieses Verfahren ungeeignet.

Der Grund ist, dass die Speicherbereinigung für die WiM mit dem Zurücksetzen harmonisieren muss. Das heißt, dass sich die *relative Lage der Haldenobjekte* während des Kopierens nicht verändern darf. In unserem Beispiel jedoch drehte sich die Reihenfolge der Haldenobjekte gerade um! Auch müssen im Anschluss an die Speicherbereinigung auch die Verweise in der Spur auf die neuen Objekte umgesetzt werden bzw. aus der Spur entfernt werden, wenn die betreffenden Objekte nicht mehr erreichbar sind.

Das bedeutet für unser Speicherbereinigungsverfahren, dass wir die als lebendig identifizierten Objekte nicht sofort kopieren dürfen (Abb. 4.45). Nachdem wir die lebendigen Haldenobjekte markiert haben, traversieren wir in einer zweiten Phase die alte Speicherhälfte, um nacheinander in genau der Reihenfolge, wie wir auf lebendige Objekte treffen, diese in die neue Hälfte des Speichers zu kopieren (Abb. 4.46).

Anschließend müssen wir selbtverständlich erneut die Verweise auf die kopierten

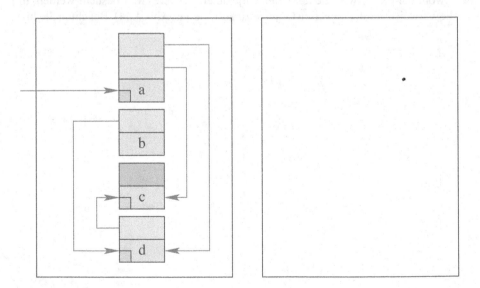

Abb. 4.45. Das Markieren der lebendigen Haldenobjekte.

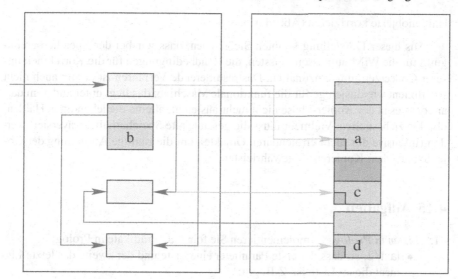

Abb. 4.46. Das modifizierte Kopieren der lebendigen Haldenobjekte.

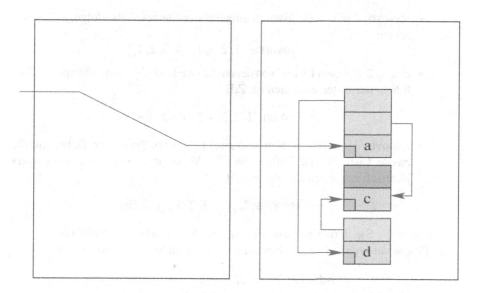

Abb. 4.47. Die abschließende Korrektur der Referenzen.

Haldenobjekte korrigieren (Abb. 4.47).

Aus dieser Darstellung konnten Sie ersehen, dass wir bei der Speicherbereinigung für die WiM aufpassen mussten, die Randbedingungen für die Korrektheit unserer Codeerzeugung einzuhalten. Das resultierende Verfahren ist darum auch nicht so effizient wie dasjenige für die funktionale Maschine: das liegt unter anderem daran, dass es in der Kopier-Phase nicht mehr ausreicht, alleine die lebendigen Haldenobjekte zu besuchen. Vielmehr muss die gesamte alte Speicherhälfte traversiert werden (inklusive der nicht erreichbaren Objekte), um die richtige Anordnung der Objekte nach dem Kopieren zu gewährleisten.

4.15 Aufgaben

1. *Listen in Prolog.*   Implementieren Sie folgende Prädikate in Prolog:
   - last/2, so dass der erste Parameter eine Liste und der zweite das letzte Element dieser Liste ist. Z.B. gilt:

$$last([1,2,3],3)$$

   - reverse/2 mit zwei Listen in umgekehrter Elementreihenfolge. Z.B. sollte gelten:

$$reverse([1,2,3,4],[4,3,2,1])$$

   - chain/2 mit zwei Listen, von denen die zweite als zusammenhängende Teilliste in der ersten enthalten ist. Z.B.:

$$chain([1,2,3,4,5,6],[2,3,4])$$

   - remove/3 mit einem Wert und zwei Listen als Parameter. Dabei soll die zweite Liste bis auf Entfernung aller Vorkommen des ersten Parameters identisch zur ersten Liste sein. Z.B.:

$$remove(2,[1,2,3,2,5],[1,3,5])$$

   Hinweis: Sie dürfen selbstverständlich auch Hilfsprädikate einführen.
2. *Programmieren in ProL.*   Betrachten Sie folgendes ProL-Programm:

$$edge(X,Y) \Leftarrow X = a, Y = b$$
$$edge(X,Y) \Leftarrow X = b, Y = a$$
$$edge(X,Y) \Leftarrow X = c, Y = c$$
$$reachable(X,Y) \Leftarrow X = Y$$
$$reachable(X,Y) \Leftarrow edge(X,Z), reachable(Z,Y)$$
$$\Leftarrow reachable(a,c)$$

Wie verhält sich dieses Programm bei der Ausführung? Erklären Sie dieses Verhalten!

3. *Übersetzung von Termen und Zielen.*   Generieren Sie $code_A$ und $code_G$ für folgende Terme/Ziele!

   - $f(X, g(b, Y), g(\overline{X}, \overline{Z}))$
   - $f(g(X, h(\overline{Y}, \_), b), Z)$

   Verwenden Sie dabei folgende Adressumgebung:

   $$\rho = \{X \mapsto 1, Y \mapsto 2, Z \mapsto 3\}$$

4. *Unifikation.*   Überprüfen Sie, ob die folgenden Terme unifzierbar sind. Falls ja, geben Sie allgemeinste unifizierende Substitutionen an.

   - $z(a(b(D)), d(e(F)), g(H))$ und $z(H, K, g(F))$
   - $p(f(g(X)), Y, X)$ und $p(Z, h(X), i(Z))$
   - $f(A, g(A, B))$ und $f(g(B, C), g(g(h(t), B), h(t)))$
   - $a(b, X, d(e, Y, g(h, i, Z)))$ und $a(U, c, d(V, f, g(W, i, j)))$

5. *Unifikation: Laufzeit.*   Beweisen Sie, dass die Laufzeit für die Unifikation von zwei Termen exponentiell zur Anzahl der vorkommenden Variablen sein kann! *Hinweis:*   Betrachten Sie die folgenden beiden Terme:

   $$t_1 = f(X_0, X_1, \ldots, X_n)$$
   $$t_2 = f(b, a(X_0, X_0), a(X_1, X_1), \ldots, a(X_{n-1}, X_{n-1}))$$

6. *Die **Deref**-Funktion.*   Die Laufzeitfunktion *deref* verkürzt Referenzketten.

   - In welchen Fällen können Referenzketten entstehen, so dass *deref* mindestens einmal rekursiv aufgerufen werden muss? Geben Sie ein Beispiel an!
   - Wie lange können Referenzketten im schlimmsten Fall werden?

7. *Arithmetik I.*   In ProL können positive ganze Zahlen als *Nachfolger von 0* definiert werden:

   $$0 \equiv 0$$
   $$1 \equiv succ(0)$$
   $$2 \equiv succ(succ(0))$$
   $$3 \equiv succ(succ(succ(0)))$$
   $$\ldots$$

   - Implementieren Sie Prädikate greater/2, add/3 und mul/3 für die entsprechenden mathematischen Funktionen.

   Z.B. gilt:

   $$greater(succ(succ(succ(0))), succ(0))$$

   und auch:

   $$add(succ(succ(0)), succ(0), succ(succ(succ(0))))$$

   - Übersetzen Sie die Klauseln des Prädikats add/3 in WiM-Code.

8. *Wer ist ein Lügner?*.   Gegeben sei folgendes ProL-Programm:

$$\text{istLügner}(X, Y) \quad \Leftarrow X = wahr, Y = lügt$$
$$\text{istLügner}(X, Y) \quad \Leftarrow X = lügt, Y = wahr$$
$$\text{beideLügen}(X, Y, Z) \Leftarrow X = wahr, Y = lügt, Z = lügt$$
$$\text{beideLügen}(X, Y, Z) \Leftarrow X = lügt, Y = lügt, Z = wahr$$
$$\text{beideLügen}(X, Y, Z) \Leftarrow X = lügt, Y = wahr, Z = lügt$$
$$\text{beideLügen}(X, Y, Z) \Leftarrow X = lügt, Y = wahr, Z = wahr$$
$$\text{findeLügner}(P, T, F) \ \Leftarrow \text{istLügner}(P, T),$$
$$\text{istLügner}(T, F),$$
$$\text{beideLügen}(F, P, T)$$
$$\Leftarrow \text{findeLügner}(Peter, Thomas, Frank)$$

Das Literal $\text{istLügner}(X, Y)$ formalisiert: *X sagt, Y ist ein Lügner!*
Das Literal $\text{beideLügen}(X, Y, Z)$ formalisiert: *X sagt, Y und Z lügen!*
Die Klausel für $\text{findeLügner}(F, P, T)$ formalisiert die Situation, in der *P sagt, T
lüge; T sagt, F lüge, und F sagt, P und T lügen.*

- Übersetzen Sie das Programm (ohne Benutzung von Indizierung)!
- Führen Sie das übersetzte Programm aus und beantworten Sie die Frage:
  Wer lügt hier wirklich?
- Wie sehen die Try-Ketten für beideLügen/3 bei Indizierung der Klauseln
  aus?

9. *Übersetzung ganzer Programme.*   Übersetzen Sie das Programm

$$\text{rev}(X, Y, Z) \quad \Leftarrow X = [\,], Y = Z$$
$$\text{rev}(X, Y, Z) \quad \Leftarrow X = [H|L], \text{rev}(L, [H|Y], Z)$$
$$\text{reverse}(X, Y) \Leftarrow \text{rev}(X, [\,], Y)$$
$$\Leftarrow \text{reverse}(X, [4, 2, 1])$$

in WiM-Code! Wenden Sie die Optimierung letzter Aufrufe an!

10. *Arithmetik II.*   Die arithmetischen Operatoren $+$, $-$, $*$ und $/$ werden in Prolog als gewöhnliche Term-Konstruktoren aufgefasst. Um trotzdem Arithmetik
durchführen zu können, erweitern wir ProL um das Prädikat is/2: das Ziel: X
is t wertet den Term t arithmetisch aus und unifiziert das Ergebnis der Auswertung mit X.

a) Erweitern Sie die WiM-Halde um den Datentyp **int** und die virtuellen Befehle für die Unifikation von *int*-Werten!

b) Definieren Sie einen virtuellen Befehl **eval**, der den Term t, auf den die
oberste Kellerzelle zeigt, arithmetisch auswertet und mit dem Ergebnis den
Verweis oben auf dem Keller überschreibt! Wenn t ungebundene Variablen,
Atome oder nicht-arithmetische Konstruktoren enthält, soll **eval** einen Fehler
ausgeben und fehlschlagen.

c) Definieren Sie, analog zur MaMa, virtuelle Befehle zum Durchführen arithmetischer Operationen auf dem Keller, und geben Sie ein Übersetzungsschema code$_I$ für arithmetische Ausdrücke auf der rechten Seite eines *is*-Ziels an!

d) Geben Sie ein Übersetzungsschema für Ziele der Form X is t an!

e) Erzeugen Sie mithilfe des neuen Schemas Code für das Prädikat:

$$\text{len}(X, L) \Leftarrow X = [\,], L \text{ is } 6 - 2 \cdot 3$$
$$\text{len}(X, L) \Leftarrow X = [\_|R], \text{len}(R, L'), L \text{ is } L' + 1$$

4.16 Liste der Register der WiM

BP, Rücksetzzeiger (Backtrack Pointer)   S. 132
FP, Rahmenzeiger (Frame Pointer)   S. 113
PC, Befehlszähler (Program Counter)   S. 112
HP, Haldenzeiger (Heap Pointer)   S. 113
SP, Kellerzeiger (Stack Pointer)   S. 113
TP, Spurzeiger (Trail Pointer)   S. 132

4.17 Liste der Codeerzeugungsfunktionen der WiM

code$_A$	S. 114	**code**$_C$	S. 130
code$_G$	S. 118	**code**$_P$	S. 131
code$_U$	S. 125	**code**	S. 137

4.18 Liste der WiM-Instruktionen

bind	S. 121	**no**	S. 139	**setcut**	S. 148
call	S. 119	**pop**	S. 126	**slide**	S. 142
check	S. 127	**popenv**	S. 137	**son**	S. 129
delbtp	S. 135	**prune**	S. 147	**trim**	S. 143
fail	S. 145	**pushenv**	S. 131	**try**	S. 135
getNode	S. 146	**putanon**	S. 116	**uatom**	S. 125
halt	S. 139	**putatom**	S. 116	**unify**	S. 122
init	S. 139	**putref**	S. 116	**up**	S. 129
index	S. 146	**putvar**	S. 116	**uref**	S. 126
jump	S. 142	**putstruct**	S. 116	**uvar**	S. 126
lastcall	S. 141	**setbtp**	S. 135	**ustruct**	S. 127
lastmark	S. 141				

4.19 Literaturhinweise

Einführende Bücher in die Programmierung mit Prolog sind [CM03], [Han86] und [KBS86]. [SS94] und [MW88] enthalten neben einer Darstellung von Programmiermethoden auch Abschnitte über die Interpretation bzw. Übersetzung von Prolog-Programmen. Die Grundlagen der logischen Programmierung sind z.B. in [Llo87], [Apt90] und [Bez88] dargestellt.

David H.D. Warren beschreibt in [War77] eine erste virtuelle Maschine für Prolog. Diese benutzt statt *structure copying* noch *structure sharing*. Die WAM (Warren Abstract Machine), die Grundlage der meisten verfügbaren Prolog-Implementierungen, wurde von ihm in [War83] definiert. Sie wird in [AK91] didaktisch geschickt schrittweise erläutert.

Weiterentwicklungen der virtuellen Maschinen für Prolog bilden die Basis moderner, auf Prolog basierender Programmiersysteme wie SWI-Prolog [SWD05], SICStus-Prolog [SIC06] und Eclipse [AW06]. Sie bilden auch den Ausgangspunkt zur Implementierung funktional-logischer Sprachen wie Curry [HS99].

5

Die Übersetzung objektorientierter Programmiersprachen

Softwaresysteme werden zunehmend komplexer und größer. Damit wächst die Notwendigkeit, die Entwicklung solcher Systeme effizienter und transparenter zu machen. Eine Hoffnung besteht darin, Softwaresysteme – wie heute schon Hardwaresysteme (und die allermeisten Produkte des täglichen Lebens, z.B. Autos, Waschmaschinen usw.) – aus vorgefertigten Standardbausteinen zusammenzusetzen. Dieser Hoffnung versucht man u.a. durch folgende Ideen näherzukommen:

- Modularisierung,
- Wiederverwendbarkeit von Modulen,
- Erweiterbarkeit von Modulen, und
- Abstraktion.

Objektorientierte Sprachen bieten neue Möglichkeiten in diesen Bereichen. Objektorientierung wird deshalb heute als ein wesentliches Paradigma angesehen, um die Komplexität von Softwaresystemen zu beherrschen. In diesem Kapitel skizzieren wir die wichtigsten Konzepte objektorientierter Sprachen.

5.1 Konzepte objektorientierter Sprachen

Objektorientierte Sprachen sind imperativen Sprachen weit näher verwandt als funktionale oder gar logische Programmiersprachen. Sie benutzen (typischerweise) dasselbe Ausführungsmodell: eine Variante des von-Neumann-Rechners; unter expliziter Programmkontrolle wird ein komplexer Zustand verändert. Man kann objektorientierte Sprachen deshalb als imperative Sprachen ansehen, zu deren Konzepten wie Variablen, Felder, Strukturen, Prozeduren und Funktionen weitere Konzepte hinzukommen. Im Zentrum stehen Abstraktionsmechanismen und zugehörige Modularisierungsmöglichkeiten.

5.1.1 Objekte

Wie wir gesehen haben, bieten imperative Programmiersprachen funktionale Abstraktion an; eine eventuell komplexe Berechnung kann in eine Funktion (Prozedur) „verpackt" werden und durch Aufrufe aktiviert werden. Deshalb ist die Hauptmodularisierungseinheit imperativer Sprachen die Funktion bzw. Prozedur. Solange die Komplexität der Daten gegenüber der der Abläufe vernachlässigbar ist, ist dies eine geeignete Abstraktions- und Modularisierungsstufe. Für Aufgaben, deren Beschreibung und effiziente Lösung die Verwendung komplexer Datenstrukturen erfordert, sind Funktionen allein als Modularisierungseinheit möglicherweise nicht ausreichend. Eine angemessenes Abstraktionskonzept für die effiziente Entwicklung solcher Programme sollte es erlauben, sowohl die Datenstrukturen als auch die zugehörigen auf diesen Strukturen arbeitenden Funktionen in einer Einheit zu kapseln. Dies nennt man *Datenabstraktion*.

Das Grundkonzept objektorientierter Sprachen ist das *Objekt*. Ein Objekt besteht aus einem Objektzustand, ausgedrückt durch die aktuellen Werte eines Satzes von *Attributen*, und Funktionen, die auf diesem Zustand arbeiten, den *Objekt-Methoden*. Attribute und Methoden eines Objektes zusammen nennen wir seine *Merkmale*. Ein Objekt kapselt in seinem Zustand sowohl Daten als auch in seinen Methoden die auf diesen Daten durchführbaren Operationen. Die wichtigste Basisoperation objektorientierter Sprachen ist die Aktivierung einer Methode f für ein Objekt o, etwa geschrieben als $o.f$. Im Vordergrund steht dabei das Objekt; die Methode ist diesem als sein Bestandteil untergeordnet. Diese Objektorientierung hat der Sprachklasse ihren Namen gegeben.

5.1.2 Objektklassen

Um die Programmentwicklung sicherer und effizienter zu machen, ist es wünschenswert, dass Inkonsistenzen und Fehler in Programmen möglichst frühzeitig und möglichst zuverlässig erkannt werden. Übersetzer können hierzu einen Beitrag leisten, da sie Programmteile zum Teil eingehend analysieren. Diese Prüfung auf Konsistenz und Fehlerfreiheit ist dabei notwendigerweise nicht vollständig, da sie nur mit partiellen Spezifikationen arbeitet. Typinformation spielt dabei eine wesentliche Rolle.

(Statische) Typinformation besteht aus Angaben zu den in einem Programm verwendeten Namen. Sie legen fest, dass die an diese Namen gebundenen Laufzeitobjekte einen angegebenen Typ besitzen. Ein Typ steht dabei für eine Menge zulässiger Werte; er legt fest, welche Operationen auf die an den Namen gebundenen oder ihnen zugewiesenen Werte angewendet werden dürfen. Übersetzer können Typinformation nutzen, um

- Inkonsistenzen zu erkennen,
- Mehrdeutigkeiten in der Operatorverwendung aufzulösen,
- automatische Typkonversionen einzufügen und
- effizienteren Code zu erzeugen.

Statische, das heißt dem Übersetzer bekannte oder von ihm ableitbare Typinformation ist eine wichtige Voraussetzung dafür, dass er effiziente und einigermaßen zuverlässige Programme erzeugen kann.

Nicht alle objektorientierten Sprachen benutzen statische Typisierung, z.B. nicht Smalltalk-80. Sprachen wie C++, Java oder C# dagegen erweitern die von imperativen Sprachen wie etwa Pascal oder C bekannten Typkonzepte. Ihre Typen heißen üblicherweise *Objektklassen* oder kurz: *Klassen*. Eine Objektklasse legt Attribute. und Methoden fest, die ein Objekt haben muss, um zu dieser Klasse zu gehören. Für Attribute wird ihr Typ und für Methoden ihr Prototyp (Typen für Rückgabewert und Parameter) vorgegeben. Einige objektorientierte Sprachen, so etwa Eiffel, erlauben weitere Festlegungen für die Methoden, z.B. Vor- und Nachbedingungen. Auf diese Weise kann die Bedeutung der Methode (Semantik) genauer spezifiziert werden. Häufig definiert die Klasse auch die Methoden; diese Definitionen können jedoch unter gewissen Bedingungen überschrieben werden. Objekte, die neben den geforderten weitere Merkmale besitzen, können u.U. ebenfalls der Klasse angehören.

Die Objektklasse ist das Konzept zur Datenabstraktion in objektorientierten Sprachen. Sie fungiert als *Generator* für Objekte, ihre *Instanzen*.

5.1.3 Vererbung

Unter *Vererbung*, eigentlich *Beerbung*, (engl. Inheritance) versteht man die Übernahme aller Merkmale einer Klasse B in eine neue Klasse A. Die Klasse A kann zusätzlich Merkmale definieren und unter gewissen Voraussetzungen von B geerbte Methoden überschreiben.

Erbt A von B, dann heißt A eine von B *abgeleitete Klasse* oder auch *Unterklasse* von B; B heißt *Basisklasse* oder auch *Oberklasse* von A.

Die Vererbung gehört zu den wichtigsten Konzepten objektorientierter Sprachen. Sie vereinfacht Erweiterungen und Variantenbildung entscheidend. Durch Bildung von Vererbungshierarchien erlaubt sie ferner, Klassenbibliotheken zu strukturieren und verschiedene Abstraktionsstufen einzuziehen.

Das Vererbungskonzept verschafft uns eine Möglichkeit, in einfacher Weise auf Teile einer bestehenden Implementierung zurückzugreifen, sie zu erweitern und sie bei Bedarf lokal – durch Überschreiben einzelner Methoden – an spezielle Anforderungen oder Gegebenheiten anzupassen. Ferner erhalten wir die Möglichkeit, *abstrakte* Klassen zu definieren. Abstrakte Klassen sind Klassen, die undefinierte Methoden enthalten. Sie besitzen keine Instanzen, das heißt Objekte, die nicht aus einer echten Unterklasse stammen. Dies führt eine ähnliche Flexibilität in Programmiersprachen ein, wie wir sie in der natürlichen Sprache durch abstrakte Begriffe und unterschiedliche Abstraktionsstufen gewinnen. Was auf einer höheren Abstraktionsstufe formuliert werden kann, hat einen weiteren Anwendungsbereich und damit ein höheres Maß an Wiederverwendbarkeit.

Typisierte objektorientierte Sprachen besitzen deshalb eine Vererbungshierarchie in ihrem Typsystem. Erbt eine Klasse A öffentlich von der Klasse B, dann ist der A zugeordnete Typ ein *Teiltyp* des Typs zu B. Jedes Objekt eines Teiltyps ist automatisch auch Element des Obertyps; eine erbende Klasse wird Teilklasse der beerbten Klasse. Dies hat zur Folge, dass an einer Eingabeposition (Funktionsparameter, rechte Seiten von Zuweisungen) oder als Funktionsrückgabewert Objekte eines beliebigen Teiltyps des angegebenen Typs auftreten dürfen. Dies nennen wir auch die *Teiltypregel*.

Eine Einschränkung dieses nützlichen Prinzips wollen wir aber nicht verschweigen: Objekte der Unterklassen von B verfügen eventuell über zusätzliche Merkmale und können deshalb nicht leicht in dem Platz abgelegt werden, der für B-Objekte reserviert werden müsste. Dies ist natürlich etwas anderes, wenn die Programmiersprache in Wahrheit nicht mit Objekten selbst, sondern mit Verweisen auf Objekten hantiert wie etwa die Programmiersprachen Eiffel oder Java: Verweise beanspruchen stets die gleiche Speichergröße — unabhängig von der Klasse des Objekts, auf das sie zeigen. Hier ist die Teiltypregel in vollem Umfang anwendbar. Im Gegensatz dazu unterscheidet die Programmiersprache C++ genau zwischen Objekten und Verweisen auf Objekten. C++ ruft deshalb für einen Parameter, dessen Typ eine Klasse A ist, gegebenenfalls den *copy*-Konstruktor $A(\mathbf{const}\ A\&\ x)$ der Klasse A auf. Dieser Konstruktor soll für eine angemessene *Typanpassung* sorgen.

Wir nennen die Objekte von A, die nicht auch Objekte einer echten Teilklasse sind, die *eigentlichen Objekte* von A. Entsprechend nennen wir A den *eigentlichen Typ* der eigentlichen A-Objekte. Damit besitzt jedes Objekt einen eindeutig bestimmten eigentlichen Typ: den kleinsten Typ, zu dem das Objekt gehört. Es ist darüber hinaus Element jedes Obertyps seines eigentlichen Typs.

Aufgrund der Teiltypregel können Methoden und Funktionen in objektorientierten Sprachen auf einer Parameterposition (Verweise auf) Objekte mit verschiedenen eigentlichen Typen und damit unterschiedlichem Aufbau akzeptieren. Dies ist eine Form von *Polymorphie*.

Die Teiltypregel der Vererbung zusammen mit der Möglichkeit, dass erbende Klassen eine geerbte Methode überschreiben dürfen, hat eine interessante und für Übersetzer wichtige Konsequenz, die tatsächlich bei einem Methodenaufruf $e.f(\ldots)$ aufgerufene Methode f muss sich nach dem eigentlichen Typ des Objekts richten, zu dem sich der Ausdruck e *zur Laufzeit* auswertet. Damit muss der Übersetzer Code für die Aktivierung einer Methode erzeugen, die er zu diesem Zeitpunkt u.U. noch nicht kennt. Offenbar haben wir es mit einer Form von *dynamischer Bindung* zu tun. Der Hauptteil dieses Kapitels wird sich mit einer effizienten Implementierung von Methodenaufrufen in Anwesenheit von Vererbung beschäftigen.

5.1.4 Generizität

Streng typisierte Sprachen zwingen häufig zu einer Reimplementierung der gleichen Funktion für verschiedene Typen. Oft unterscheiden sich die Funktionen ausschließlich im Typ ihrer Parameter. Diese mehrfachen Funktionsinstanzen erschweren die Implementierung, machen Programme unübersichtlicher und schwerer wartbar.

Wir haben gesehen, dass das auf Vererbung beruhende Typkonzept objektorientierter Sprachen uns in einigen Fällen eine Duplikation von Funktionsimplementierungen erspart. Für eine wichtige Klasse von Problemstellungen führt Vererbung allein aber nicht zu eleganten Lösungen. Die Implementierung allgemeiner Behälterdatenstrukturen wie Listen, Keller oder Wartenschlangen haben einen natürlichen Parameter: den Typ ihres Inhalts. *Generizität* (engl. Genericity) ermöglicht uns, für solche Datenstrukturen und ihre Methoden eine Mehrfachimplementierung zu vermeiden. Sie erlaubt, Typdefinitionen (und Funktionsdefinitionen) zu parametrisieren; als Parameter sind selbst wieder (möglicherweise eingeschränkte) Typen zugelassen.

Eine einzige Definition für die parametrisierte Klasse list$\langle t \rangle$ kann beispielsweise Listen mit beliebigem Elementtyp t beschreiben. Listen mit spezifischem Typ werden durch *Instantiierung* der generischen Klasse erzeugt: list$\langle$int$\rangle$ bezeichnet etwa eine Liste, deren Elemente vom Typ **int** sind.

Generizität wird von einigen objektorientierten Sprachen wie z.B. C++ und Java unterstützt. Sie ist allerdings keine Erfindung objektorientierter Sprachen. Generizität ist auch ein wesentliches Merkmal moderner funktionaler Programmiersprachen wie etwa OCaml oder Haskell. Aber auch die imperative Sprache Ada hatte bereits früher ein sehr ausgefeiltes Konzept von Generizität.

5.1.5 Informationskapselung

Die meisten objektorientierten Sprachen stellen Konstrukte zur Verfügung, mit denen die Merkmale einer Klasse als *privat* oder *öffentlich* klassifiziert werden können. Private Merkmale sind in gewissen Kontexten entweder ganz unsichtbar oder zumindest nicht zugreifbar. Manche objektorientierten Sprachen unterscheiden verschiedene Sichtbarkeitskontexte, etwa innerhalb der Klasse, in abgeleiteten Klassen, in fremden Klassen, in bestimmten Klassen usw. Sprachkonstrukte oder allgemeine Regeln können festlegen, in welchen Kontexten welche Merkmale sichtbar bzw. lesbar/schreibbar oder aufrufbar sind.

Die Realisierung solcher Konstrukte durch einen Übersetzer ist einfach und naheliegend. Wir werden daher in diesem Kapitel nicht weiter darauf eingehen, obwohl die Informationskapselung von großer Bedeutung ist für eine klare Trennung zwischen der abstrakten Sicht der Klassenbedeutung und der konkreten Sicht ihrer Implementierung.

5.1.6 Zusammenfassung

Wir fassen die wichtigsten Ergebnisse unserer bisherigen Diskussion zusammen:

- Objektorientierte Sprachen bieten als weitere Modularisierungseinheit *Objektklassen*. Objektklassen können sowohl Daten als auch auf diesen Daten arbeitende Funktionen kapseln.
- Das *Vererbungskonzept* ist ein Hilfsmittel zur Erweiterung und Variantenbildung bestehender Objektklassen.
- Das Typsystem objektorientierter Sprachen nutzt das Vererbungskonzept: Erbende Klassen werden Teiltypen der Basisklassen; ihre Objekte können an (fast) allen Stellen benutzt werden, an denen Objekte der Basisklasse zulässig sind.
- *Vererbungshierarchien* führen unterschiedliche Abstraktionsebenen in Programme ein. Dies erlaubt, an verschiedenen Stellen innerhalb eines Programms oder Systems auf unterschiedlichen Abstraktionsstufen zu arbeiten.
- *Abstrakte* Klassen können in Spezifikationen verwendet und durch schrittweise Vererbung verfeinert und schließlich realisiert werden. Der Übergang zwischen Spezifikation, Entwurf und Realisierung wird so fließend.

- *Generizität* erlaubt, Klassendefinitionen zu parametrisieren. So können etwa allgemeine Algorithmen und zugehörige Datenstrukturen wie Listen, Stacks, Warteschlangen, Mengen... unabhängig vom Elementdatentyp implementiert werden.

Beispiele für objektorientierte Sprachen sind C++, Eiffel, sowie Java und C#. In den letzten Jahren hat gerade die objektorientierte Sprache Java immens an Bedeutung gewonnen – unter anderem als Basis für plattformunabhängige Software. Das Sandkasten-Prinzip, ursprünglich entwickelt, um über das Internet geladenen Code sicher ausführen zu können, bewährt sich nun auch im Serverbereich.

Als Urvater objektorientierter Sprachen gilt Simula 67, eine Erweiterung von Algol 60 um Objektklassen, einfache Vererbung, Coroutinen und Primitive zur Unterstützung diskreter Simulationen. Ein weiterer bekannter Vertreter ist Smalltalk-80, eine normalerweise interpretierte Sprache ohne statische Typisierung, mit einfacher Beerbung, in der Klassen selbst wieder Objekte sind, die unter Programmkontrolle verändert werden können. Weitere Vertreter sind Objective-C, eine Erweiterung von C um Smalltalk-80-Konzepte, und die objektorientierten Erweiterungen von Lisp wie Loops oder Flavors.

5.2 Eine objektorientierte Erweiterung von C

Als konkretes Beispiel für eine objektorientierte Sprache wählen wir eine einfache Teilmenge von C++. Klassen werden aufgefasst als Erweiterungen von Verbunden. Sie enthalten *Attribute*, das sind Datenfelder, und *Methoden*, die gegebenenfalls als **virtual** deklariert sind und damit überschrieben werden können, sowie Konstruktoren, die bei Anlegen von Objekten der Klasse für ihre Initialisierung sorgen.

Beispiel 5.2.1 Betrachten Sie die folgende Definition einer Klasse list:

```
int count ← 0;
class list {
        int info;
        list * next;
        list (int x) {
                info ← x;  count++;  next ← null;
        }
        virtual int last () {
                if (next = null) return info;
                else return next → last ();
        }
};
```

Die Klasse verfügt über die beiden Attribute *info* und *next* der Typen **int** bzw. list *. Darüber hinaus gibt es einen Konstruktor, um neue Listenobjekte herzustellen sowie eine Methode *last*, die den Inhalt des Attributs *info* des letzten über *next*-Verweise erreichbaren list-Objekts zurückliefert. Weil diese Methode als **virtual** gekennzeichnet ist, darf sie gegebenenfalls in Unterklassen neu definiert werden.

Gemäß der Philosophie von C++ müssen Objekte nicht notwendigerweise in der Halde liegen, sondern können wie Verbunde auch direkt auf dem Keller allokiert werden. Dies ist ein wesentlicher Unterschied zu Java. Objekte in Java würden in C++ als *Verweise* auf Halden-allokierte C++-Objekte aufgefasst werden.

Beachten Sie, dass wir hier zur Vereinfachung auf jegliche Angaben zur Sichtbarkeit einzelner Attribute oder Methoden verzichtet haben. Um ein lauffähiges C++-Programm zu erhalten, könnten wir deshalb z.B. sämtliche Komponenten der Klasse als **public** deklarieren.   □

Im Folgenden wollen wir uns ansehen, wie unsere Implementierung von C auf Klassen, Objekte und ihre Komponenten erweitert werden kann.

5.3 Die Speicherorganisation für Objekte

Die Idee zur Implementierung von Objekten besteht darin, nur diejenigen Dinge im Objekt selbst anzulegen, die sich von Objekt zu Objekt unterscheiden. Methoden, die nicht als **virtual** deklariert sind, ergeben sich direkt aus dem Typ des Objekts und brauchen damit nicht abgespeichert werden. Attribute und als **virtual** deklarierte Methoden können dagegen nicht immer zur Übersetzungszeit ermittelt werden. Damit die einzelnen Attribute einer Klasse in allen Unterklassen gleich adressiert werden können, werden wir bei der Implementierung darauf achten, dass die jeweiligen neuen Attribute einer Unterklasse stets hinten an die Attribute der Oberklasse angefügt werden. Für die virtuellen Methoden beobachten wir, dass sie, d.h. ihre Anfangsadressen, sich alleine aus dem *Laufzeittyp* des Objekts ermitteln lassen. Ihre Anfangsadressen werden deshalb nicht in jedem Objekt selbst abzuspeichert. Stattdessen legen wir für jede Klasse A vor der Programmausführung eine Tabelle t_A an, in der die Anfangsadressen der virtuellen Methoden für alle eigentlichen A-Objekte abgelegt sind. In einem A-Objekt selbst brauchen wir dann nur noch einen Verweis auf die Tabelle t_A unterzubringen.

Beispiel 5.3.1 Betrachten Sie ein weiteres Mal unsere Definition der Klasse list aus Beispiel 5.2.1. Die Speicherorganisation eines Objekts der Klasse list enthält einen Verweis auf die Tabelle für die virtuellen Methoden der Klasse list, gefolgt von den beiden Zellen für die Attribute *info* und *next* (Abb. 5.1).

Nehmen wir an, die Unterklasse mylist sei definiert durch:

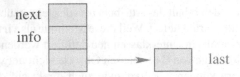

Abb. 5.1. Ein Objekt der Klasse list.

```
class mylist : list {
    int moreInfo;
    virtual int length () {
        if (next = null) return 1;
        else return 1 + next → length ();
    }
};
```

Beachten Sie, dass wir hier erneut auf Sichtbarkeitsangaben verzichtet haben. In C++ müsste man etwa eine Qualifizierung **public** vor der Oberklasse einfügen. Andernfalls könnten die Attribute und Methoden der Oberklasse nur innerhalb der erbenden Klasse verwendet werden. Objekte der Klasse mylist enthalten an der Relativadresse 0 einen Verweis auf die Tabelle der virtuellen Funktionen der Klasse mylist. Diese unterscheidet sich von der Tabelle der Oberklasse dadurch, dass zusätzlich die Methode length vermerkt ist. Ansonsten wird hinter den beiden Feldern für die Attribute der Oberklasse list ein weiteres Feld für das zusätzliche Attribut *moreInfo* bereitgestellt (Abb. 5.2).   □

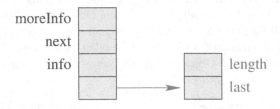

Abb. 5.2. Ein Objekt der Unterklasse mylist.

Für die Übersetzung nehmen wir an, wir hätten für jede Klasse A eine Adressumgebung ρ_A. Die Adressumgebung ρ_A bildet jeden in der Klasse A sichtbaren Namen x auf eine erweiterte Relativadresse ab. Wir unterscheiden die folgenden Arten von Namen:

globale Variable	(G, a)
Attribut	(A, a)
überschreibbare Methode	(V, a)
nicht überschreibbare Methode	(N, a)

Beim Aufbau der Adressumgebungen innerhalb von Methoden oder Konstruktoren können zu einer solchen Adressumgebung gegebenenfalls noch formale Parameter und lokale Variablen hinzukommen, welche wie bei der Übersetzung von C das Etikett L erhalten. Bei nicht überschreibbaren Methoden x enthält $\rho_A(x)$ die Anfangsadresse des Codes für x. Bei überschreibbaren Methoden x dagegen liefert $\rho_A(x)$ nicht die Anfangsadresse von x, sondern die Relativadresse innerhalb von Objekten der Klasse A, an der die Anfangsadresse von x abgelegt ist.

Für die verschiedenen Arten von Variablen wird Code zur Berechnung des L-Werts wie folgt erzeugt:

$$
\mathsf{code_L}\ x\ \rho\ =\ \begin{cases} \textbf{loadc}\ a & \text{falls}\quad \rho(x) = (G, a) \\[2mm] \textbf{loadr}\ a & \text{falls}\quad \rho(x) = (L, a) \\[2mm] \begin{aligned}&\textbf{loadr}\ -3\\ &\textbf{loadc}\ a\\ &\textbf{add}\end{aligned} & \text{falls}\quad \rho(x) = (A, a) \end{cases}
$$

Die Attribute des aktuellen Objekts werden relativ zu dem Verweis **this** auf dieses Objekt adressiert. Diesen Verweis **this** finden wir auf dem Keller an der festen Adresse -3 relativ zum gegenwärtigen Rahmenzeiger FP. Wie Sie sicherlich schnell nachgerechnet haben, entspricht diese Festlegung einer Übergabe dieses Verweises an die Methode als erstes Argument.

Anstelle des Abspeicherns von **this** im aktuellen Kellerrahmen hätten wir auch ein neues Register COP (*Current Object Pointer*) einführen können. Dieses müsste dann jeweils vor Aufrufen von nicht-überschreibbaren Methoden gerettet und nach Rückkehr aus solchen Aufrufen restauriert werden. Wir haben davon abgesehen, um die Architektur der C-Maschine so weit wie möglich weiterzuverwenden.

Zur Optimierung der Adressierung von Objektattributen können wir etwa die folgenden abgeleiteten Befehle einführen:

$$\textbf{loadmc } q \quad = \textbf{loadr } -3$$
$$\textbf{loadc } q$$
$$\textbf{add}$$

$$\textbf{loadm } q \ m = \textbf{loadmc } q$$
$$\textbf{load } m$$

$$\textbf{storem } q \ m = \textbf{loadmc } q$$
$$\textbf{store } m$$

wobei wir bei **loadm** und **storem** wieder auf das zweite Argument verzichten, sofern es 1 ist. Diese Befehle ließen sich natürlich in Anwesenheit eines Registers COP besonders effizient implementieren.

5.4 Methodenaufrufe

Ein Methodenaufruf ist von der Form:

$$e_1.f(e_2, \ldots, e_n)$$

Einen Aufruf $f(e_2, \ldots, e_n)$ ohne Angabe des Objekts fassen wir dabei als eine Abkürzung auf für den Aufruf:

$$\textbf{this} \to f(e_2, \ldots, e_n) \qquad \text{bzw.} \qquad (*\textbf{this}).f(e_2, \ldots, e_n)$$

Einen Aufruf $e_1.f \ (e_2, \ldots, e_n)$ relativ zu dem Objekt e_1 behandeln wir wie einen normalen Funktionsaufruf, bei dem als erstes Argument ein Verweis auf das Objekt o übergeben wird, zu dem sich e_1 auswertet. Im Falle einer überschreibbaren Methode f müssen wir nur darauf achten, dass ein Aufruf von f indirekt durch das im Objekt o für f vorgesehene Feld geschieht.

Um die Darstellung der Übersetzungsschemata zu vereinfachen, betrachten wir im Folgenden nur nicht-variable Argumentlisten und nehmen zudem an, dass der Platz für die aktuellen Parameter (einschließlich des übergebenen Objektverweises) für die Abspeicherung eines eventuellen Rückgabewerts ausreicht. Dann erhalten wir für eine nicht-überschreibbare Methode:

$$\text{code}_\text{R} \ e_1.f(e_2, \ldots, e_n) \ \rho = \text{code}_\text{R} \ e_n \ \rho$$
$$\ldots$$
$$\text{code}_\text{R} \ e_2 \ \rho$$
$$\text{code}_\text{L} \ e_1 \ \rho$$
$$\textbf{mark}$$
$$\textbf{loadc } \_f$$
$$\textbf{call}$$

sofern $\rho_A(f) = (N, \_f)$ für die statisch bekannte Klasse A des Ausdrucks e_1 ist.

Beachten Sie, dass das Objekt, zu dem sich e_1 auswertet, *by reference* übergeben wird. Technisch bedeutet das, dass für den ersten Parameter e_1 Code zur Berechnung des L-Werts erzeugt wird und nicht Code zur Berechnung des R-Werts wie für die übrigen Parameter.

Die Übersetzung des Aufrufs einer überschreibbaren Methode unterscheidet sich von der Übersetzung einer nicht überschreibbaren Methode einzig darin, dass die anzuspringende Codeadresse erst zur Laufzeit ermittelt werden kann:

$$\mathsf{code}_\mathsf{R} \; e_1.f(e_2,\ldots,e_n) \; \rho = \mathsf{code}_\mathsf{R} \; e_n \; \rho$$

$$\ldots$$

$$\mathsf{code}_\mathsf{R} \; e_2 \; \rho$$

$$\mathsf{code}_\mathsf{L} \; e_1 \; \rho$$

$$\textbf{mark}$$

$$\textbf{loadv } b$$

$$\textbf{call}$$

sofern für die statische Klasse A des Ausdrucks e_1 $\rho_A(f) = (V, b)$ ist. Die neue Instruktion **loadv** b berechnet aus der Relativadresse b von f innerhalb des Objekts o, zu dem sich e_1 auswertet, die tatsächliche Anfangsadresse der aktuell gemeinten Implementierung von f (Abb. 5.3). Die Anfangsadresse a des Objekts o wird als erster Parameter übergeben. Sie steht deshalb im Keller unterhalb der organisatorischen Zellen an der Adresse $SP - 3$. Mit ihr wird die Anfangsadresse der aktuellen Tabelle t der virtuellen Methoden des Objekts o ermittelt. Innerhalb dieser Tabelle findet sich die Anfangsadresse der Methode an der Adresse b.

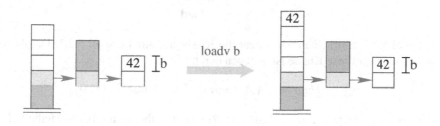

$$S[SP + 1] \leftarrow S[S[S[SP - 3]] + b]; \; SP{+}{+};$$

Abb. 5.3. Die Instruktion **loadv** b.

Beachten Sie, dass die Instruktion **loadv** b auf das Objekt o relativ zum SP zugreift. Generell können wir solche relativen Zugriffe implementieren, wenn wir eine Instruktion **loadsc** q bereitstellen, die die negierte Konstante q relativ zum Kellerpegel SP lädt (Abb. 5.4).

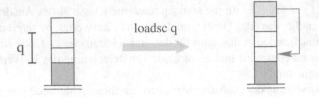

$$S[SP + 1] \leftarrow SP - q; \; SP++;$$

Abb. 5.4. Die Instruktion **loadsc** q.

Wie bei dem Laden (und Speichern) relativ zum Rahmenzeiger FP erlaubt diese Instruktion die Implementierung einer Instruktion **loads** q, die nicht die Adresse, sondern den Inhalt der Speicherzelle $-q$ relativ zum SP lädt:

$$\textbf{loads } q = \textbf{loadsc } q$$
$$\textbf{load}$$

Die Instruktion **loadv b** könnten wir dann auch realisieren durch die Folge:

$$\textbf{loadv } b = \textbf{loads } 3$$
$$\textbf{load}$$
$$\textbf{loadc } b$$
$$\textbf{add}$$
$$\textbf{load}$$

Beispiel 5.4.1 Betrachten wir erneut die Klasse list aus Beispiel 5.2.1. Die Adressumgebung für diese Klasse ist gegeben durch:

$$\rho_{\text{list}} = \{ info \mapsto (A, 1), next \mapsto (A, 2), last \mapsto (V, 0) \}$$

Der rekursive Aufruf $next \rightarrow last()$ im Rumpf der überschreibbaren Methode $last$ wird damit übersetzt in die Folge:

$$\textbf{loadm } 2$$
$$\textbf{mark}$$
$$\textbf{loadv } 0$$
$$\textbf{call}$$

□

5.5 Die Definition von Methoden

Im Allgemeinen wird die Definition einer Methode f einer Klasse A von der folgenden Form sein:

$$t \; f(t_2 \; x_2, \ldots, t_n \; x_n) \; \{ \; ss \; \}$$

Für die Implementierung fassen wir solche Methoden als Funktionen mit einem zusätzlichen ersten Argument auf, welches den Verweis auf das aktuelle Objekt o enthält. Innerhalb des Rumpfs ss der Methode bezeichnet das Schlüsselwort **this** diesen Verweis. Entsprechend der Übergabe als erstem Argument steht dieser Verweis im Kellerrahmen an der Relativadresse -3. Deshalb übersetzen wir:

$$\text{code}_R \; \textbf{this} \; \rho \; = \; \textbf{loadr} \; -3$$

Insgesamt ändert sich am Codeschema für die Übersetzung von Methoden in C++ gegenüber der Übersetzung von Funktionen in C nichts.

Beispiel 5.5.1 Wieder betrachten wir die Klasse list aus Beispiel 5.2.1. Die Implementierung der Methode *last* liefert:

_last :	**enter** 6	**loadm** 1	**loadv** 0
	alloc 0	**storer** -3	**call**
	loadm 2	**return**	**storer** -3
	loadc 0		**return**
	eq	$A:$ **loadm** 2	
	jumpz A	**mark**	

Beachten Sie, dass wir an der Adresse A den Code zur Ermittlung des L-Werts des Ausdrucks (*next*) erzeugen, d.h. den Code zur Ermittlung des R-Werts von *next*. Dieser besteht gerade aus der Instruktion **loadm** 2.

Die Instruktionsfolge für die Methode *last* kommt uns vertraut vor. Die einzigen Unterschiede etwa zu einer entsprechenden Instruktionsfolge für C liegen darin, dass wir spezialisierte Instruktionen **loadm** und **storem** verwenden, um auf die Attribute des aktuellen Objekts zuzugreifen. Auch benötigen wir Instruktionen **loadv**, um die Anfangsadressen der überschreibbaren Methoden zu finden.   □

5.6 Die Verwendung von Konstruktoren

Objektorientierte Sprachen wie C++ bieten die Möglichkeit, für eine Klasse A Konstruktoren zu definieren, mit denen ein neu angelegtes Objekt initialisiert werden kann. Wir unterscheiden hier zwei Arten der Objekterzeugung:

(1)   direkt, wie z.B. auf der rechten Seite einer Zuweisung:

$$A \; (e_2, \ldots, e_n)$$

Als R-Wert erhalten wir das (initialisierte) Objekt selbst.

(2)   indirekt auf der Halde:

$$\textbf{new}\ A\ (e_2,\ldots,e_n)$$

Der R-Wert ist hier ein Verweis auf das neu angelegte Objekt.

Wir beginnen mit der Behandlung indirekter Objekterzeugung. Von einer Implementierung erwarten wir, dass sie zuerst Platz für das neue Objekt auf der Halde allokiert. Dann sollten die Felder für die virtuellen Funktionen initialisiert werden. Den eigentlichen Konstruktoraufruf behandeln wir wieder analog zu Funktionsaufrufen in C. Wir müssen darauf achten, dass der Verweis auf das neue Objekt als erster (impliziter) Parameter an den Konstruktor übergeben und nach Beendigung des Aufrufs auch oben auf dem Keller hinterlassen wird. Dieses leistet das folgende Schema:

$$
\begin{aligned}
\text{code}_{\text{R}}\ (\textbf{new}\ A\ (e_2,\ldots,e_n))\ \rho = &\ \textbf{loadc}\ |A| \\
&\ \textbf{new} \\
&\ \text{code}_{\text{R}}\ e_n\ \rho \\
&\ \ldots \\
&\ \text{code}_{\text{R}}\ e_2\ \rho \\
&\ \textbf{loads}\ m \qquad //\quad \text{lädt relativ zum } SP \\
&\ \textbf{mark} \\
&\ \textbf{loadc}\ \_A \\
&\ \textbf{call}
\end{aligned}
$$

wobei m der Platzbedarf für die aktuellen Parameter $e_2,\ldots,e_n$, $|A|$ der Platzbedarf für die Instanzen von A und $\_A$ die Anfangsadresse des Codes für den aktuellen Konstruktor sind.

Betrachten wir nun die Anwendung eines Konstruktors in einem normalen Ausdruck. Hier fordert die Semantik, dass die Auswertung zu einem R-Wert das neue Objekt nicht in der Halde, sondern auf dem Keller anlegt und dort zurückliefert. In diesem Fall wird deshalb zuerst genügend viel Platz auf dem Keller allokiert, bevor die Argumente des Konstruktoraufrufs ausgewertet werden. Als erster Parameter wird schließlich an den Konstruktoraufruf einen Verweis auf das neu erzeugte Objekt übergeben. Dies ergibt das folgende Übersetzungsschema:

$$
\begin{aligned}
\text{code}_{\text{R}}\ (A\ (e_2,\ldots,e_n))\ \rho = &\ \textbf{alloc}\ |A| \\
&\ \text{code}_{\text{R}}\ e_n\ \rho \\
&\ \ldots \\
&\ \text{code}_{\text{R}}\ e_2\ \rho \\
&\ \textbf{loadsc}\ q \\
&\ \textbf{mark} \\
&\ \textbf{loadc}\ \_A \\
&\ \textbf{call}
\end{aligned}
$$

wobei $\_A$ die Anfangsadresse des aufzurufenden Konstruktors für die Klasse A ist. Die Anfangsadresse des neu angelegten Objekts lässt sich am einfachsten relativ zum Kellerpegel ermitteln. Falls m der Platzbedarf für die aktuellen Parameter $e_2, \ldots, e_n$ ist, ergibt sich der Abstand zum Kellerpegel zu:

$$q = m + |A| - 1$$

Beachten Sie, dass beim Anlegen eines neuen Objekts bisher nur der dafür benötigte Platz allokiert wurde. Die Initialisierung insbesondere des Verweises auf die Tabelle der überschreibbaren Methoden haben wir an den Konstruktor delegiert.

5.7 Die Definition von Konstruktoren

Als letztes wollen wir noch überlegen, wie wir die Definition eines Konstuktors übersetzen wollen. Im Allgemeinen sieht eine solche Definition so aus:

$$d \equiv A\,(t_2\,x_2, \ldots, t_n\,x_n)\,\{\,ss\,\}$$

Natürlich wird unsere Vorgehensweise sein, hier nichts Neues zu erfinden, sondern die Definition eines Konstruktors wie die Definition einer normalen Methode zu übersetzen, die keinen Rückgabewert liefert – mit der einzigen Besonderheit, dass sie zuerst das Feld für die Tabelle überschreibbarer Funktionen initialisieren muss. Dazu definieren wir die Makro-Instruktion initVirtual A:

$$\text{initVirtual } A = \textbf{loadc}\,\_t A$$
$$\textbf{storem } 0$$
$$\textbf{pop}$$

wobei $\_tA$ die Anfangsadresse der Tabelle t_A für die überschreibbaren Methoden der Klasse A ist. Dann definieren wir:

$$\text{code } d\,\rho = \textbf{enter } q$$
$$\text{initVirtual } A$$
$$\text{code } ss\,\rho'$$

wobei q der Platzbedarf auf dem Keller und ρ' die Adressumgebung innerhalb des Konstruktors A nach Abarbeitung der formalen Parameter ist.

Beispiel 5.7.1 Bei der Übersetzung der Klasse aus Beispiel 5.2.1 fehlt uns nur noch die Übersetzung des Listen-Konstruktors. Diese liefert den folgenden Code:

enter 3	**alloc** 0	**loada** 1	**loadc** 0
loadc $\_t$list	**loadr** -4	**loadc** 1	**storem** 2
storem 0	**storem** 1	**add**	**pop**
pop	**pop**	**storea** 1	**return**
		pop	

Sie sehen, dass abgesehen von der Initialisierung der Tabelle der überschreibbaren Funktionen nichts Ungewöhnliches passiert ist. Die Referenz auf das Objekt, für den der Konstruktor aufgerufen wird, hat wie bei anderen Methoden die Adresse -3 (relativ zum FP). Entsprechend kann man auf die Attribute dieses Objekts mittels der Instruktionen **loadm** und **storem** zugreifen. $\square$

Natürlich kann ein Konstruktor Konstruktoren der Oberklasse aufrufen. In C++-Syntax wird dieser im Kopf der Konstruktor-Deklaration angegeben:

$$d \equiv A\,(t_2\,x_2,\ldots,t_m\,x_m) \,:\, B\,(e_2,\ldots,e_n)\,\{\,ss\,\}$$

Eine Übersetzung dieser Deklaration muss dafür sorgen, dass vor der Auswertung des Rumpfs ss der Konstruktor der angegebenen Oberklasse aufgerufen wird. Da dieser für dasselbe Objekt aufgerufen wird wie der aufrufende Konstruktor, wird ihm als Objektreferenz der Verweis auf das aktuelle Objekt übergeben. Auch müssen seine aktuellen Parameter nicht relativ zur Adressumgebung innerhalb des Konstruktors A, sondern relativ zur Adressumgebung der Klasse A, erweitert um die formalen Parameter des Konstruktors ausgewertet werden. Da der Konstruktor der Oberklasse möglicherweise seine eigenen Versionen der überschreibbaren Methoden aufruft, warten wir mit der Initialisierung des Tabellenverweises, bis der Konstruktor der Oberklasse ausgeführt wurde:

$$
\begin{aligned}
\text{code } d\,\rho = \ &\textbf{enter } q \\
&\text{code}_R\ e_n\ \rho_1 \\
&\quad\ldots \\
&\text{code}_R\ e_2\ \rho_1 \\
&\textbf{loadr } -3 \\
&\textbf{mark} \\
&\textbf{loadc } \_B \\
&\textbf{call} \\
&\text{initVirtual } A \\
&\text{code } ss\ \rho'
\end{aligned}
$$

wobei q der Platzbedarf des Konstruktors auf dem Keller, ρ_1 die Adressumgebung zur Auswertung der aktuellen Parameter des Konstruktors der Oberklasse und ρ' die Adressumgebung innerhalb des Konstruktors A sind.

Unsere Implementierung des Anlegens neuer Objekte stellt sicher, dass jeder Konstruktor die Versionen virtueller Methoden verwendet, die in seiner Klasse gelten. Um dies zu erreichen, legten wir in jedem neuen Objekt den Verweis auf die aktuelle Tabelle der virtuellen Funktionen erst *nach* dem Aufruf der Konstruktoren der Oberklassen an.

Es sollte jedoch nicht verschwiegen werden, dass das Problem, wann während des Anlegens eines neuen Objekts die Tabelle der virtuellen Methoden anzulegen ist, bei verschiedenen Programmiersprachen unterschiedlich gelöst ist. Im Gegensatz zu der hier beschriebenen Vorgehensweise kann in Java auch der Konstruktor der Oberklasse B bereits auf die Methoden der Unterklasse A zugreifen. Für Java muss folglich die Tabelle der virtuellen Methoden bereits *vor* dem Konstruktor-Aufruf für die Oberklasse angelegt werden.

5.8 Ausblick: Mehrfache Beerbung

In diesem Abschnitt beschließen wir unsere knappe Einführung in die Übersetzung objektorientierter Programmiersprachen mit einem Ausblick auf Konzepte *mehrfacher Beerbung*. Mehrfache Beerbung wird unterstützt von Programmiersprachen wie C++, Eiffel und Scala. Diese Programmiersprachen erlauben einer Unterklasse A, mehrere Oberklassen $B_1, \ldots, B_k$ simultan zu beerben[1] (engl. Multiple Inheritance). Die Herausforderung bei diesem Konzept besteht sowohl in der Erfindung raffinierter Implementierungstechniken, als auch im angemessenen Sprachentwurf selbst: welche Schwierigkeiten auftreten, um die komplexe Semantik der Mehrfachbeerbung in C++ zu formalisieren, zeigt etwa die Diskussion in [WNST06]. Ein fundamentales Problem bereitet die Auflösung der bei der Beerbung möglicherweise auftretenden Mehrdeutigkeiten; so können etwa verschiedene Methoden gleichen Namens geerbt werden oder dieselbe Oberklasse auf mehreren Wegen zu einer Unterklasse A beitragen.

Eine besonders einfache Form von Mehrfachbeerbung findet sich in der Programmiersprache Java. In Java gibt es keine Mehrfachbeerbung im eigentlichen Sinne: neben einer Oberklasse B, von der die Klasse A erbt, kann die Klasse A beliebig viele weitere *Interfaces* implementieren. Ein Interface ist eine *abstrakte* Klasse ohne eigene Attribute, für deren Methoden implementierende Unterklassen Definitionen bereitstellen müssen. Im Java-Jargon heißen solche Methoden *abstrakt*, bei C++ *rein virtuell* (pure virtual).

Da Interfaces über keine Attribute verfügen und in der Klasse A für jede Methode maximal eine Implementierung zur Verfügung steht, gibt es in diesem Fall keine Mehrdeutigkeiten. Es ergibt sich nur eine zusätzliche Schwierigkeit. Nehmen Sie an, ein Methodenaufruf $e.f(\ldots)$ soll übersetzt werden, bei dem der statisch bekannte Typ des Ausdrucks e ein Interface I ist. Im Allgemeinen kann nicht garantiert werden, dass die Methode f in sämtlichen das Interface I implementierenden Klassen A' die gleiche Relativadresse hat. Ein Ausweg besteht darum darin, für jede Klasse A eine *Hash*-Tabelle h_A bereitzustellen, die jedem Namen f einer Methode die jeweils in A gültige Codeadresse der zugehörigen Implementierung zuordnet. Damit diese Hash-Tabelle effizienter implementiert werden kann, stellt Java zusätzlich den *String Pool* zur Verfügung, in den sämtliche statisch bekannten Strings, also insbesondere sämtliche Methodennamen eingetragen werden. Anstelle der textuellen Repräsentation der Namen können dann die Referenzen auf die Repräsentationen als Schlüssel verwendet werden.

Eine alternative Implementierung, mehr gemäß der Philosophie von C++ würde in einem A-Objekt für jedes der implementierten Interfaces I_j einen Verweis auf

---

[1] Der im Deutschen übliche, jedoch unlogische Begriff lautet hier *Mehrfachvererbung*

eine eigene Methodentabelle t_{A,I_j} für I_j innerhalb der Klasse A unterbringen. In der Tabelle t_{A,I_j} stehen die Verweise auf die Implementierungen der in I_j deklarierten Methoden. Jede Methode f des Interface I_j erhält eine feste Relativadresse, mit der die aktuelle Anfangsadresse einer Implementierung von f in allen Tabellen t_{A',I_j} für implementierende Klassen A' nachgeschlagen werden kann.

Nehmen wir an, ein Ausdruck e habe den statischen Typ $I *$ für ein Interface I und werte sich zur Laufzeit zu einem Zeiger auf ein Objekt o einer Klasse A aus, die I implementiert. Die Methode f eines Aufrufs $e \rightarrow f$ muss dann in der entsprechenden Tabelle $t_{A,I}$ des Objekts o nachgeschlagen werden. Um diese Tabelle schnell zu finden, lassen wir den Zeiger auf das Objekt o nicht auf den Anfang des Speicherbereichs von o zeigen, sondern auf den Verweis auf die Tabelle $t_{A,I}$ (Abb. 5.5). Dieser

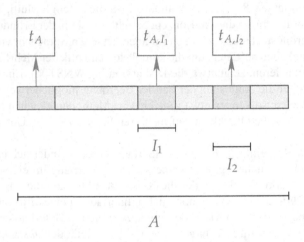

Abb. 5.5. Objekt einer Klasse, das die Interfaces I_1, I_2 implementiert.

Zeiger repräsentiert die *I-Sicht* auf das Objekt o.

Beachten Sie, dass mit dieser Idee zwei Probleme verbunden sind.

- Die in einem Interface deklarierten Methoden werden möglicherweise auf Attribute des Objekts zugreifen wollen. Deshalb müssen wir in der Tabelle für jedes Interface I auch den *Abstand* hinterlegen, den der Anfang des Objekts von dem Verweis auf die Tabelle $t_{A,I}$ besitzt. Dies erlaubt uns, jedem Aufruf einer Methode f den *rekonstruierten* Objektverweis zu übergeben.
- Zum anderen müssen Typanpassungen bei Verweisen auf Objekte die Sichten und damit auch konkret die Verweise ändern. Bei der Zuweisung:

$$I * x \leftarrow \textbf{new } A();$$

muss vor der Zuweisung die I-Sicht auf das neue A-Objekt ausgewählt werden, indem der Zeiger auf das Objekt entsprechend verschoben wird.

Diese zweite Art der Realisierung von Interfaces umgeht die Benutzung von Hash-Tabellen, hat jedoch den Nachteil, dass die Anfangsadresse einer Methode f eventuell mehrmals abgespeichert werden muss: einmal in der Tabelle für A und zusätzlich in der Tabelle für jedes von A implementierte Interface, zu dem f gehört. Eine Verallgemeinerung des eben skizzierten Ansatzes auf allgemeinere Formen von Mehrfachbeerbung diskutieren die Aufgaben 4 und 5.

5.9 Aufgaben

Der folgende Ausschnitt einer C++-Klassenbibliothek graphischer Objekte dient als durchgängiges Beispiel für die Aufgaben dieses Abschnitts.

```cpp
class graphical_object {
  virtual void translate(double x_offset, double y_offset);
  virtual void scale(double factor);
  // evtl.\ weitere allgemeine Methoden der Klasse
};
class point : public graphical_object {
  double        xc, yc;
public:
  void translate(double x_offset, double y_offset) {
    xc+=            x_offset;
    yc+=            y_offset;
  }
  void scale(double factor) {
    xc*=            factor;
    yc*=            factor;
  }
  point(double x0, double y0) { xc= x0; yc= y0; }
  void set(double x0, double y0) { xc= x0; yc= y0; }
  double x(void) { return xc; }
  double y(void) { return yc; }
  double dist(point &);
};
class closed_graphical: public graphical_object {
 public:
  // vom Objekt eingeschlossene Flaeche
    virtual double area(void);
};
class ellipse: public closed_graphical {
  point _center;          // Zentrum der Ellipse
  double _x_radius, _y_radius;
                          // Radien der Ellipse
  double _angle;          // Drehung gegen x-Achse
```

```
public:
  // Konstruktor
  ellipse(point &center,
          double x_radius, double y_radius,
          double angle) {
    _center= center;
    _x_radius= x_radius;   _y_radius= y_radius;
    _angel= angle;
  }
  // Ellipsenflaeche -- ueberschreibt 'closed_graphical::area'
    double area(void) { return PI * _x_radius * _y_radius; }
  // Distanz zu einen Punkt -- aufwendig!
    virtual double dist(point &);
  // Zentrum
    point* center(void) { return &_center; }
  // Verschieben -- ueberschreibt 'graphical_object::translate'
    void translate(double x_offset, double y_offset) {
      _center.translate(x_offset, double y_offset);
    }
  // Skalieren -- ueberschreibt 'graphical_object::scale'
    void scale(double scale_factor) {
      _x_radius *=    scale_factor;
      _y_radius *=    scale_factor;
    }
  // ....
};
class circle: public ellipse {
 public:
  // Konstruktor
    circle(point &center, double radius){
      ellipse(center,radius,radius);
    }
  // Distanz zu einem Punkt -- ueberschreibt 'ellipse::dist'
    virtual double dist(point &p) {
      double center_dist= _center.dist(p);
      if (center_dist <= radius) return 0;
      else return center_dist - radius;
    }
  // ....
};
```

1. *Methoden.*   Übersetzen Sie die Methode ellipse :: *translate.*
2. *Methoden-Tabellen.*   Bestimmen Sie die Methodentabellen und die Methoden-
   indizes für die in der vorherigen Aufgabe definierten Klassen und ihre Methoden

und übersetzen Sie einen Methodenaufruf der Form *c.dist*(*p*), wobei *c* ein Kreis und *p* ein Punkt ist.

3. *Teiltypen.*   Die Neudefinition einer Klasse soll keine Auswirkungen auf das bestehende Klassengefüge verursachen. Aufgrund der Teiltypregel müssen jedoch auch Methoden schon bestehender Klassen mit Objekten der neuen Klasse arbeiten können. Durch Überschreiben von Merkmalen beerbter Klassen kann deren Sicht auf die neuen Objekte inkonsistent werden. Redefinitionen sind deshalb nur eingeschränkt erlaubt. Drei unterschiedliche Aspekte müssen beachtet werden.

- *Die Bedeutung (Semantik) der Merkmale:*
  jedes Attribut und jede Methode hat eine Aufgabe, die durch das Überschreiben nicht beeinträchtigt werden darf. So hat etwa die Methode *scale* die Aufgabe, ein graphisches Objekt zu skalieren. Eine Redefinition muss dieselbe Aufgabe erfüllen, sowohl auf der aktuellen Ebene wie auf der Ebene einer Oberklasse betrachtet.
- *Die Einschränkungen durch das Typsystem:*
  Redefinitionen dürfen nicht zu Typinkonsistenzen führen.
- *Die Einschränkungen des Übersetzungsschemas:*
  Redefinitionen können die bei der Übersetzung gemachten Annahmen ungültig werden lassen und dürfen dann nicht zugelassen werden.

Der erste Aspekt ist zwar wesentlich, jedoch verfügt ein Übersetzer normalerweise nicht über die notwendige Spezifikation, um eine semantische Zulässigkeit zu verifizieren. In dieser Aufgabe betrachten wir Einschränkungen durch das Typsystem.

Der Übergang von einem Typ zu einem Teiltyp heißt *Typverschärfung*, der Übergang von einem Typ zu einem Obertyp *Typabschwächung*. Ein Prototyp (einer Methode) wird verschärft, wenn die Typen des Rückgabewertes und der Ausgabeparameter verschärft und die Typen der Eingabeparameter abgeschwächt werden.

a) Begründen Sie, dass aus Sicht des Typsystems keine Einwände gegen eine Verschärfung des Prototyps einer redefinierten Methode bestehen.
   Zeigen Sie an Hand von Beispielen, dass der Prototyp öffentlicher, also von beliebigen Klassen aktivierbarer Methoden höchstens verschärft werden kann; jede andere Abänderung kann zu Typfehlern bei bisher korrekten Aufrufen führen.
   Begründen Sie, dass eine nicht verschärfende Prototypänderung auch für redefinierte private Methoden nur unter sehr eingeschränkten Bedingungen zulässig ist. Zur Verifikation der Zulässigkeit ist Information über die Oberklassen notwendig, die über die Kenntnis der Typen ihrer Attribute und Prototypen ihrer Methoden hinausgeht – welche?

b) Die Sprache Eiffel erlaubt in einer abgeleiteten Klasse, den Typ eines geerbten Attributes zu verschärfen. Begründen Sie, warum Attribute dann von einer fremden Klasse nur gelesen werden dürfen.
   Zeigen Sie anhand eines Beispiels, dass die Verschärfung des Typs eines Attributes nur unter sehr eingeschränkten Bedingungen zulässig ist. Zur Ve-

rifikation der Zulässigkeit ist Information über die Oberklassen notwendig, die über die Kenntnis der Typen ihrer Attribute und Prototypen ihrer Methoden hinausgeht – welche?

4. *Mehrfachbeerbung I.*   In dieser Aufgabe behandeln wir Mehrfachbeerbung. Zur Vereinfachung nehmen wir an, dass von jeder Oberklasse B genau eine Instanz an eine Unterklasse A vererbt wird, jedes A-Objekt also genau ein B-Teilobjekt enthält.

Für jede Oberklasse B von A sehen wir einen festen Speicherbereich innerhalb des Speicherbereichs eines Objekts der Klasse A vor. Dabei nehmen wir an, dass die jeweils erste unmittelbare Oberklasse B_1 so behandelt wird wie die unmittelbare Oberklasse bei einfacher Beerbung: ihr Speicherbereich soll am Anfang des Speicherbereichs für die unmittelbare Unterklasse A liegen (Abb. 5.6).

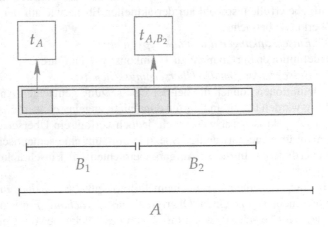

Abb. 5.6. Die Objektorganisation für zwei Oberklassen.

Für eine Oberklasse B erhalten wir die *B-Sicht* auf ein Objekt der Klasse A, indem wir einen Zeiger auf den Anfang des für B vorgesehenen Bereichs setzen. Insbesondere stimmt damit die A-Sicht auf das Objekt mit der B_1-Sicht für die erste unmittelbare Oberklasse B_1 überein.

Innerhalb des Speicherbereichs für A legen wir wie bei Einfachbeerbung als erstes die Tabelle t_A aller in A bekannten virtuellen Funktionen ab. Genauso legen wir am Anfang aller nicht-ersten unmittelbaren Oberklassen B einen Verweis auf eine Tabelle $t_{A,B}$ ab, die die Anfangsadressen aller in B bekannten Methoden von A enthält. Dies setzen wir entsprechend für alle Oberklassen der unmittelbaren Oberklassen B von A fort.

Eine in B bekannte Methode f kann jedoch von einer Unterklasse A' von B überschrieben worden sein (welche A selbst oder eine Oberklasse von A ist). Zusätzlich zu der Anfangsadresse von f müssen wir deshalb in $t_{A,B}$ auch den *Abstand* zwischen den Speicherbereichen für die Klassen A' und B vermerken.

Dies erlaubt uns, vor dem Aufruf von f von B aus die richtige A'-Sicht auf das A-Objekt zu konstruieren.

   a) Führen Sie die Details der Definitionen der Tabellen $t_{A,B}$ aus! Implementieren Sie die Typanpassung eines Zeigers auf ein A-Objekt an einen Zeiger auf ein Objekt einer Ober- bzw. Unterklasse.

   b) Diskutieren Sie Strategien zur Lösung von Namenskonflikten und die dafür notwendigen Implementierungen!

   c) Kombinieren Sie den Grundansatz zur Mehrfachbeerbung mit unseren früheren Übersetzungsschemata.

   d) Erproben Sie Ihre neuen Übersetzungsschemata an unserer Beispiel-Klassenbibliothek!

5. *Mehrfachbeerbung II.*   In dieser Aufgabe betrachten wir erneut Mehrfachbeerbung. Wie in Aufgabe 4 nehmen wir zur Vereinfachung an, dass von jeder Oberklasse B genau eine Instanz an die Unterklasse A vererbt wird. Die Idee der Objektorganisation in Aufg. 4 war, dass für jede nicht-erste Oberklasse B eine eigene Tabelle $t_{A,B}$ die in B sichtbaren virtuellen Methoden der Klasse A sammelt. Sämtliche Methoden aus $t_{A,B}$ sind damit insbesondere auch in t_A vermerkt. Diese Ineffizienz möchten wir beseitigen.

Unser Ziel ist, eine in B bekannte virtuelle Methode f nur in der Tabelle $t_{A,B}$ abzuspeichern, nicht dagegen in den Tabellen t_A und $t_{A',B}$ für Klassen A' zwischen A und B. Dazu modifizieren wir die Adressumgebung für Klassen A so, dass $\rho_A(f)$ nun die Relativadresse d_t des Verweises auf die Tabelle t innerhalb des Speicherbereichs für A liefert zusammen mit dem Index i, an dem der Eintrag für f in t vermerkt ist. Relativ zu einer A-Sicht a auf ein Objekt erhalten wir dann Anfangsadresse des Paars $(\_f, Abstand)$ für die Methode f auf die folgende Weise:

$$S[a + d_t] + 2 \cdot i$$

   (a) Modifizieren Sie den Aufruf einer virtuellen Methode entsprechend dieser Optimierung.

   (b) Schätzen Sie die Einsparung ab, die diese Optimierung bietet.

   (c) Geben Sie einen Algorithmus an, der zu einer gegebenen Klassenhierarchie die Abstände $d_{A,B}$, dic Adressumgebungen ρ_A für virtuelle Funktionen sowie die benötigten Tabellen berechnet.

6. *Generics.*   Implementieren Sie eine generische Klasse für Warteschlangen, d.h. first-in-first-out Queues. Erläutern Sie, wie ein Übersetzer mit mehreren Instanzen Ihrer Warteschlange, etwa queue⟨**int**⟩ und queue⟨**list**⟩ umgehen soll!

5.10 Liste zusätzlicher Register

COP, Zeiger auf aktuelles Objekt (Current Object Pointer)   S. 167

5.11 CMa-Instruktionen für Objekte

loadm	S. 168	**loadsc**	S. 169
loadmc	S. 168	**loadv**	S. 169
loads	S. 170	**storem**	S. 168

5.12 Literaturhinweise

Simula67, der Urvater objektorientierter Sprachen, ist in [DN66] und in [Sim87] beschrieben. Die Standardreferenz für Smalltalk ist [GR83]; Smalltalk und die zugehörige virtuelle Maschine VisualWorks findet man in [GHH98]. C++ wird in [Str00] definiert. Die Grundlage für die Standardisierung von C++ durch ANSI ist [ES90]. [Mey88] und [Mey92] geben eine gute Einführung in Eiffel. [Cox86] beschreibt Objective-C. Objektorientierte Spracherweiterungen von Lisp sind in [BS82, Can80] beschrieben. Eine interessante moderne objektorientierte Programmiersprache ist Scala [OAC+04].

Über Java und C# gibt es mittlerweile zahllose Bücher. Einen Überblick über die Implementierung objektorientierter Programmiersprachen wie Smalltalk, Java oder C++ gibt [BH98]. Die technische Grundlage der gängigen virtuellen Maschine für Java erläutert die Java Virtual Machine Spezification [LY99]. Krall präsentiert Techniken zur Just-In-Time Compilierung [Kra98]. Stärk et al. [SSB01] bieten eine Formalisierung der JVM und diskutieren Korrektheitsfragen.

Einen weiteren Ansatz zur Implementierung von Java oder C# bietet das .NET Framework mit der Common Language Runtime (CLR) [ECM06, MG00]. Einen Vergleich dieser beiden Ansätze versuchen die Arbeiten [Gou01, Sin03].

Literaturverzeichnis

[ACKM03] Gustavo Alonso, Fabio Casati, Harumi Kuno, Vijay Machiraju. *Web Services*. Springer Verlag, 2003.

[AK91] H. Aït-Kaci. *Warren's Abstract Machine – A Tutorial Reconstruction*. MIT Press, 1991.

[Amm81] U. Ammann. *Code Generation of a Pascal–Compiler*. In [Bar81], 1981.

[Apt90] K.R. Apt. *Logic Programming, Handbook of Theoretical Computer Science*. Elsevier, 1990.

[AW06] Krzysztof Apt, Mark Wallace. *Constraint Logic Programming using ECLiPSe*. Cambridge University Press, 2006.

[Bar81] D.W. Barron (Hrsg.). *Pascal — The Language and its Implementation*. Wiley, 1981.

[Bez88] M. Bezem. *Logic Programming and PROLOG*. In CWI Quarterly 1(3), pp. 15–29, Amsterdam, Centre for Mathematics and Computer Science, 1988.

[BH98] Bernhard Bauer, Riitta Höllerer. *Übersetzung objektorientierter Programmiersprachen: Konzepte, abstrakte Maschinen und Praktikum*. Springer Verlag, 1998.

[Bru04] Michael Brundage. *XQuery: The XML Query Language*. Addison-Wesley, 2004.

[BS82] Daniel G. Bobrow, Mark J. Stefik. *LOOPS: an Object-Oriented Programming System for Interlisp*, 1982.

[Can80] H. I. Cannon. Flavors. Technical report, MIT Artificial Intelligence Laboratory, 1980.

[CM03] W.F. Clocksin, C.S. Mellish. *Programming in Prolog: Using the ISO Standard*. Springer, 2003.

[Cox86] Brad J. Cox. *Object-Oriented Programming: An Evolutionary Approach*. Addison-Wesley, 1986.

[DN66] Ole-Johan Dahl, Kristen Nygaard. Simula - An Algol-based Simulation Language. *Communications of the ACM (CACM)*, 9(9):671–678, 1966.

[ECM06] Common Language Infrastructure (CLI). 4th Edition. Technical Report ECMA-335, ECMA International, 2006.

[ES90] Margaret A. Ellis, Bjarne Stroustrup. *The Annotated C++ Reference Manual*. Addison-Wesley, 1990.

[FW87] J. Fairbairn, S.C. Wray. *TIM. A Simple, Lazy Abstract Machine to Execute Supercombinators*. In Proc. Functional Programming Languages and Computer Architecture, LNCS 274, pp. 34–45. Springer, 1987.

[GHH98]   Adele Goldberg, Timothy Howard, Tim Howard. *The Smalltalk Developer's Guide to VisualWorks with Disk*. Advances in Object Technology. Cambridge University Press, 1998.

[Gou01]   K. John Gough. *Stacking them up: a Comparison of Virtual Machines*. In 6th Australasian Computer Systems Architecture Conference (ACSAC), pp. 55–61, 2001.

[GR83]   Adele Goldberg, David Robson. *Smalltalk-80: The Language and its Implementation*. Addison-Wesley, 1983.

[Han86]   M. Hanus. *Problemlösen mit Prolog*. Teubner Verlag, 1986.

[Hau06]   Tobias Hauser. *Einstieg in ActionScript*. Galileo Press, 2006.

[HS99]   Michael Hanus, Ramin Sadre. An Abstract Machine for Curry and its Concurrent Implementation in Java. *Journal of Functional and Logic Programming*, Special Issue 1, 1999.

[Inc99]   Adobe Systems Inc. *PostScript(R) Language Reference (3rd Edition)*. Addison-Wesley, 1999.

[JL96]   Richard Jones, Rafael Lins. *Garbage Collection : Algorithms for Automatic Dynamic Memory Management*. Wiley, New York, 1996.

[Joh84]   T. Johnsson. *Efficient Compilation of Lazy Evaluation*. In Proc. ACM SIGPLAN 84 Symposium on Compiler Construction, SIGPLAN Notices **19**(6), pp. 58–69, 1984.

[Jon92]   Simon L. Peyton Jones. Implementing lazy functional languages on stock hardware: the Spineless Tagless G-machine. *Journal of Functional Programming (JFP)*, 2(2):127–202, 1992.

[Kay04]   Michael Kay. *XSLT 2.0 Programmer's Reference (3rd Edition)*. Wrox, 2004.

[KBS86]   H. Kleine-Büning, S. Schmittgen. *Prolog*. Teubner, 1986.

[KCD+03]   Howard Katz, Don Chamberlin, Denise Draper, Mary Fernandez, Michael Kay, Jonathan Robie, Michael Rys, Jerome Simeon, Jim Tivy, Philip Wadler. *XQuery from the Experts: A Guide to the W3C XML Query Language*. Addison-Wesley, 2003.

[Kra98]   Andreas Krall. *Efficient JavaVM Just-in-Time Compilation*. In IEEE International Conference on Parallel Architectures and Compilation Techniques (PACT), pp. 205–212, 1998.

[Lan64]   P.J. Landin. *The Mechanical Evaluation of Expressions*. In Computer Journal **6**(4), 1964.

[Ler90]   Xavier Leroy. The ZINC Experiment : An Economical Implementation of the ML Language. Technical Report RT-0117, INRIA, Rocquencourt, February 1990.

[Llo87]   J.W. Lloyd. *Foundations of Logic Programming*. 2. Auflage, Springer, 1987.

[LY99]   Tim Lindholm, Frank Yellin. *Java Virtual Maschine Specification. Second Edition*. SUN Microsystems Inc., 1999.

[Mey88]   Bertrand Meyer. *Object-oriented Software Construction*. Prentice Hall, 1988.

[Mey92]   Bertrand Meyer. *Eiffel. The Language*. Prentice-Hall, 1992.

[MG00]   Eric Meijer, Jeremy Gough. Technical Overview of the Common Language Runtime, 2000.

[MW88]   D. Maier, D.S. Warren. *Computing with Logic, Logic Programming with Prolog*. Benjamin/Cummings, 1988.

[OAC+04]   Martin Odersky, Philippe Altherr, Vincent Cremet, Burak Emir, Sebastian Maneth, Stéphane Micheloud, Nikolay Mihaylov, Michel Schinz, Erik Stenman, Matthias Zenger. An Overview of the Scala Programming Language. Technical report, EPFL-LAMP, 2004.

[PD82]   St. Pemberton, M. Daniels. *Pascal Implementation, The P4 Compiler*. Ellis Hor-
            wood, 1982.

[Ped04]   Volnei A. Pedroni. *Circuit Design with VHDL*. MIT Press, 2004.

[PJ87]   S.L. Peyton Jones. *The Implementation of Functional Programming Languages*.
            Prentice Hall, 1987.

[RR64]   B. Randell, L.J. Russel. *Algol60 Implementation*. Academic Press, 1964.

[Sco05]   Michael L. Scott. *Programming Language Pragmatics (2nd Edition)*. Morgan
            Kaufmann, 2005.

[Seb05]   Robert W. Sebesta. *Concepts of Programming Languages (7th Edition)*. Addison-
            Wesley, 2005.

[SIC06]   SICStus   4   beta   documentation,   2006.   Homepage:
            http://www.sics.se/isl/sicstuswww/site/.

[Sim87]   *SIS, Data Processing Programming Languages — SIMULA*, 1987. Svensk Stan-
            dard SS 636114.

[Sin03]   Jeremy Singer. JVM versus CLR: A Comparative Study. *Proceedings of the 2nd
            Int. Conf. on Principles and Practice of Programming in Java*, pp. 167–169, 2003.

[SN05]   Jim Smith, Ravi Nair. *Virtual Machines: Versatile Platforms for Systems and
            Processes*. The Morgan Kaufmann Series in Computer Architecture and Design.
            Morgan Kaufmann, 2005.

[SS94]   L. Sterling, E. Shapiro. *The Art of Prolog, Advanced Programming Techniques*.
            MIT Press, 1994.

[SSB01]   Roland Stärk, Joachim Schmid, Egon Börger. *Java and the Virtual Machine Defi-
            nition, Verification, Validation*. Springer Verlag, 2001.

[Str00]   Bjarne Stroustrup. *The C++ Programming Language. Special Edition*. Addison-
            Wesley, 2000.

[SWD05]   Tom Schrijvers, Jan Wielemaker, Bart Demoen. *Constraint Handling Rules for
            SWI-Prolog*. In Workshop on (Constraint) Logic Programming, Ulm, 2005.

[TN06]   Allen B Tucker, Robert Noonan. *Programming Languages*. McGraw-Hill-
            Science, 2006.

[VSD02]   Ruben Vandeginste, Konstantinos F. Sagonas, Bart Demoen. *Segment Order Pre-
            serving and Generational Garbage Collection for Prolog*. In Practical Aspects
            of Declarative Languages, 4th Int. Symposium (PADL), pp. 299–317. Springer,
            LNCS 2257, 2002.

[War77]   D.H.D. Warren. *Applied Logic — Its Use and Implementation as a Programming
            Language Tool*. Ph.D. Thesis, Univ. of Edinburgh, 1977.

[War83]   D.H.D. Warren. *An Abstract PROLOG Instruction Set*. Technical Note 309, SRI
            International, 1983.

[Wil92]   Paul R. Wilson. *Uniprocessor Garbage Collection Techniques*. In Proc. Int. Work-
            shop on Memory Management (IWMM), pp. 1–42. Springer, LNCS 637, 1992.

[WNST06]   Daniel Wasserrab, Tobias Nipkow, Gregor Snelting, Frank Tip. *An Operational
            Semantics and Type Safety Proof for Multiple Inheritance in C++*. In 21st Ann.
            ACM SIGPLAN Conf. on Object-Oriented Programming, Systems, Languages,
            and Applications (OOPSLA), pp. 345–362, 2006.

Sachverzeichnis

Printed in the United States
By Bookmasters